光文社知恵の森文庫

谷口尚規 著　石川球太 画

冒険手帳

火のおこし方から、イカダの組み方まで

光文社

まえがき

戦争が終わると、負けた国の軍事技術は、勝った国のそれより進むものだという。敗因を究明し、「今度こそは」と念を入れるからで、たとえば第一次大戦で敗れたドイツは、二十年後の第二次大戦では、けっきょく負けはしたものの、多くの新兵器や新戦術をくり出して世界を驚かした。

第二次大戦といえば、ドイツとともに敗れた日本ではどうか。軍事技術はさておき、日本全体がした反省というのは、科学技術の軽視が敗戦につながり、精神主義が物資主義に敗れたということのようだ。その結果、日本はアメリカをうわまわる科学技術万能の国になり、日本人はエコノミック・アニマルといわれるほどの物資主義になった。

最近やかましくいわれる公害の問題は、このようないき方の当然の結果のようで、このまま世の中が進んでいけば、戦争などよりはるかに悲惨な幕ぎれが来るのは目に見えている。なによりもおそろしいのは、工場がはき出す毒とか自動車のまきちらすガスとかいった「物質」そのものではなくて、やれテレビの普及率がフランスより上になったとか、やれ自動車の数がどこそこの国とくらべてどうだとかの議論にうつつを抜かして、人間らしさというものを日本人がどこかへ置き忘れてしまっていることだ。GNP競争などというものは、戦争中の日本が世界最大の戦艦を造っていい気になっていたのと、少しも違っていないのである。

「人間らしさ」とは何だろうか。ぼくは、あらゆる行動の原点に、自分自身の頭で下した判断をすえることだと考えたい。ひとが車を買えば自分も車を買い、ひとがボウリングをはじめれば自分もやるといった、「あなたまかせ」の生き方と正反対のものである。いいかえれば、たったひとり無人島にほうり出されたとき、どこまで生きられるかということだといってもいい。

こういう場合、頭よりからだがモノをいうように誤解しがちだが、けっしてそうではない。ぼくたちの遠いご先祖が、体力だけでおそろしい猛獣にうちかってきたのではないことは、いうまでもないだろう。現代の文明がピンチにおちいっているのは、一見「頭」の勝利があらゆる利便を提供しているようにみえて、そのじつひとりひとりの人間が自分の頭を使うことをまったくしなくなっているからだ。この本で「冒険」とよぶのは、じつは「人間らしさ」をとりもどすことなのである。

一九七二年六月十日

谷《たに》口《ぐち》尚《ひさ》規《のり》

目次

3 食べる

6 切る

12 救う……229

13 鍛える

本文イラストレーション・石川《いしかわ》球《きゅう》太《た》

プロローグ――自分で考え、自分で作り、自分で行動しよう

現代はブラック・ボックスの時代である

きみは「ブラック・ボックス」ということばを知っているだろうか？

大型旅客機の墜落事故があると、この「ブラック・ボックス」が回収されたかどうかがよく問題になる。

この場合の「黒い箱《ブラック・ボックス》」とは、フライト・レコーダーという記憶装置のことで、これさえしらべれば、その飛行機が、どんな飛び方をしていたかがくわしくわかる。乗員や乗客が全員死亡していても、これさえ残っていれば、事故の原因が究明できるのだ。

それを「ブラック・ボックス」とよぶのは、「魔法の箱」とでもいう意味である。つまり、使い方はわかっていても、中のシカケはおそろしく複雑でシロウトにはわからない。故障したらそっくり新品ととりかえるほかないのだそうだ。

アラジンのランプは、こすりさえすれば大男があらわれてどんな用事でもしてくれる。しかし、どんなシカケで大男があらわれるのかはだれにもわからない。ブラック・ボックスも、ぼくたちにとってこのアラジンのランプのようなものだ。

使い方はよくわかっている。しかし、中のシカケはぜんぜんわからないものといえば、ぼく

たちにとってほとんどの機械が当てはまる。スイッチをいれれば、「ボン・パッ！」と画像や声が出て、のぞみのテレビ番組が見られるということは、幼稚園の子どもでも知っているが、サテいったん故障したら、パパもママもお手あげ。電器屋さんに来てもらうと、これがまた修理よりも新型と買い換えることばかり熱心にすすめてくれる。話はまさにブラック・ボックスそのものである。

考えてみると、ぼくたちの毎日の生活は、こうしたたくさんの「魔法の箱」のおかげでなりたっている。テレビ、洗濯機、冷蔵庫などの電化製品からはじまって、自動車、ミシン、湯わかし器、およそ思いつくほどの機械や道具は、ぼくたちにとっては、どう使えばよいかだけをこころえていればよいブラック・ボックスにすぎない。

機械や道具だけではない。インスタント食品や既製服のことを考えればわかるように、現代は衣食住のすべてにわたって便利この上もない「魔法の箱」がハバをきかせている。そしてこわれれば、新品と買い換えだ。

ぼくたち日本人は、こういったいわば利便や能率本位、消費一方の暮らし方をアメリカから学び、いまや本家のアメリカが顔まけするほどそれを実行している。

アメリカ文明の最先端ともいえるアポロ計画は、さまざまな機能をはたすブラック・ボックスをどう組み合わせてゆけば月世界旅行ができるかということを考える「システム・エンジニアリング」の成果だ。

ブラック・ボックスの時代

アメリカでは、ベトナム戦争から民間のビジネスまで、コンピュータを背景にこのやり方で進められている。日本がGNP世界第三位とかの「大国」になったのは、このようなお手本に学んだ結果だといっていい。

ところが、本家のアメリカでは、ベトナム戦争が思うように進まないところあたりから、この方法にいろいろな疑問がでてきた。アポロ宇宙船の月旅行にしても、ブラック・ボックスのうち、ひとつでも故障すれば「ゴー」のサインが出ないのだから、ほぼ一〇〇パーセントの成功が保証されているわけである。十六号ともなると「定期便」のようになって大はばに感激がうすれてきている。ブラック・ボックスの時代には冒険がないのだ。

ほんとうの冒険は、金で買えるか？

ところで「冒険」ということばから、きみはどんなことを思いうかべるだろうか？

なんといってもアポロ宇宙船の月旅行を考える人もいるだろうし、ロビンソン・クルーソーや横井庄一《よこいしょういち》さんのような、孤島でのひとり暮らしを思いつく人もいるだろう。群馬県の山奥にたてこもった連合赤軍なども冒険にちがいない。

まあ、いずれにしても、パッとはなばなしくテレビや新聞に出るようなカッコいいやつを、きみも頭に描いたのではないかと思う。

今あげた例は、新聞ならまちがいなく一面に出るテのやつだ。よほどのことがないかぎり、きみがその主役になることはむずかしい。とすれば、きみやぼくには冒険のチャンスはないのだろうか。

ありがたいことに、今の世の中では、たいていのものはお金で買える。冒険だってちゃんと売っているところがある。たとえばこんなのはどうだろう。

昭和四十六年の夏、東京・神田《かんだ》の日本観光文化研究所がAMKAS《アムカス》探検学校というのを開いた。総勢二十人ばかりでボルネオをまわったのだが、しあげに無人島で二日間合宿というおまけがついていた。

同じころ、京都でも立命館大学探検部のOBがリーダーになって、「蘭嶼《ランユ》・西表《いりおもて》探検学校」が開かれた。このほうの蘭嶼島というのは、台湾《たいわん》本島の東九十キロあまりの海上にうかぶ小島。無人島でこそないが、そこに住むヤミ族というのは、つい十九世紀まで石器を使っていて、今でもタテ穴式住居で暮らしているということだ。

もうひとつの西表は、ヨナグニサンで有名な与那国《よなぐに》島とならぶ琉球《りゅうきゅう》列島西端の小島。パインやヤシの木がしげり、人口は二千人あまり。一時は伝染病で住民が全滅して無人島になっていたという。

このふたつの探検学校のことは、ちゃんと新聞にのっていた。冒険だの探検だのは、べつに新聞にのるためにやるわけではないから、それはどうでもいいが、とにかくこういった学校に入学して授業料をはらえば、きみにも冒険ができるのだ。どちらもなかなかの人気で、応募した人たちの中には、小学校からＯＬ、六十八歳のおじいさんまでがいた。

しかし、このふたつの例にしても、ボルネオだの台湾だの、かなり遠いところへ出かけていっている。いったい、冒険とは月世界だのグアム島だの、ボルネオだの台湾だのへ行かなければできないものだろうか？

答えを出すまえに、もうすこし考えてみよう。今の世の中は、どうも冒険だの原始生活だのがブームになっているようだ。

アメリカの金持ちのあいだでは、アラスカやカナダの大森林にはいって原始生活をするのが、最も新しいレジャーのすごし方になっている。木をゴリゴリ伐り、かまどをきずき、谷川までおりてエンコラショと水をくんでくる。コーヒー一杯わかすにも、まず自分で火をおこしてかからねばならない。数年まえまではフロリダのホテルをひと夏借り切っていた金持ち階級のあいだの流行になっているのだ。

日本ではどうか。このところ夏ごとにくりかえされる民宿ブームからはじまって、デパートが無人島を売り出したり、作家が一家をあげて北海の離島にひっこしたり、こちらはちょっとした無人島、離島ブームだ。瀬戸内海の無人島など、おかげで軒なみに売りにでている。さきに紹介した探検学校なども、こういった世の中の動きとかみあっているわけで「ディスカバー・ジャパン」の波は、ついに無人島にまでおしよせたというところかもしれない。

こんなブームがおこるのも、公害や交通地獄が日常のことになり、「日照権」が問題になるほど太陽の光にさえめぐまれない都会をのがれて、思いっきり自然にしたしみたいという衝動がぼくたちの心の中にあるからだろう。

関心のないものは見えない

じっさい、歌の文句ではないが、都会に住むものにとっても「砂漠のような東京で」ウロウロしているよりは、無人島にでも行ってスカッとしたい気持ちになるのはよくわかる。アメリカの金持ちもたぶん同じ気持ちだろう。

だが、ほんとうに東京やニューヨークは砂漠で、無人島や離島にはオアシスがあるのだろうか。ニューヨークのことは知らないので、ぼくの住む東京のことを考えてみよう。

東京には自然がないという。鳥も虫もいなければ、木まで公害で立ち枯れ、太陽すらスモッグのため顔を見せないという話は半ば常識になっている。

しかし、きみは他人がなんといおうと、自分の目でそれがほんとうかどうかたしかめてみたことがあるだろうか。

ぼくの住む杉並区などには、まだまだ鳥も虫もいる。鳥でいちばんのさばっているのはオナガで、どういうわけか曇りの日になると群れをなしてやってくる。これはカラスの親類だけあって、ものすごい悪声でギャアギャア鳴きたてて、ひどくやかましい。

オナガはタフな鳥で公害に強いのだが、庭に餌《えさ》をまくようになってからは、キジバトが毎日やってくるようになった。コジュケイが子づれで歩いているのを見たときには目をうたがったが、図鑑でしらべたら、まちがいなくそうだった。

地面にはガマもいれば、エナメルをぬりたくったような銀トカゲもいる。春になればツクシもタンポポも芽を出す。カブトムシはさすがに見かけなくなったが、夏の夜などカミキリムシが灯を慕ってまよいこんでくる。

都心にだって鳥くらいいる。ついこの間、大手町のビルの十五階から何気なく窓の外を見ていたら、高速道路の上をトンビがゆうゆうと旋回していた。そばにいた知人にそれを教えたが、べつに興味を示さなかった。この男は大のカーマニアで、珍しい外車でも走っていたのなら、とび出していったにちがいないのだが。

考えてみると、人間には自分の関心からはずれたものは見えないらしい。東京に自然がないというのも、自分の目でたしかめてそういっているのなら結構だが、だれかの口まねをしている人も多いのではないだろうか。そういう人はたとえ無人島へ行ったって、なんの発見もないにちがいない。

それどころか、こういう人たちがブームにのって離島などにワッとおしかけると、新しい公害を生むだけだ。

じっさい、島ブームで離島におしよせた都会の連中が海岸をよごし、水着一枚で夜遅くまでノシ歩いて風紀をみだすといった苦情がよく聞かれる。ひどい例では、風葬の習慣のある徳之《とくの》

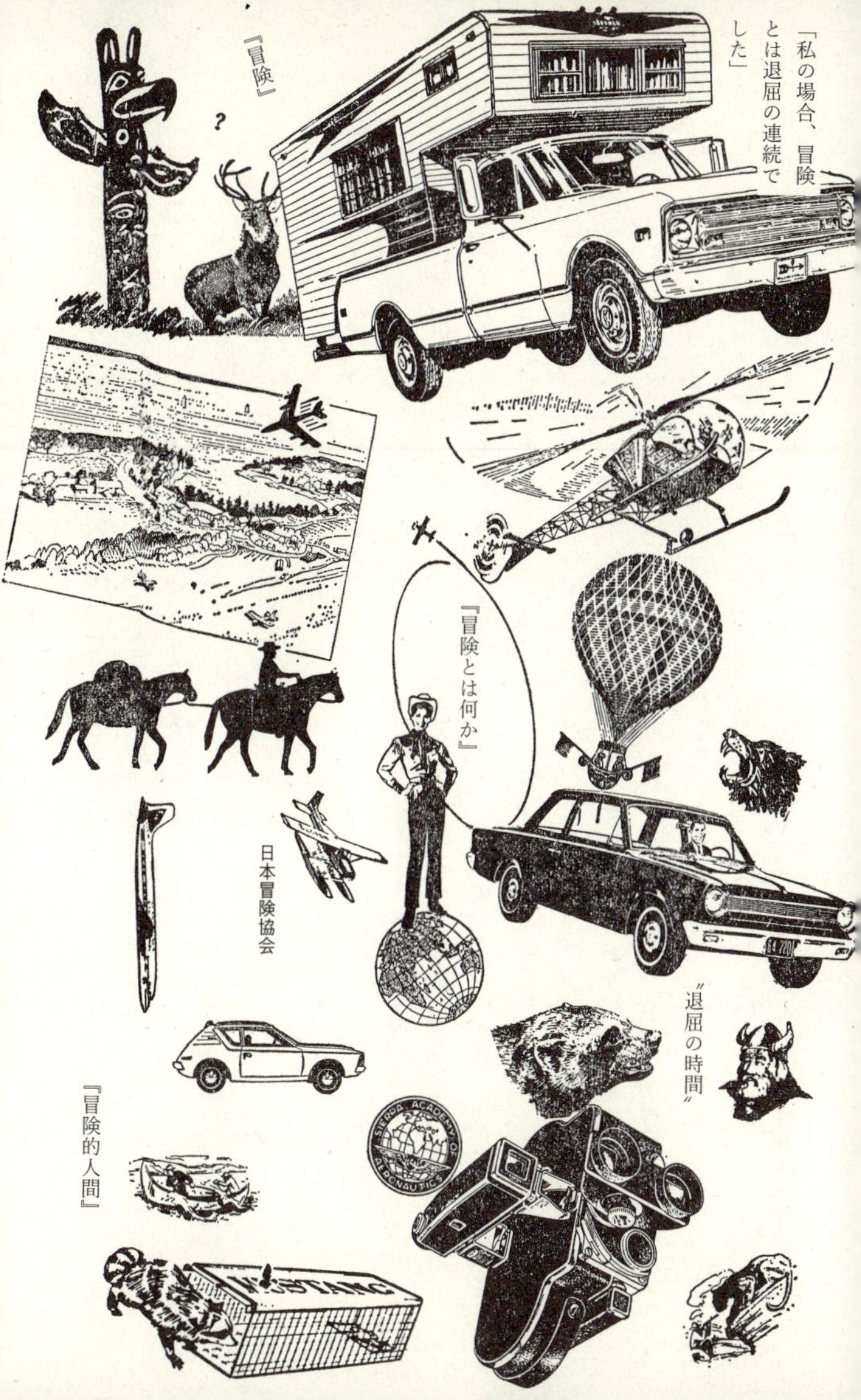
「私の場合、冒険とは退屈の連続でした」
『冒険』
『冒険とは何か』
日本冒険協会
〃退屈の時間〃
『冒険的人間』
SIERRA ACADEMY OF AERONAUTICS

島《しま》（奄美《あまみ》諸島）で、おみやげに頭ガイ骨を持ち去るものまであらわれたという。

どうやら答えがひとつ出たようだ。たとえ無人島や離島に出かけても、ただの観光旅行のつもりなら「冒険」ではない。もちろん、何の収穫もないだろう。

冒険はパック旅行のような、丸ごと買えるものではない。もしそういうものがあったとすれば、新手《あらて》のブラック・ボックスにすぎない。

「冒険」の心とは何か？

昭和四十七年の三月、やはり無人島の八丈小島《はちじょうこじま》に渡って一年の予定でひとり暮らしをはじめようとした中島宋松《なかじまくにまつ》さん（34）は、マンガ家で日本スポーツ少年団の育成委員もしている。

中島さんがこんなことを思いたったのは、スポーツ少年団の中学生たちに、大きな船の内部を自由に設計させてみたところ、どれもボウリング場やプールや喫茶店のようなものばかりで、その創造力と冒険心のなさに考えさせられたからだ。そこで、リーダーである自分が無人島で原始生活をしてみて、現代の少年に欠けているものを発見し、それを教えてやることにしたのだ。中島さんが島に持ちこんだのは、ホンの身のまわりのものだけ。米は非常食として持ってはいくが、ふだんは木の芽や魚を食べることにしていたそうだ。もっとも、中島さんのこの計画も、都の警告で途中で中止させられることになったが……。

ともあれ、この中学生たちの話のように、ぼくらは知らず知らずのあいだに現代生活の日常性のとりこになっていて、そこからぬけ出せずにいる。だから、せっかく離島などへいっても、ただそこへ都会を持ちこむだけのことになって、島の人々からヒンシュクをかうことにもなるわけだ。これでは、中島さんのいうような発見など、最初から期待できない。もし、ほんとうに都会生活からのがれ、現代からの脱出をはかるのならば、「瀬戸内海のロビンソン・クルーソー」としてテレビのニュース・ショウでも紹介された村上坂一郎《むらかみさかいちろう》さんのように、二十年以上をひとりで暮らすほどの覚悟がいるだろう。

村上さんは、戦後すぐに瀬戸内海の宿禰《すくね》島にわたりそれから今日までひとりで暮らしてきた。家族は三匹の犬、三匹のヤギ、それに一匹のネコだけ。畑をつくり、魚を釣り、貝をとる。夕方になると山にのぼって木刀をふりまわして剣舞。終わるとドラムカンの風呂で汗を流す。この自発的なひとり暮らしがかれこれ横井庄一さんに匹敵するほどの長いあいだつづいている。だが、この本が「冒険」とよぶのは、この村上さんや横井さんのマネではない。ボルネオやアフリカへ行かなければできないようなものでもない。問題としたいのは、冒険の心だ。

たとえば、私たちがなれきっている現代の暮らしにとっては、停電とか断水とか、交通機関の広汎なストライキとかの方がじつはグアム島のジャングルよりもおそろしい。現代生活を支えているこれらのさまざまなブラック・ボックスがいっせいにアウトになったら、そのときの都会のおそろしさは、無人島のジャングルよりもすさまじいものになるにちがいない。

そんなことには万にひとつもなってもらいたくはないが、東京などでは、関東大震災クラスの地震がまた必ずやってくるといわれているほどだから、まったく安心してもいられないだろう。

昭和四十七年の春闘では、いわゆる「交通ゼネスト」で多くの交通機関がとまり、東京では大混乱がおこった。あきらめてつとめを休んだ人もいたが、そうはいかない人たちはひどいメにあった。

いつもなら数分おきに来る電車が一時間待っても来なかったり、やっと来た電車に乗れば乗ったで中は殺人的なこみ方。運転もひどいノロノロで、ついに怒り狂った一部の人たちが窓ガラスを割って騒ぐ事件もあった。

こんなときですら、品川区の公務員・福田英二さんのように、「けっこう楽しかった」という人もいる（『朝日新聞』による）。

福田さんは、こうも行ける、ああも行けると、国鉄、バス、歩きを組み合わせ、まるでクイズを解くようにして、いつもの倍くらいの時間をかけて役所についたが、後味はむしろよかったとはなしている。

「ぼくらのいまの生活は、プログラムに組みこまれちゃってんだから、たまにはこうしてリズムをくずす必要がありますよ」というのが福田さんの感想だ。いつもは電車で通っているところを、ショートパンツにはきかえて自転車で行き、いつものとおりの時刻に会社についたという人もいる。

この人たちのように、目的をはたすにあたっての手段について、かなり広いハバで考えられるようになることこそが、この本でいちばん強調したいところだ。その第一歩は、まず自分の頭で考えること。冒険は、この第一歩をふみ出すところからはじまる。もうひとつ答えが出た。冒険はむずかしくない。それは日常生活の中でもできるのだ。

電車の窓ガラスをたたき割って騒いだ人たちが、日ごろ何の考えもなく交通機関のプログラムどおりに行動し、それが狂ったためにパニックにおちいったのだとしたら悲しいことだ。ぼくたちの大多数がじつはそうなのだ。

大男の手を借りずに自分で

かざりやミエをとりはらってしまえば、ぼくらの日常の暮らしは、いわゆる衣食住の三つにしぼられる。この三つの基本的な営みについては、古今東西を問わず、地球上に住む人類にとってはすべて同じだ。

時代をさかのぼってみても同じことで、ネアンデルタール人も、古墳時代のぼくたちも、この三つのことは等しくやっている。なにを着、なにを食べ、どんなすまいに住むか、また、それぞれについてどんな風なやり方かがちがうだけだ。

現代のぼくたちにとっては、この三つの基本的な営みについてさえ、だれか知らない他人が考え、他人が作った既製品、オシキセでまかなわれ、自分の考えや自分の手を加える余地がごく少なくなっている。

原始人や、そこまでさかのぼらなくても昔の人や、現代でも未開人や探検家といった人たちは、衣食住のすべてについて原理的な知識を持ち、その上ですべてを自分の手でまかなっている。ぼくたちはまず、これらの人たちが身につけている衣食住の原理的知識に学ぶことからはじめよう。

冒険というと、なにかなみはずれた体力がなければできないように思われがちだが、知識や知恵をぬきにしてはイミがないのはいうまでもない。いかにタフな未開人でも、毒草を食べればやはり死ぬのだ。

ぼくたち現代人が知恵で原始人や未開人に劣るはずはない。ただ、利便・能率本位のブラック・ボックス時代になれすぎて、ものごとを原理や原則にさかのぼって考えることをなまけているにすぎないのだ。

戦後の日本は、ブラック・ボックス方式でおおいに能率をあげ、日常生活もたいへん便利になった。この二十八年で日本人の暮らしがどんなにはげしく変わってきたかは、横井庄一さんがいちばんよく知っているだろう。

ブラック・ボックスというのは、テレビや洗濯機やクーラーといった、形のある「もの」だけではない。おそろしいことに、こういった「もの」をつぎつぎに作り出し、使いつぶしてゆく世の中のしくみそのものが、だれにもシカケのわからないブラック・ボックスになってしまっている。

「もの」としてのブラック・ボックスを作る会社は、それをどうやって作り、どうやって売ればお金がもうかるかという「会社の使い方」はよく知っているが、たとえば自動車なら自動車がどんどん売れてゆけばどうなるかという「しかけ」までは知らない。

そういう会社につとめている人たちも、毎日会社へ行ってどうやれば月給がもらえるかという「会社の使い方」を知っているだけで、自分の会社が世の中でどんな役わりをはたしつつあるのかということまでは知ろうとしない。

つまり、会社もブラック・ボックスなら世の中全体もブラック・ボックスなのだ。

タイプライターを作る、イタリアのオリベッティという有名な会社がある。ここの副社長のベッチェイ氏という人が「ローマ・クラブ」というのを作ってたくさんの学者や会社の社長などを集め、このまま世の中が進めばどうなるかという討論をやった。「二〇二〇年、つまり五十年先には現代文明はほろびる」というのが結論になった。

ぼくたちが原始人や未開人に学ばなければならないというのも、まず人間として最も基本的な衣食住から手はじめに、ものごとの因果関係をよく理解してから行動にうつるという態度を身につけるためだ。このことが、スイッチひとつでアラジンのランプの大男がやってきて、何でもやってくれる現代では、冒険ということになるのだ。

ブラック・ボックスという便利な大男の手を借りずに何でもできるようになること——これ

がこの本で考えたいことの根本だ。だから、以下の実技編では、衣食住を中心に、人間の動作、行動をあらわす十三の基本的な動詞に即して話を進めてゆく。それぞれは、そのままキャンプや林間学校や海浜のレジャーといった野外活動で役にたつものばかりだが、ほんとうに身につけてもらいたいのは、ここにいう冒険の心だ。きみ自身のためばかりではない。五十年後にほろびるという、この世の中を変えるためにもだ。

1 火をおこす

人間だけが火をおこせる

人間のことを、ホモ・サピエンスともよぶことをごぞんじだろう。動物学上の学名というやつで、たとえば、イヌはキャニス・ファミリアリス、ハエはマスカ・ドメスティカというように、二語のラテン語になっている。ホモは人、サピエンスはかしこいという意味だそうだが、かしこいとはどういうことだろう。かしこいといえば、イヌやキツネやイルカなども、ずいぶんかしこい動物だといわれている。人間にだけできて、他の動物にはできないことは?

人間は道具を使う。ネコがネズミをピストルで射殺して食った話はあまり聞かない。動物は道具を使うことができないのだ。サーカスのゾウが玉乗りをしたり、クマが自転車に乗ったりするのは人間がしこんだことで、べつにかれらが工夫したわけではない。

しかし、チンパンジーあたりになると、棒を武器にしてヒョウにたちむかったりするし、箱をつみ重ねてその上に乗り、手のとどかないバナナをとったりする。チンパンジーなどは、人間の親類のようなものだが、鳥ですら道具を使う。ガラパゴス諸島にいるヒワは、くわえた楊《よう》子《じ》で虫をとるというから、まさに人間の中でいえば木枯《こがら》し紋《もん》次《じ》郎《ろう》クラスの大モノだ。

ガラパゴス諸島のヒワは、木に穴をあけて虫を食べるところまではキツツキと同じだが、あいにくキツツキほど舌が長くない。そこでサボテンのトゲをとってきて、それで虫をひっぱり

出す。人間の子どもがニラを地面の穴に入れてニラムシ（ハンミョウ）を釣るのと同じで、こうなると人間もあまりいばれない。動物だって道具を使うのだ。
　そうなると、人間にしかできないことは、火をおこすことくらいのものだ。ギリシア神話では、神さまから火種をぬすんだプロメテウスは、罰として高い山にさらしものになって、ワシに肝臓をついばまれたというから、ホモ・サピエンスの出現まで、火は神さまの専売品だったのだ。
　ぼくたちもプロメテウスの子孫である以上は、マッチだのライターだのブラック・ボックスがなくては火がおこせないようではホモ・サピエンスの名がすたる。おそろしい「原子の火」などができたのは、これも神さまのあたえた罰かもしれないが——。

マッチなしでも、火は十秒でおこせる

ツタ類のからみついた巨大な樹木の生い繁るジャングルの中。破れた土色の服をまとった、ほう髪の男が数人、肩をよせ合って、うずくまっている。ひとりの男は、とがった木の棒を木片につきたて、両手で激しくキリモミしている。やがて男の手がすりむけ、キリモミのスピードがおちそうになると、素早く次の男にバトンタッチする。太平洋戦争末期、ニューギニアの山中である。この数人の敗走する日本兵は、木と木のまさつ熱から火を手に入れようとしていたのだ。さて、きみだったら、マッチなしでどうやって火をおこそうとするだろう。もちろんマルマン電子ライター、かるーいハーレーなんぞもないとしてだ。

もしきみが、この四人の男と同じ方法きり思い浮かばないとしたら、きみは冒険者として失格。かれらは、何度試みても、ついにこのやり方で火を手に入れることはできなかったのだ。「冒険」の持つひとつの意味は、自ら挑戦してたしかめたことだけを信ずることにある。どうしてもやってみせるというのなら、ヒントをさしあげよう。

まず腕をきたえることだ。それができたら和紙をよったこよりを一本用意する。腕をのばし二の腕にまきつけて、ゆっくりと腕を曲げ、きみの盛り上がった力コブがこよりをブッチぎることができたらオーケー。次に手のひらをぶ厚くする。どう鍛《きた》えるかはきみの創意工夫だ。山

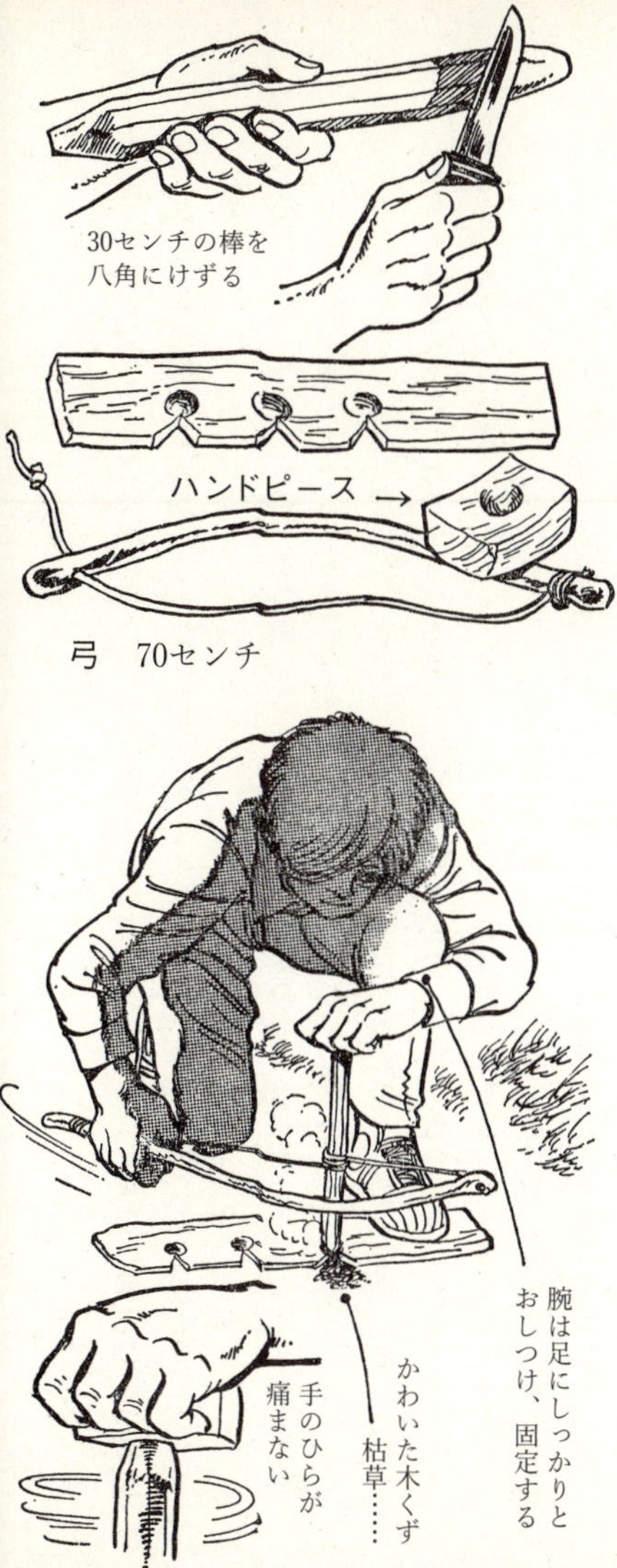
30センチの棒を
八角にけずる
ハンドピース →
弓　70センチ
腕は足にしっかりと
おしつけ、固定する
かわいた木くず
枯草……
手のひらが
痛まない

奥の炭焼きのおやじのように、キセルのまっ赤にやけた種火を手のひらにポンと受け、涼しい顔をして小鳥のさえずりにききほれることができるようになれば準備は完了だ。堅い木質の、乾燥した木を探して、きみのきたえあげたたくましい腕と手でキリキリともめば、数分のうちにプンとこげくさい匂いがきみの鼻を刺激するだろう。という具合に、こよりも切れる力コブと、ぶ厚い手のひらがなければ、とうていキリモミ式は不可能なのだ。

肉体を鍛えるのはよい。ただし脳ミソも肉体のうちであることを忘れてはいけない。じつは、もっと簡単に同じまさつ熱から火を得る方法があるのだ。図のようにテコの原理をひとつ導き入れれば、大の男が数人がかりでできなかったものを、少年がひとりでなしとげることができるのである。

必要は発明の母という格言を証明するおもしろい例を紹介しよう。練《ネリ》カンブルースで音に聞こえた東京少年鑑別所での話である。きみが影丸譲也《かげまるじょうや》画伯の力作「ワル」の熱烈なファンであることはまちがいないと思われるので、練カンがどういったものかは説明を要しないだろう。

かれらは未成年者であるから、当然タバコに興味を持つ。また、彼らはすぐれて機敏であり、知恵が働くから、監視の目をくぐってしけもくをひそかにためこむ。さて、そこで火をどうするかだ。まさか、ベルトをはずして、図のような弓をつくってキコキコやるわけにはいかない。ではどうしたか。かれらの道具は、なにげなく拾ってきた一カケラのガラスの破片であった。それをしっかりと握って床板に激しくこすりつける。熱が発火点に近づくと、ポケットのすみにたまったほこりくずを火口《ほくち》にして、息を吹いて引火させ、タバコに火をつけるのである。

夜ごと、寝しずまった鑑舎のどこかで、小さな物音が聞こえ、やがて、闇の中に小さな火が浮かび、汗と体臭のたちこめた部屋にタバコの芳香がただよったという。

ところで、きみも知っていると思うが、ニューギニアの高地には、現在も石器時代さながらの暮らしをしている人たちがいる。数年まえ日本の高名な新聞記者が訪れ、かれらと寝食をともにした。マッチはもちろん、火打石すらないこの集落では、いったいどうして火をつくり出しているのだろうか。驚くべきことに、かれらは、木片と竹ヒゴを使って、ものの十秒もあれば、簡単に火をおこしてしまうのだ。これでは、ヘタなマッチではいばるわけにいかない。

まずヒノキの皮のような燃えやすいものをひとにぎり地面に置く。その上に直径三センチ、長さ三十センチ程度の木の棒をのせて、両足でおさえつける。その棒は片方をまん中で割って石ころなどをはさみ、すきまをつくっておく。この踏みつけた棒の下に、割った竹ヒゴをくぐらせて、両端を両手でつかみ、交互にひっぱって強くこする。十秒たらずで竹ヒゴが焼き切れると同時に、棒のすきまの木くずから煙が出て、発火しているというしかけである。

さてはじめに登場した数人の男のことを思い出してもらおう。同じニューギニアの山中で、かれらが必死になって火を手に入れようとして失敗していたとき、まる裸のオジさんたちは、やすやすと火をおこして、タロイモのムシヤキに舌つづみをうっていたとは皮肉なことではないか。しかし、かれら日本兵は、それであきらめてしまったのではなかった。破れてはいても服を着ているにふさわしい方法で火を手に入れたのだ。捨てられていた防毒マスクの目の部分にはまった透明な合成樹脂がヒントである。

二枚の透明板をわん曲させて、合わせた中に水を入れる。合わせ目は、とけかかったマスクのゴムで密封して凸レンズの代用品をつくり上げたのだ。かれらが、その後、即席凸レンズで太陽の光と熱を集め、容易に火をおこし、きびしい生活のなかにも、食事だけはゆたかになったことはいうまでもない。

雨、風の中では、生木を使う

吹雪《ふぶき》をついて、けわしい渓谷を越え、沢を渡り、クマを追跡するマタギ（猟師）は、いかなる天候、地形のもとでもすばやく火をおこすことができる。かれらにとって、それに失敗することは、死にもつながるのだ。

かれらがふつう使うものは松ヤニである。白く樹脂のしみ出た木を腰の山刀で細く削り、マッチで火をつければ、雨や風の中でも消えることはない。

枯れた木は、ぬれたり、しめっていないときにはたいへん燃えやすいが、雨の中などではむしろ生木《なまき》で、大きな葉のついた木の枝のほうがよい。葉の中に含んでいる脂《あぶら》に火が移ってバチバチと音をたてて燃えあがる。

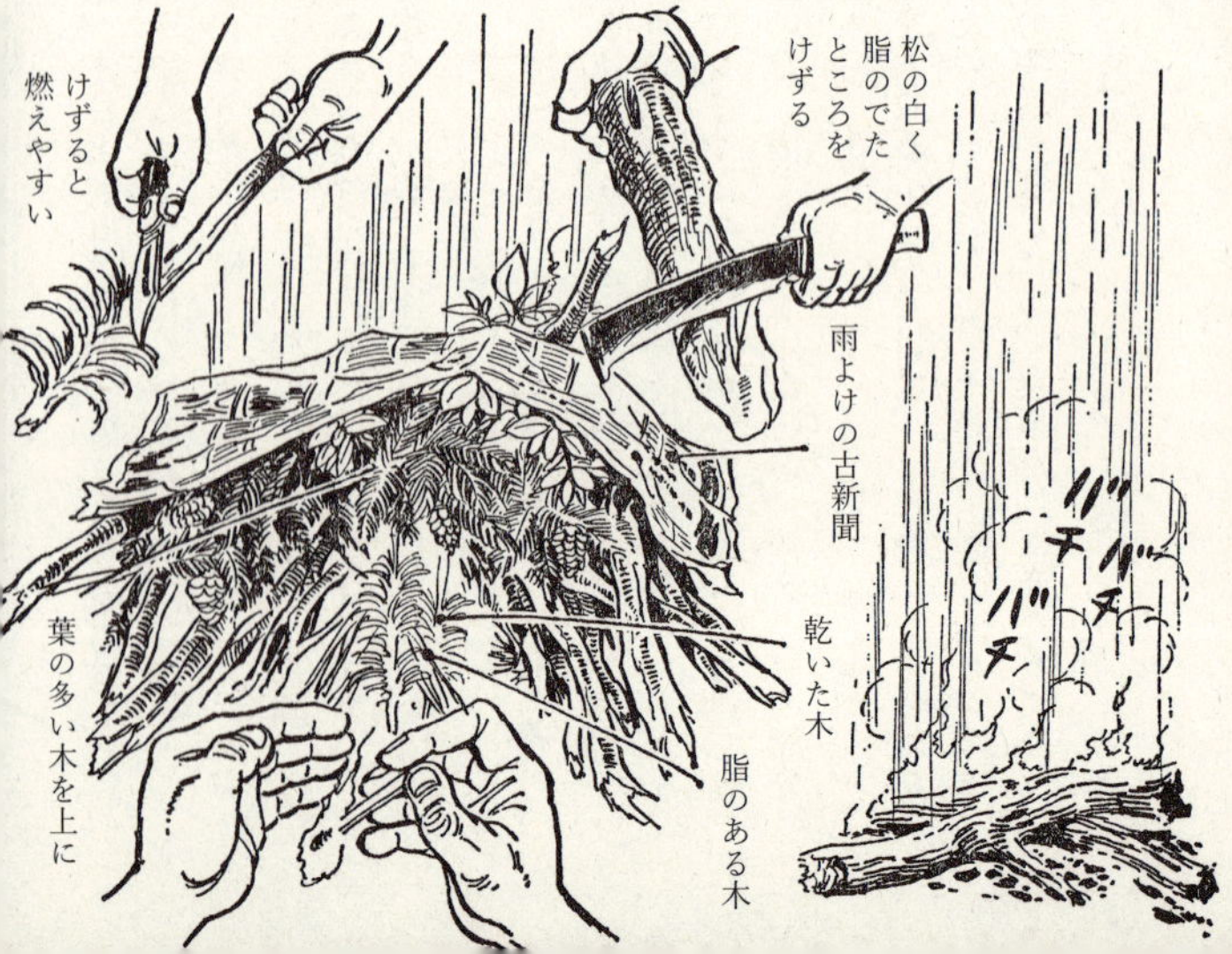

松の白く脂のでたところをけずる
けずると燃えやすい
雨よけの古新聞
乾いた木
脂のある木
葉の多い木を上に
バチバチ

ただ、ぬれた枯れ枝といっても、中まで水がしみていることは少ないので、削ればたき木として十分使えるし、図のようにナイフを入れてケバだたせれば、火がつきやすい。アメリカインディアンは、これをおいのり棒と呼んでいる。

新聞紙は便利なもので、雨の中では、これを屋根がわりにして火がおこせる。地面からまきを高くやぐらに組み上げ、中に枯葉、枯枝をつめる。

上に新聞紙を二、三枚かぶせれば、雨つぶは吸い取られ、熱を外に逃がさない。やぐらに組んだ木も、やがて内側から乾いて燃えはじめる。

湿地で火をおこす場合は、地面に数本の丸太や石などをしいて、その上にたき木を組めばよい。

水上キャンプファイアー

雨でぬれても、マッチが使える一工夫

西部劇の主人公は、よくクツのかかとでシュッとマッチ棒をこすって火をつける。ロウマッチといって、市販されているが、ふつうのマッチを加工しても簡単にできる。マッチ棒の頭を水にぬらして、マッチ箱のスリ紙の上につきたて三〜四回ゆっくり強くまわす。スリ紙の薬がマッチ棒の頭についたら乾かして使う。雨にあってもバッチリ。

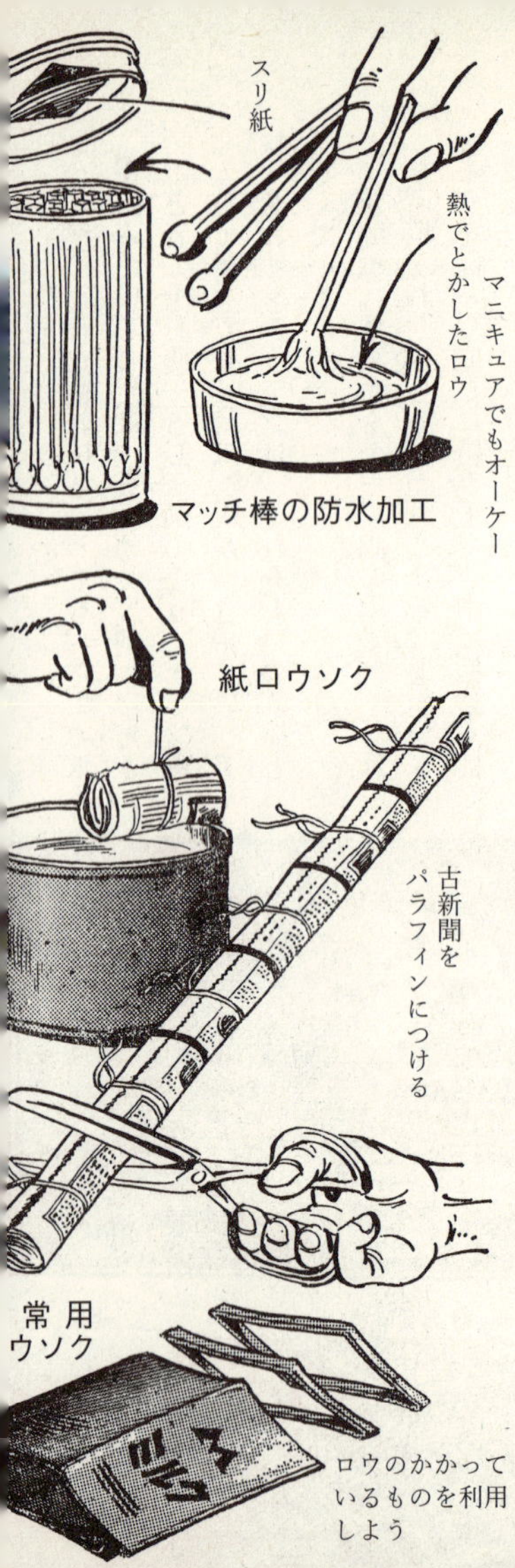
スリ紙
熱でとかしたロウ
マニキュアでもオーケー
マッチ棒の防水加工
紙ロウソク
古新聞をパラフィンにつける
常用
ウソク
ロウのかかっているものを利用しよう

2 料理する

北京原人も肉を料理した

火の話の次に「料理する」話がくるのは、べつにぼくが食い意地がはっているからではない。火をおこすことをおぼえた人間は、まずその火で料理することをはじめたのだ。この本の順序は、だから歴史的に見て正しいのだ。

およそ四十万年まえの北京《ペキン》原人の遺跡からは黒コゲの獣骨が見つかっているが、これらが肉をあぶって食べていた証拠だとされている。料理というと、いまではいかにおいしく食べるかということに主眼がおかれているようだが、じつは肉を火で加工することを人間がおぼえたことには、もっと大きな意味があったのだ。

まず、生の肉のたん白質を人間の体にとり入れるためには、火にかけて、消化しやすくすることは理にかなっていた。自然のままの形で存在するたん白質は、人間の消化機能の手にはおえないものがほとんどだ。「畑の肉」といわれるマメ類は、多くの野菜とちがって、まず生で食べることがないのは、そのためだ。

つぎに、火にかけた肉は生のものより保存がきく。あぶり肉を発明した原始人は、おそらくそれまでのように毎日狩りに出なくてもすむようになったにちがいない。

ずっと時代がくだるが、コロンブスがアメリカ大陸を発見した十五世紀のヨーロッパは、

「大航海時代」といって、各国が遠い東洋への航海にきそって乗りだした時代だった。これは東洋にしか産しない、コショウをはじめとする香辛料を獲得するためである。コロンブスなどは、そのための航海に出て、まちがってアメリカ大陸を発見したのだった。

どこのラーメン屋のテーブルにものっているコショウなどなんの役に立ったのかと思うだろうが、当時コショウは、金にも勝る貴重品だった。少々傷んで味の悪くなった肉でもコショウをかければ食べられたからだ。氷を使う冷蔵庫ができたのは十九世紀になってからのことだった。

昔の人を笑ってはいけない。インスタント食品ばかり食べていると、味のことはともかく、なぜ火にかけ、なぜコショウをまぶすのかということまでわからなくなってしまう。

焼け石で、天然の天火ができる

ニューギニアや、南太平洋の島じまで共通して行われている料理法に、石むし焼きがある。

地面に大きな穴を掘って、まっ赤に焼いた石と、野菜、イモなどを入れ、土をかけてむし焼きにするのだ。野菜の場合には数十分で、子どもの頭ほどもあるタロイモは二時間もあれば芯《しん》まで焼きあがる。これは、いわば天然の天火とよぶべきだが、きみも、ぜひやってみる価値がある。ナベ、カマなどなくても、うまい料理はできるのだ。

ジャガイモ、サツマイモ、ナス、ユリの根などを食べるときは、まず小さな穴を掘り小石を底にしく。その上でたき火をして、オキ火をつくる。できたら、オキ火をいったん外に出す。食べようとするイモなどを焼けた石の上にのせ、その上から、オキ火や熱い灰をかけておけば、数十分でホクホクに焼きあがる。鳥の丸焼きも同様にしてできる。ただ、この場合は、穴の底だけでなく、壁にあたる部分にも小石を積んでおく。鳥は羽をむしり、ハラワタを抜いてからホオの木などのような大きな葉でくるんで入れる。三時間もあれば焼きあがる。

アメリカインディアンは、モノを煮る場合、穴と焼け石を利用した。穴の中にバイソン（野牛の一種）の生皮を入れて水をため、焼け石を放り込んでお湯を得たのだ。つまり、ぼくたちはビニール袋がひとつあれば、魚でも、野菜でも煮て食べられるというわけだ。

DeLLO!
アルミ
葉
〽お湯の中《なか》にィ〜も
コリャ花《はな》が咲《さ》くよ
チョイナ
チョイナ
応用すると……
ポリネシアのむし焼き料理

かまどは風向きに気をつける

料理にはかまどがぜひ必要。この上手へたで、きみの料理の味もぐんと変わってくる。たきつけるときは、ソダ、シラカバの皮、マツやスギの枯れ葉などがよい。クヌギ、ナラ、カシは、火もちの点ですぐれており、オキ火とするのには最適である。

マツやモミの根は、火力も強く、よく燃えあがる。また、シラカバやスギの生皮はよく燃えるが、クリの生木はまったく燃えないので、乾燥したものを使うことが必要だ。

夜、火を引いて始末するときは、水をかけずに、葉のたくさんついた生木をかまどいっぱいにかけておこう。灰の熱と土の温みが残って、翌朝の火つけが手ばやくできる。

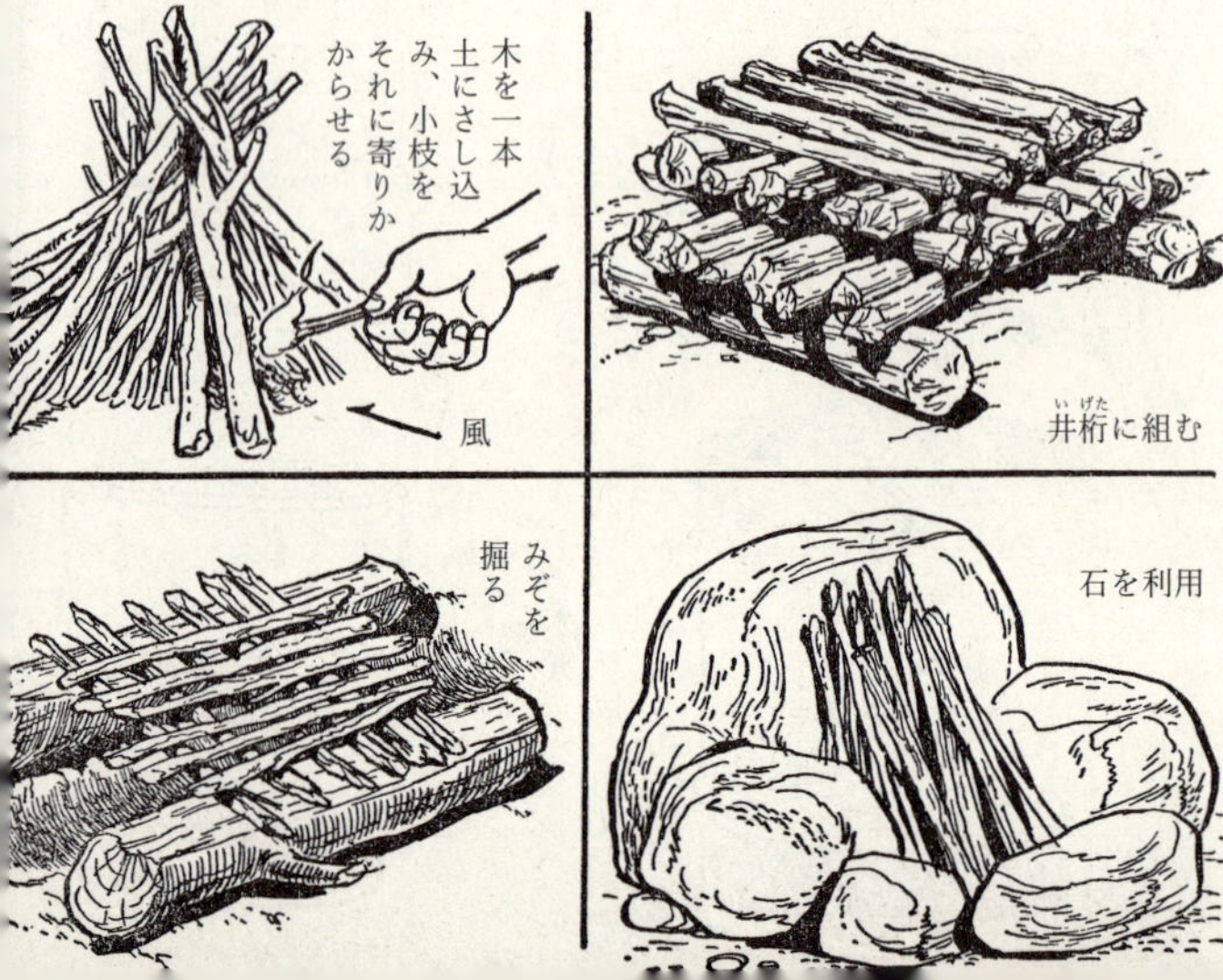
木を一本土にさし込み、小枝をそれに寄りかからせる
風
井桁《いげた》に組む
みぞを掘る
石を利用

石油カンを使った天火

の通りをよくする

自然の風をうまく利用しよう!

赤土の場合に最適

冷蔵庫
野外に穴を掘って
作る
チーズ
ミルク
虫よけ
ポリ袋
水
腐りやすいものは
涼しい場所で保存
する
スコップ焼き
油を少しぬって
肉や野菜を焼く
リ袋漬け
菜を塩でもむ

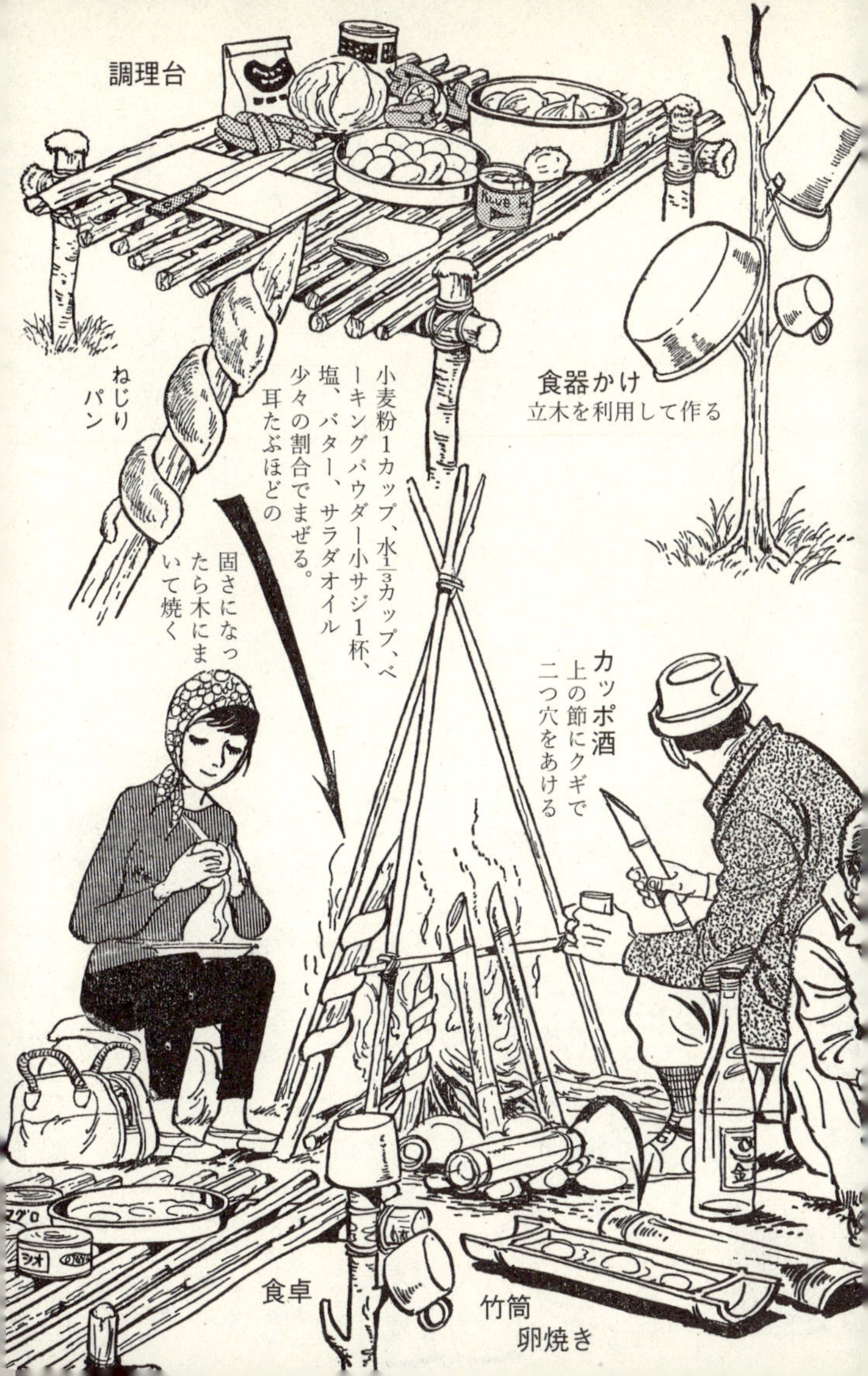
調理台
ねじりパン
小麦粉1カップ、水1/3カップ、ベーキングパウダー小サジ1杯、塩、バター、サラダオイル少々の割合でまぜる。
耳たぶほどの固さになったら木にまいて焼く
食器かけ
立木を利用して作る
カッポ酒
上の節にクギで二つ穴をあける
食卓
竹筒卵焼き

海の幸は浜でむし焼きにする

もし、きみが海に行ったとき、台風がやってきたら、幸せと思わなければならない。嵐の過ぎ去った翌朝、だれよりもはやく海岸にかけて行こう。ひょっとすると、さまざまな魚、貝、海草、エビ、カニなど、拾いほうだいというラッキーに恵まれるかもしれない。

十分集めたら、朝食は浜辺でしよう。砂を掘って底に小石をしく。その上でたき火をして、石を熱く焼く。オキ火はかき出して、海草を中に入れ、その上に、魚、エビ、貝などをのせ、海草でおおいをする。一時間ほど放っておけば、海草の蒸気で、むし焼きができあがる。コンブは、下の図のように、佃煮《つくだに》にしてもおいしい。

コンブの佃煮

①サッと洗って、水に5分ひたす。やわらかくなる
②きざむ
③コンブがひたる程度の水に、スプーン一杯の酢を入れ、中で煮たてる
④しょうゆ、塩、さとう、酒を加えて、弱火で汁がなくなるまで煮つめる。はじめはフタをしておき、仕上げの時、よくかきまぜる。20分ほどで、でき上る
水
酢
しょうゆ
さとう
酒
塩

海草類
——海岸に打ちあげられる

ワカメ
長さ30〜80センチ
アラメ
長さ50センチ
〜2メートル
マコンブ
長さ1〜4メートル

台風一過の海岸はいろいろな魚や貝が拾える

竹に米を入れて炊くと、電気ガマよりおいしい

「はじめチョロチョロ、なかパッパ、赤子泣《あかご》くとも、フタとるな」とは、昔からいならわされた米を炊くコツである。火かげんと、むらすときの注意をあらわしているのだ。といっても、きみはおそらく電気ガマやガス炊飯器のごはんきり知らないだろうから、ピンとはくるまい。

ほんとうのごはんの味は、大きなカマでわらを燃やしてたいた時に味わえるのだが、とりあえずは、飯盒《はんごう》を使いこなせるようにしよう。

水の分量が肝心で、なかぶた一ぱいの米（二合）を入れた時には、飯盒の胴体についた下のめもりまで水を入れる。上のめもりは米を四合入れたときの水面の位置を示している。十分から二十五分くらいで沸とうするが、途中でフタを開けてはいけない。むらす時には、火からおろして、さかさまに置く。二十分たらずでむれる。野草や、豆などを入れてまぜごはんを作る場合は、高山で炊くのと同様、フタをする時に、紙かアルミ箔《はく》をかぶせるとよい。

きみはモウソウチクという太い竹を知っているだろうか。この竹は、タケノコが取れるだけでなく、節《ふし》を利用して、ごはんを炊くことができるのだ。直径五、六センチ、節の間かく三十センチほどのものを切って、図の要領で炊く。水を入れる時、酒を少量まぜると、芯がなく、ふっくらと炊ける。竹の香りが、ほのかに移っておいしい。

ごはんを炊くコツ

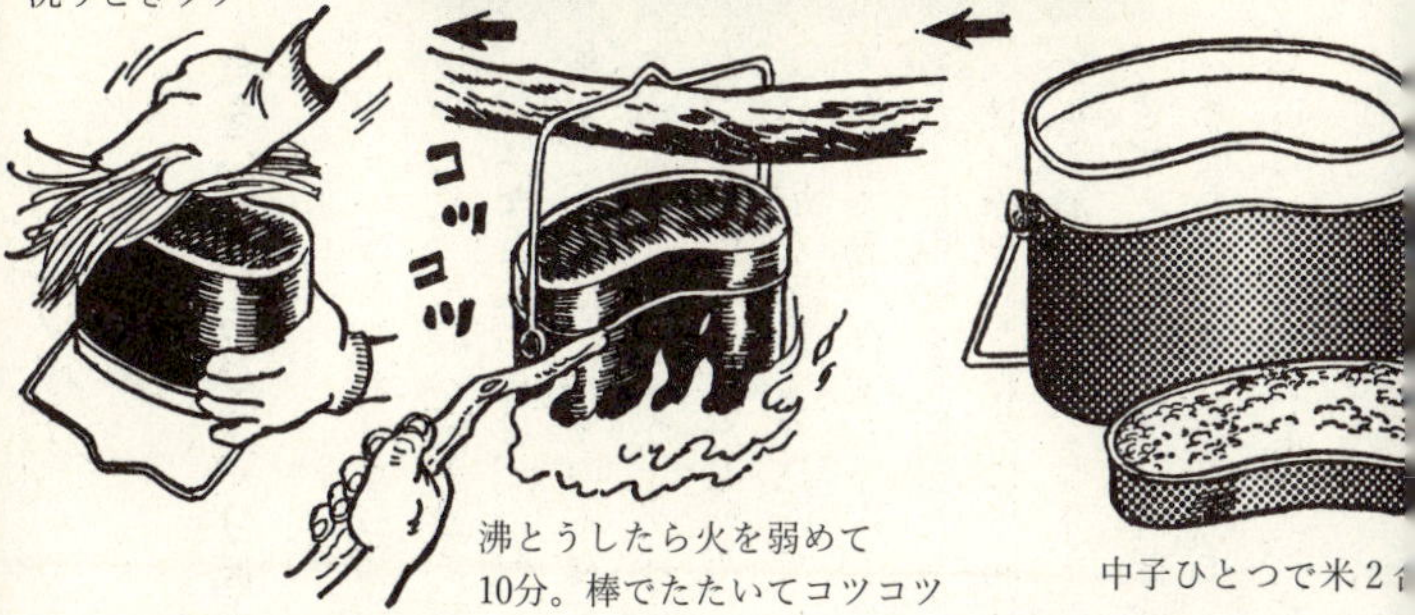
草でふいておくと
洗うときラク
コツコツ
沸とうしたら火を弱めて
10分。棒でたたいてコツコツ
いったらおろす
中子ひとつで米2

湯《ゆ》炊《だ》き

1000メートル以上の山で
気圧の変化で熱がまわり
くいためこんなたき方を

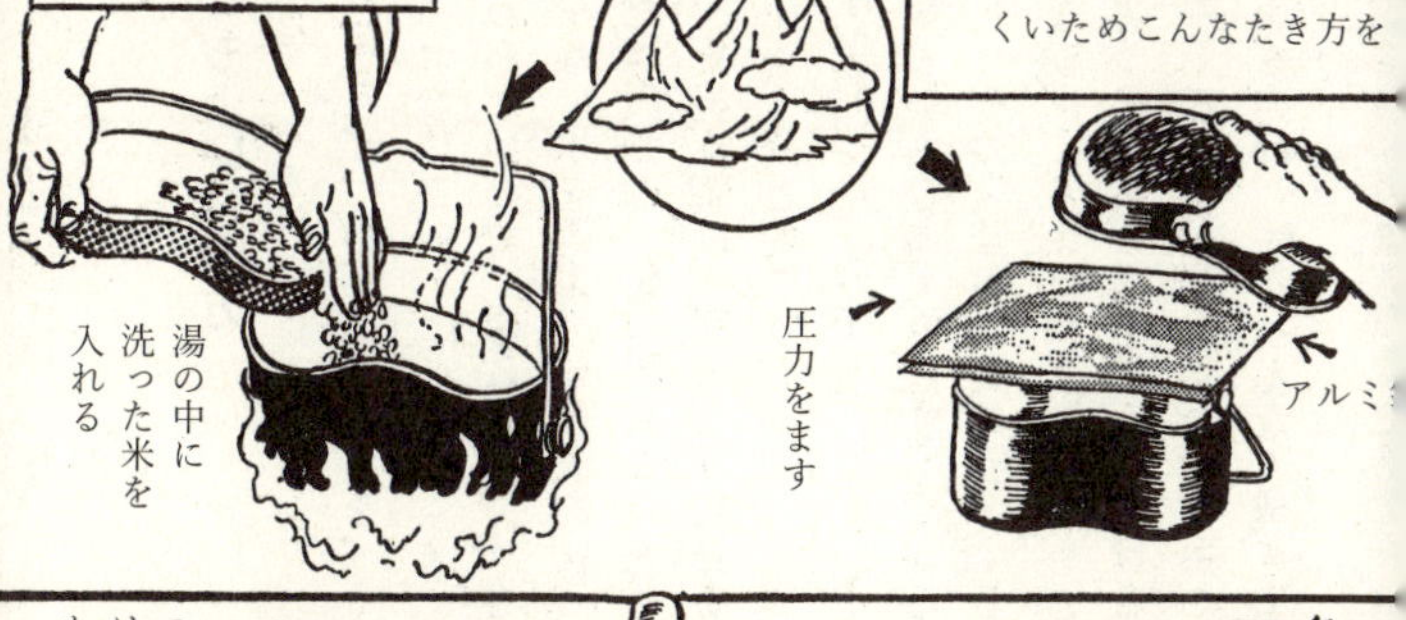
湯の中に洗った米を入れる
圧力をます
アルミ

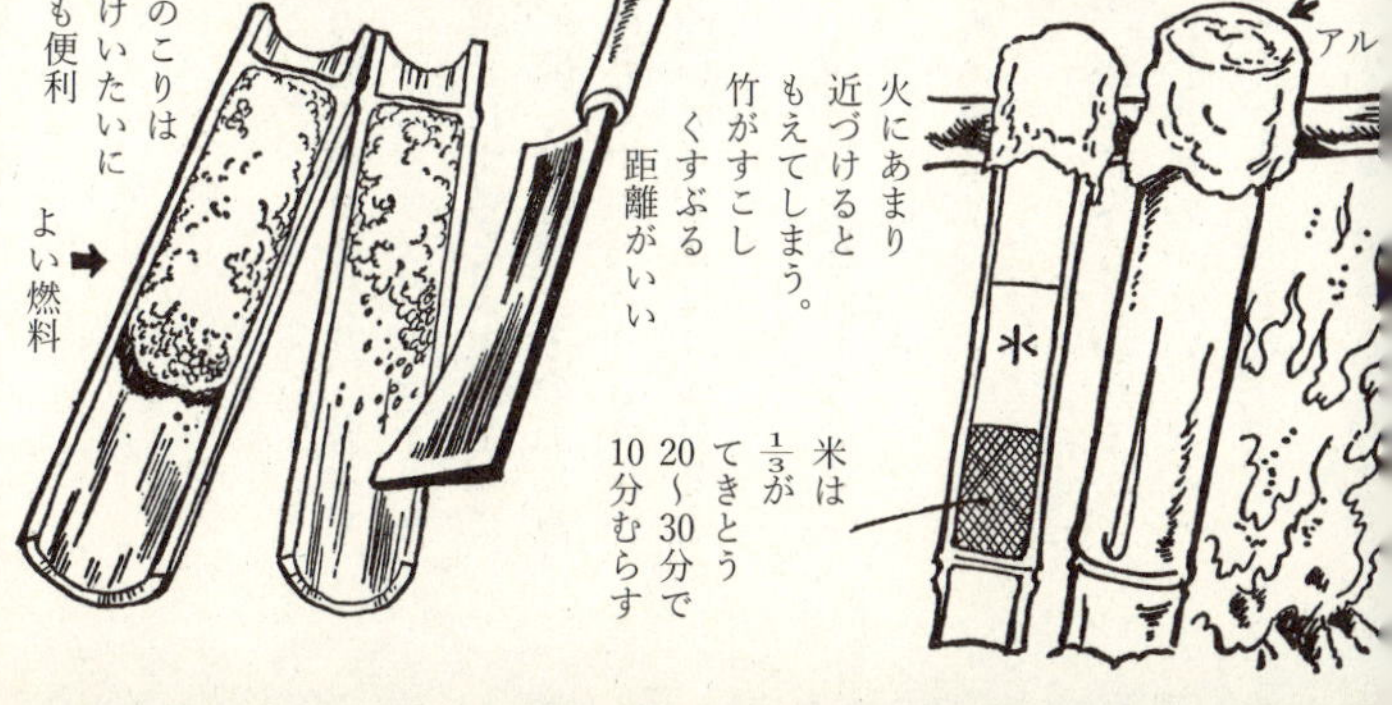
のこりはけいたいにも便利
よい燃料
火にあまり近づけるともえてしまう。竹がすこしくすぶる距離がいい
米は$\frac{1}{3}$がてきとう 20〜30分で10分むらす
米
アル

魚をいちいちひっくり返さなくてもよい焼き方

釣りの好きなきみなら知っていると思うが、釣り上げた魚を、その場で刺身に切り、海水でサッと洗って食べる新鮮さはこたえられない。

アユなどの川魚は、一般に身がやわらかいので、串に刺して、塩焼きにするとよい。生木に刺すときには、クリの木など樹脂の少ない木を選ぶ。オキ火を使って焼く場合は、その上に直《じか》にかざしてもよいが、炎の上がったたき火では、まっ黒にこげたり煙でくすぶったりして味がおちるので、工夫が必要だ。大きな魚を焼く時は、図のように身を開いて、板にはりつけるとよい。塩などをすり込んで、遠火でゆっくりと焼こう。

有名な動物作家シートンは、「北氷草原紀行」の中で、おもしろい焼き方を紹介している。これも反射熱を利用したものだが、いちいちひっくり返す必要がない。

長い棒を、ななめに地面につき刺し、その先端から焼こうとするものを糸でつるす。魚なら、アルミ箔で包んで、つりさげ、火のま横にくるようにする。

さて、しかけだが、厚紙を扇形に切って、糸の途中にくっつける。やってみるとわかるが、たき火の熱でおこった風で、扇がくるくるとまわり出すのだ。糸のねじれがいっぱいになると、今度は反対にまわり出し、つるした魚や肉は、まんべんなく焼き上がるという寸法である。

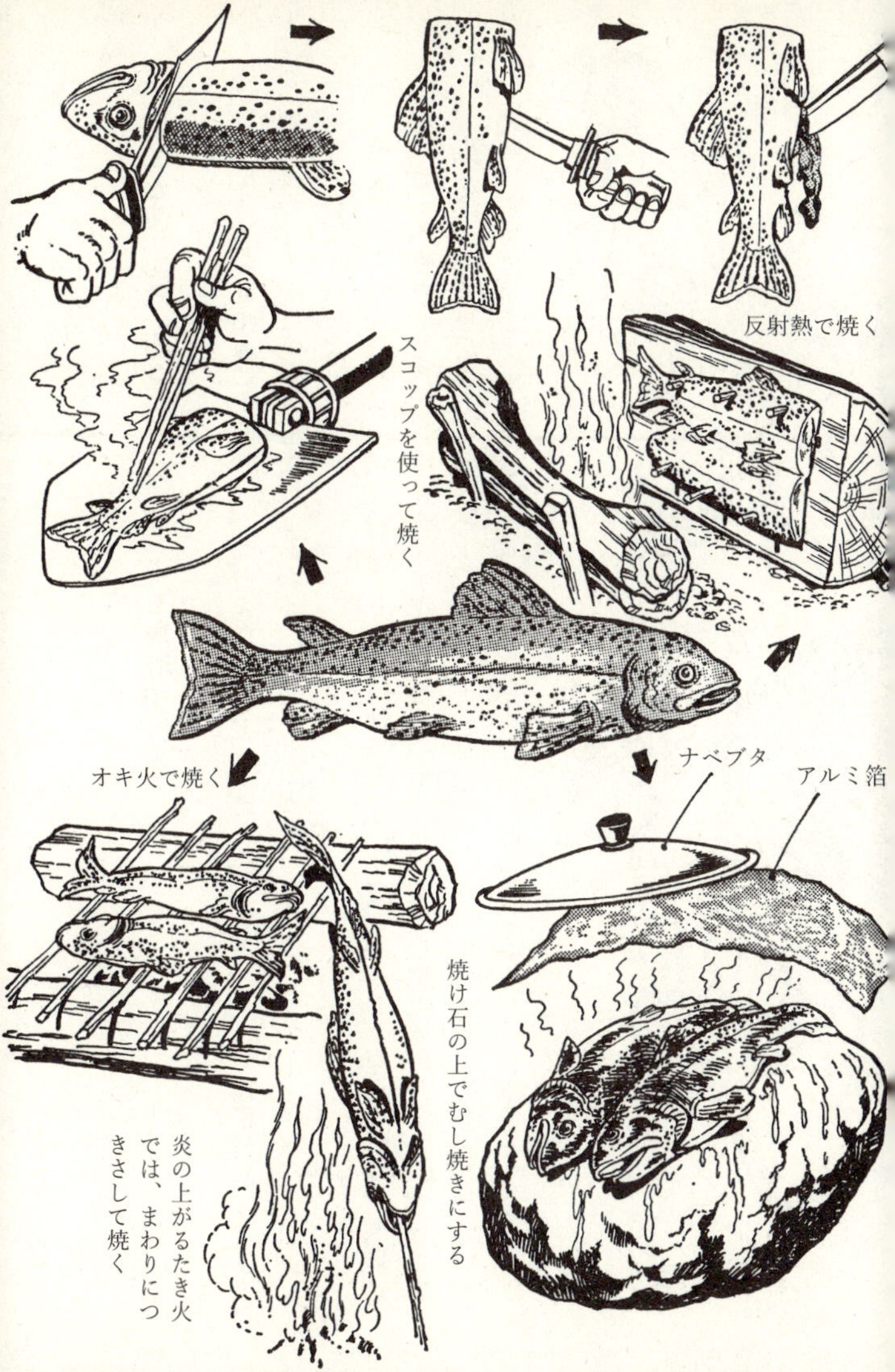
反射熱で焼く
スコップを使って焼く
オキ火で焼く
ナベブタ
アルミ箔
焼け石の上でむし焼きにする
炎の上がるたき火では、まわりにつきさして焼く

粘土を使えば、羽をむしらなくても鳥は焼ける

ニワトリを丸焼きにするには、図のように下ごしらえをしてから、アルミ箔に包んでたき火の上にのせる。三十分ほどで焼きあがる。ニワトリにかぎらず、ウズラでもスズメでも、同じ要領で料理すればよい。

近くで粘土がとれたら、粘土焼きにしよう。羽はそのままで、ハラワタをとり除き、内側に塩、コショウをすり込む。中にタマネギなどをつめてから、全体を粘土で包む。穴を掘って中で火を燃やしオキ火をつくり、粘土で包んだトリを入れて、さらにその上でたき火をする。一時間くらいで焼きあがり、ボロボロになった粘土といっしょに羽もきれいに取れる。

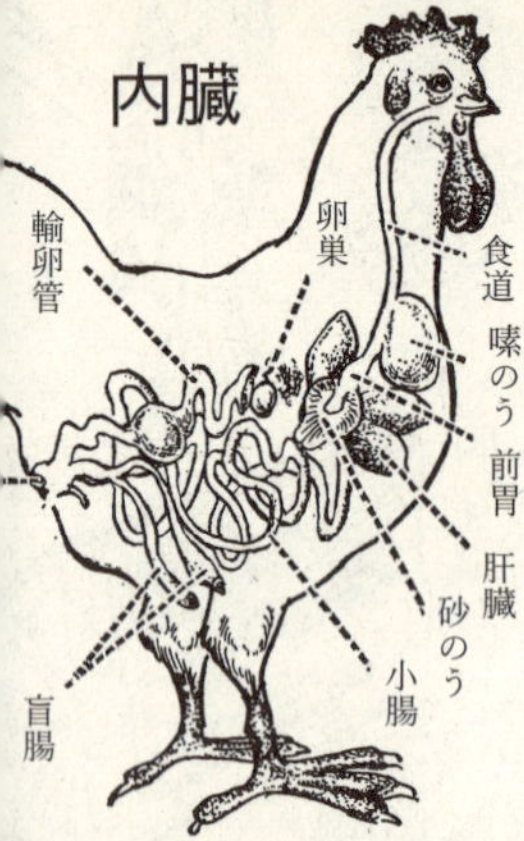
内臓
食道
嗉のう
前胃
肝臓
砂のう
小腸
卵巣
輸卵管
盲腸

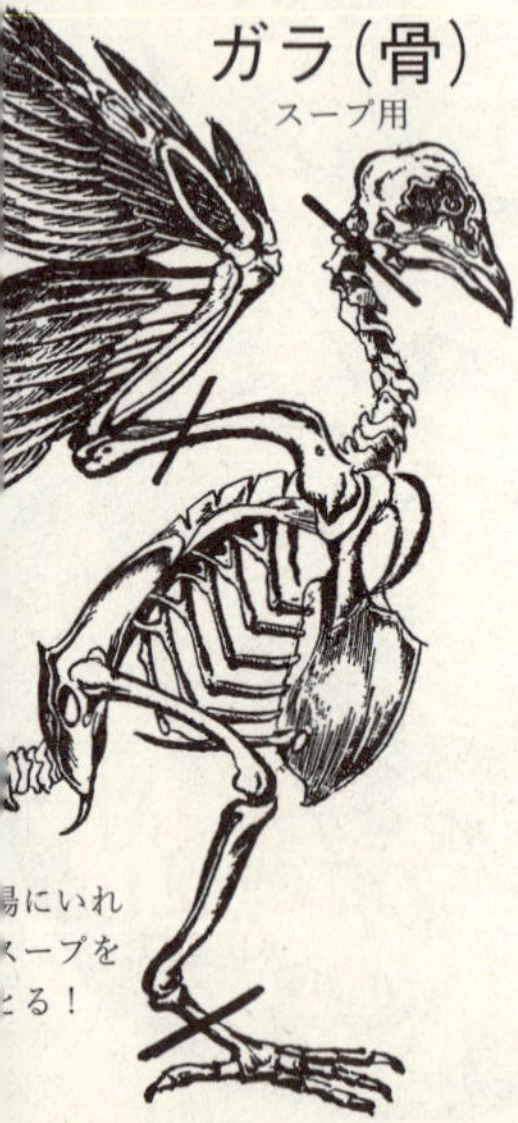
ガラ(骨)
スープ用
にいれ
ープを
る！

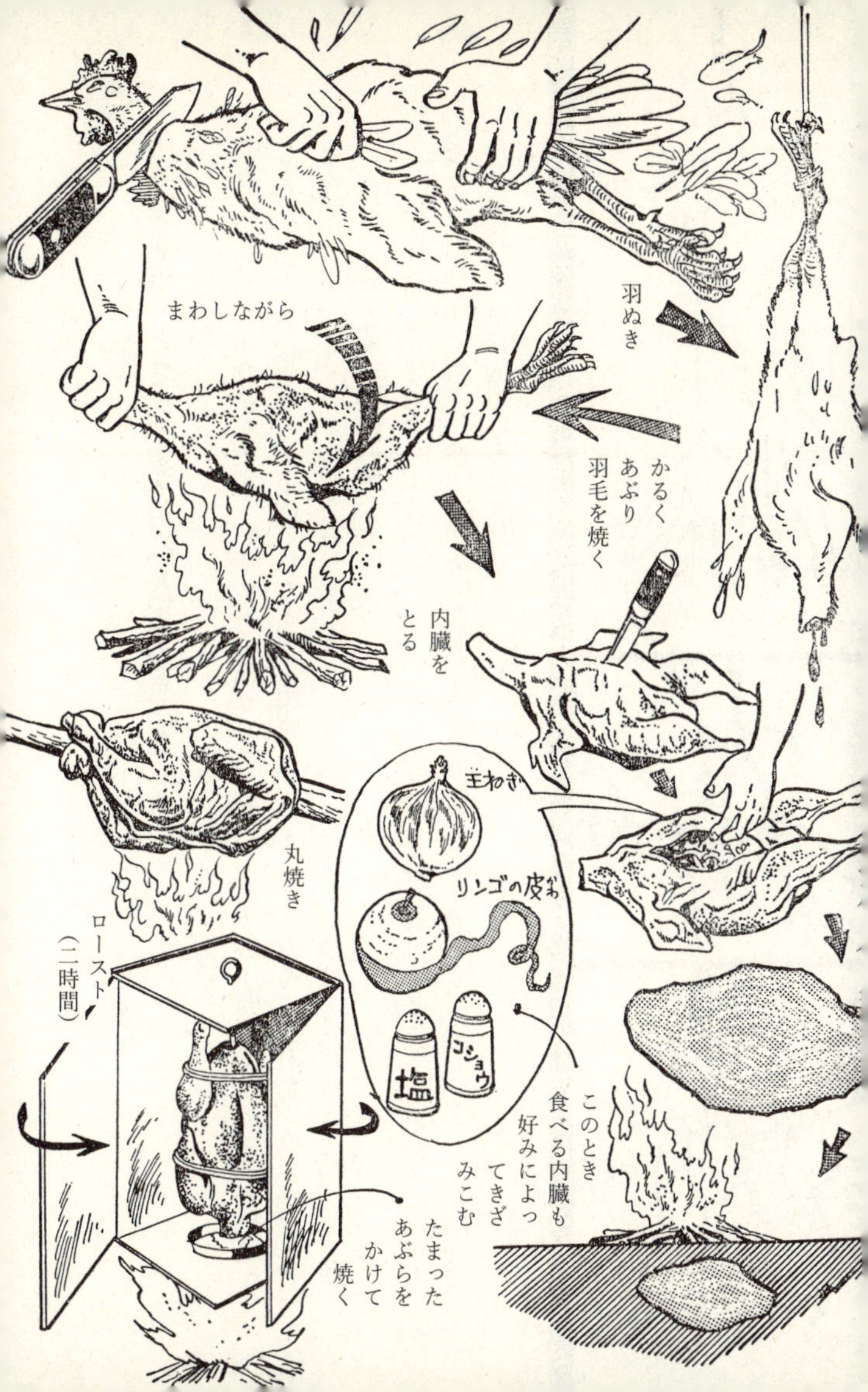
羽ぬき
かるくあぶり羽毛を焼く
まわしながら
内臓をとる
王ねぎ
リンゴの皮など
塩
コショウ
このとき食べる内臓も好みによってきざみこむ
丸焼き
ロースト（二時間）
たまったあぶらをかけて焼く

ウサギを焼くときは、葉のついた生木を用意する

ウサギなどの小動物を丸焼きにすると、脂がしたたりおちて炎が上がりやすい。肉が燃えてしまうので、あらかじめ、葉のついた生木を用意し、炎が上がったら、これでたたき消す。焼きあがったら、しょうゆに、とうがらし、さとうを入れたタレをつけて食べよう。肉片を、空カンの中などに入れて焼いてもよい。

しょうが焼きにするには、なべに、しょうゆ、おろししょうが、酒を入れて煮たて、冷やしたあと、その中に肉を一晩つけておく。野菜などといっしょに煮てもおいしいが、その場合ははじめに、肉だけ油でいためておこう。

後足一本をひもでつる

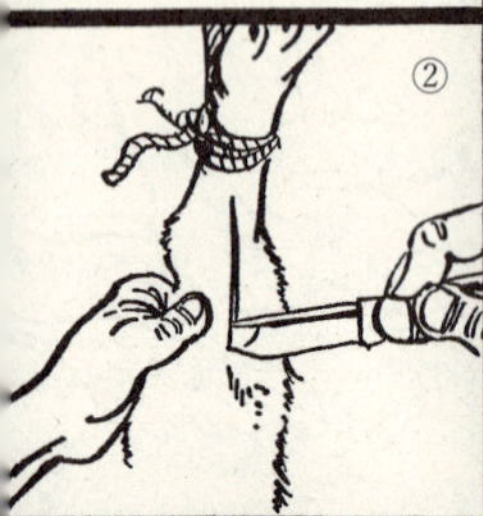

②

③服をぬがせるつもりで皮と肉の間を切り

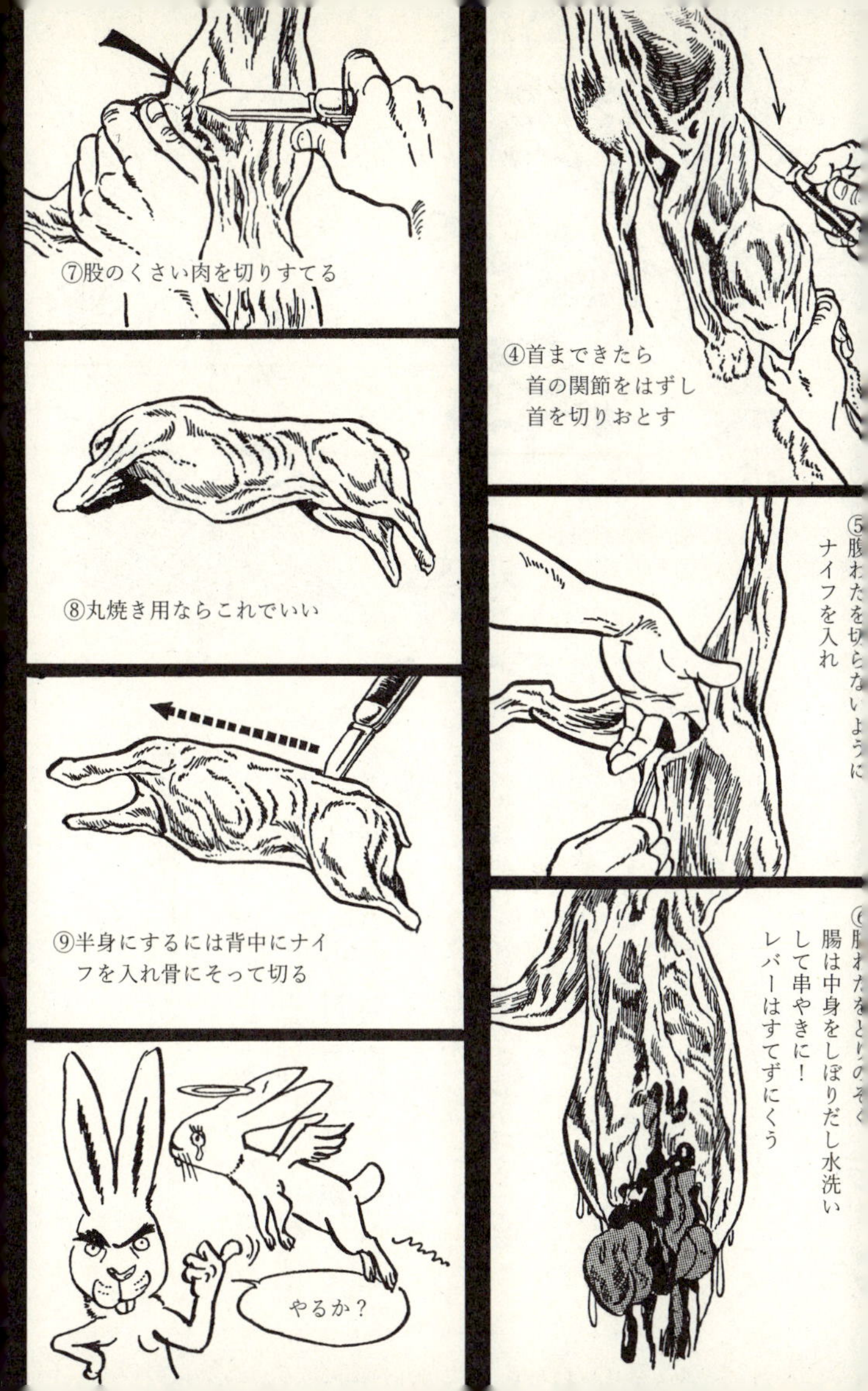
④首まできたら
首の関節をはずし
首を切りおとす
⑤腸わたを切らないように
ナイフを入れ
⑥腸わたをとりのぞく
腸は中身をしぼりだし水洗い
して串やきに！
レバーはすてずにくう
⑦股のくさい肉を切りすてる
⑧丸焼き用ならこれでいい
⑨半身にするには背中にナイフを入れ骨にそって切る
やるか？

サンショウ（ミカン科）
低い木。葉はよい香りがして
若葉はたべられる。春の野山
高さ３ｍくらい

ニッケイ

シソ

タデ
さしみのつま

調味料は山にある

西洋人は香りで食べる——とよくいわれるが、十五、十六世紀の世界発見は、冒険心とともに、香料、香辛料に対する欲求が、その大きな原動力であった。西洋人にとって、東洋はまさに味覚のパラダイスであったといえる。ぼくたちの身のまわりを探しても、いろいろな調味料を発見することができるのだ。

焼きものや、ひたしものにはケシの実、コショウを、煮込みには、ダイダイやサフランのつぼみを乾燥させたものがよい。吸いもの、焼きものは、サンショウ、ミョウガがあう。シソ、タデはツマによく使われるし、サルビアの葉を乾燥させたものや、ニッケイ、ハッカはお菓子をおいしくする。

3 食べる

日本人は、「食べる」ことに好奇心が強い

文明人がごうまんだったころ（いまでもそうだが）は、文化（カルチュア）とは自然（ネイチュア）からいかに遠いかということではかられた。しかし、最近の文化人類学などという学問では、文化とはその社会で一般に行なわれている行動の型のことで、いわゆる文明とは関係がないということになっている。どんな未開人の社会にも文化があるわけで、文化は飛行機や電車とは関係がないのだ。

行動の型といえば、あらゆるものが考えられるわけで、たとえばあいさつひとつとっても、おジギをする日本人より、握手をするアメリカ人がえらいということはないのだが、偏見がいちばんはびこりやすいのが、ここでいう文化のちがいだ。とくに食べものについてはそうだろう。よくいうように、一般に西洋人はイカやタコを食べないし、魚をナマで食べるサシミもかれらには驚異だ。ところが、フランス人はカタツムリを食べる。フランスにおけるカタツムリの年間消費量は六億匹というから、日本人がお正月にだけ数粒のカズノコを食べるのとはワケがちがう。これも文化だが、宗教の戒律というのもある。たとえば回教徒がブタを、ヒンドゥー教徒がウシを食べないのはよく知られているが、ユダヤ教は貝類を食べることを禁じている。知人の話では、だからイスラエルの海岸にいくと、あらゆる貝がザクザクとれる。その知人は

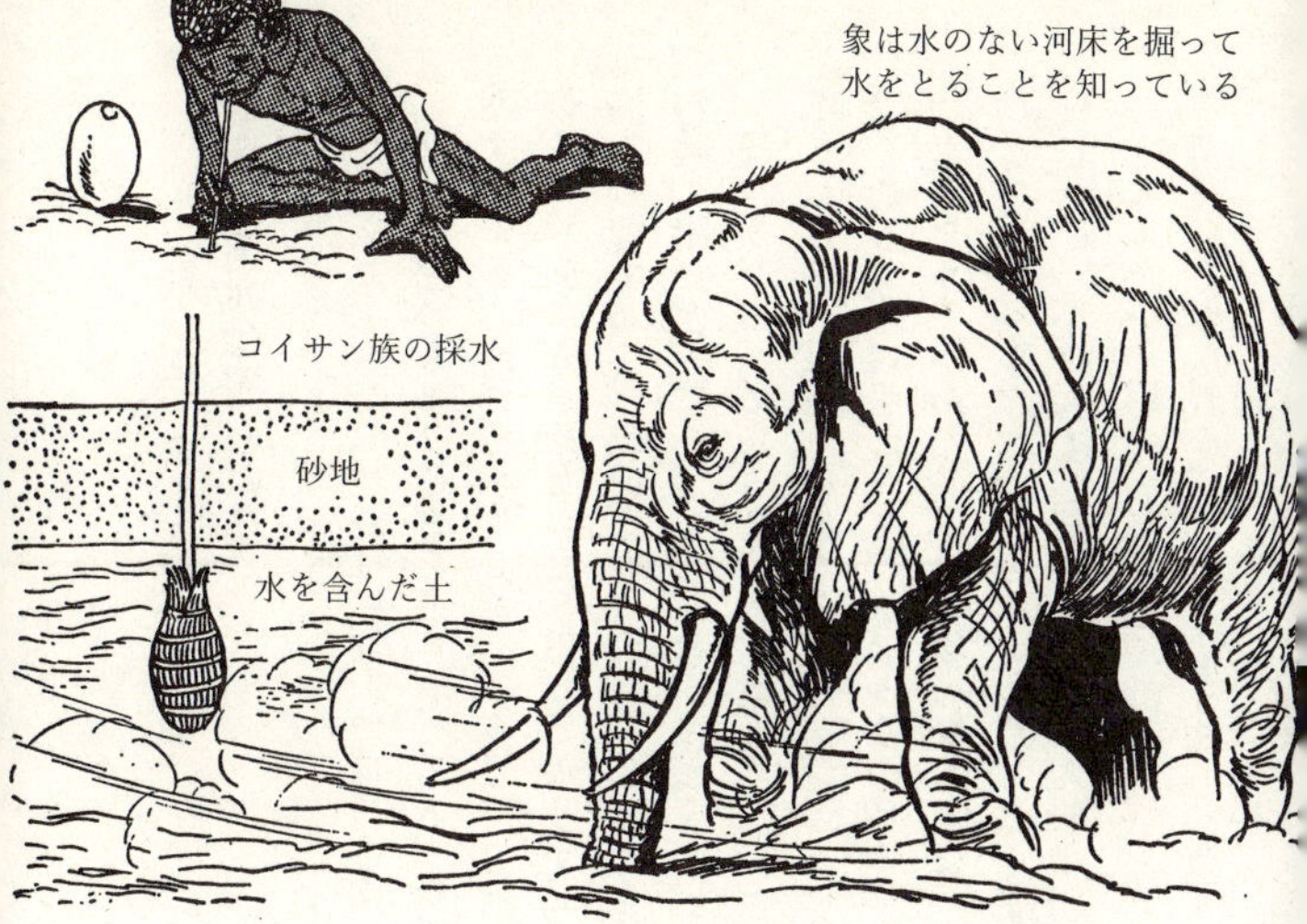
アフリカの大乾期――
象は水のない河床を掘って
水をとることを知っている
コイサン族の採水
砂地
水を含んだ土

深夜ひそかにその貝をバケツいっぱいとってきて、内緒でタラフク食べたそうだ。

そこへいくと、およそ宗教の戒律などとは縁が遠くて西洋料理だろうが中華料理だろうがインドネシア料理だろうが、どんどん食べる日本人のような人種は、五十年後に文明がほろびても生き残れるだろう。その意味では、日本では「食べる」ことについての冒険というのは、あまりないのかもしれない。

だから、これからあげるさまざまな「食べる」冒険の中には、そうとうな悪食《あくじき》、ゲテモノ食いが出てくることになった。しかし、これらについても、いずれも勇敢な先輩たちがすでに試みているのだから、少なくとも害になることはない。ただし、図鑑などでたしかめたうえで、どうしても素性のわからないようなものには手を出さないことだ。

砂漠でも水は得られる

コップで水をたてつづけに飲んで自殺を図った人がいた。外電の伝えたところによるとその人は、失意のあまり遺書を書きおえると、猛然と水を飲みはじめ、まさに百杯めをかぞえようとするころ、溺れて水死したという。アフリカのカラハリ砂漠に住むブッシュマンと呼ばれたコイサン族に聞かせたらどう思うだろうか。かれらにとっては水を手に入れることこそ最大の悩みの種であり、乾期ともなれば、わずかな水を求めて、動物とともに遠くさまよい歩くのだ。冒険に出たきみにとっても、水が命よりたいせつになってくる。

前ページの図にあるように、コイサン族は地下に残るわずかな水分でさえも、植物の茎の管をさし込み、吸い上げようとする。管の先にしばりつけた草は、地中の水分を吸収し、さらに、管を通して水は吸われて、ダチョウの卵のカラに蓄えられるのだ。それもかなわぬときは、根に水分を多く含んだ砂漠性植物の髄をしぼって、わずかばかりの水を手に入れる。

アフリカも東岸のマダガスカル島には、タビビトノキと呼ばれるバショウに似た植物が自生している。この木は、根元ちかくオノを打ち込むと、ザバーと水が流れ出すという。まさに宝のなる木といってよいが、地域的にかぎられている。

図を見てもらおう。この方法こそ、どんな乾燥地でも大量に水を得ることのできる決定版な

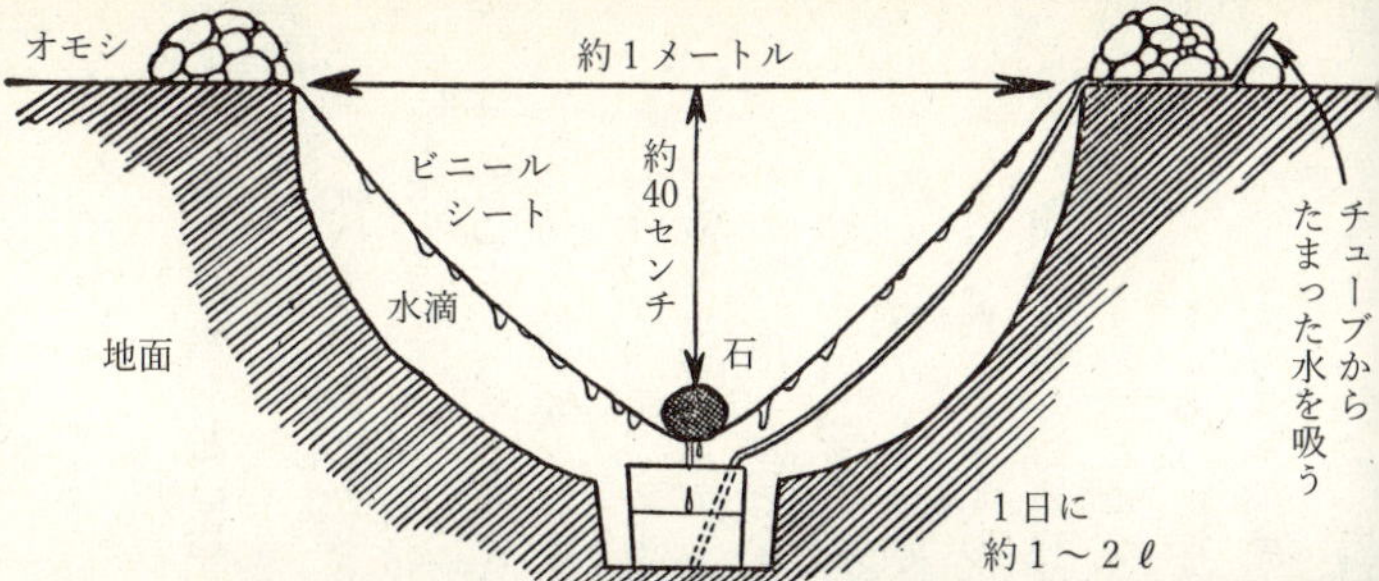
オモシ
約1メートル
ビニール
シート
約40センチ
水滴
地面
石
チューブから
たまった水を吸う
1日に
約1〜2ℓ

のだ。砂漠の砂といってもわずかの水分は含んでいる。太陽熱によって蒸発した地中の水分はシートに水滴となってくっつき、傾斜面を伝わって容器の中にしたたり落ちる。それを外に出ているチューブで吸うのだ。

砂が乾ききっているときは、サボテンなど肉の多い植物をこま切れにして穴の中に入れておこう。アリゾナ砂漠で行なった実験では、一日に〇・四〜一リットル、サボテンを入れた場合は、さらに二リットルの蒸留水が取れた。

運悪く、食べ物もなく、飲み水も思うにまかせられなくなったらどうすればよいか。まず、わら、ゴム、革などをかんで出てきたつばをのみくだす運動をくり返すこと。腹を強くしばったり、腹壁を軽くたたいて、ときおり冷たい風に体をさらすと体力を弱めないために役に立つのである。

有毒な水もおいしく飲める

山奥深く分け入ったとき、岩の間から湧き出る水にじかに口をつけて飲むのは、楽しみのひとつだ。といっても、注意しないと数時間後には笑顔も消え、腹をおさえてヤブの中にかけ込むことになる。火山地帯のようなところでは有毒な鉱物質を含んでいる場合があるのだ。

濁り水を飲まなければならない場合は、きれいな草を束ねて、三センチほどのろうとを作り、少しずつ注げば、比較的澄んだ水が手にはいる。コンデンスミルクがあれば、少量たらすことで濁りが沈でんする。そのうわ澄みの水を熱して、浮き上がった脂肪をとり除けばよい。たき火の消し炭や燃えさしを入れて、熱したあと、こして使うこともできる。

簡単な消毒液としては、さらし粉を覚えておくとよい。これをビールびんなどに入れて水を加えて振り、一晩おいておく。うわ澄みの液が消毒の効果をもっているのだ。飲む水の中にたらしながらかきまわす。そのなかの塩素の匂いがかすかに残っている程度加えれば十分。

図は、簡易ろ過装置の内部を示しているが、インディアン井戸とよばれる穴を掘っても同じ原理できれいな水が手にはいる。池や湖の水をじかにこしてしまうのがミソだ。水ぎわから五、六メートル離れた場所に直径五十センチほどで、池などの水位より十分深い穴を掘る。しみ出てくる濁り水を何度かくみ出そう。やがて澄んだ飲み水が穴の中に自然とたまるようになる。

簡易ろ過器

１回できれいにならない時は、くり返しろ過し、なお透明にならない場合は、ミョウバンを混ぜるとよい

じゅみょうは３カ月ぐらい

コレさえあれば、小便でも、飲み水になるノダ！

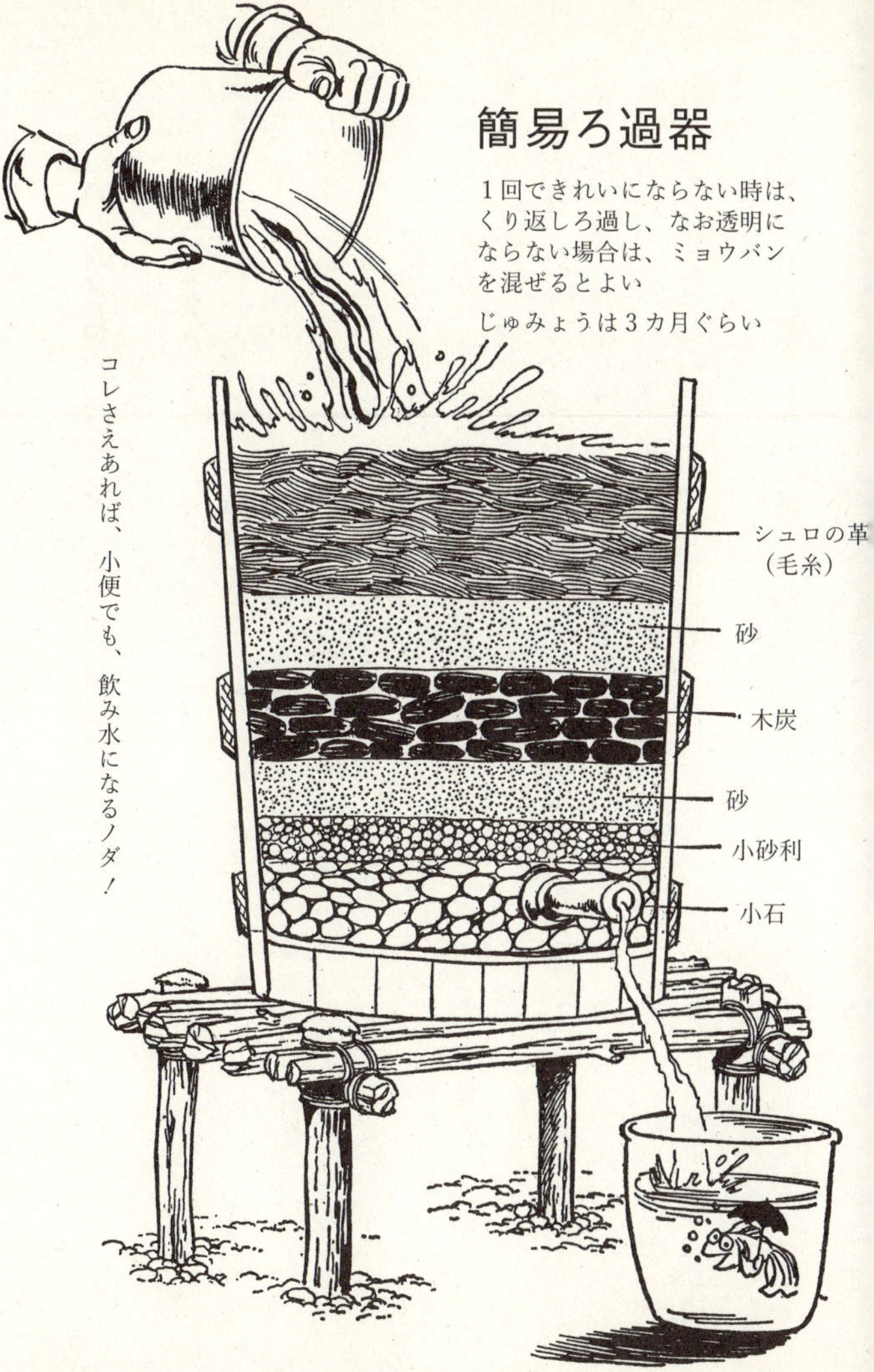

みにくい虫ほどおいしい

以前、山村の栗林《くりばやし》でこんな光景を見た。十数羽のオナガがギーギー鳴き交わしながら、木々の間をせわしく飛びかっている。くちばしに何やら黄色いものをくわえては、地面に舞いおり、また飛びたつ。オナガの食べていたものは、おとなの手のひらほどもある巨大なガであった。地上には、おびただしい数のくいちぎられたガの死がいが、ばらまかれていたのである。鳥の舌が、ガにどんな味を感ずるかはさておき、ぼくの見聞によると、ガは甘いものである。あのボッテリとした鱗粉《りんぷん》は、キナコにたとえてよいかもしれない。

山や野に出れば、定型化してしまった日常の食卓からは、思いもよらない味覚がふんだんに発見できるのだ。つぎに、その代表を紹介しよう。

ハチの子　ニューギニアの高地人は、巣ごとバリバリ食べてしまう。フットボールほどの大きなハチの巣を見つけると、その下に枯れ草を積みあげて火を放つ。ワンワンと飛びたつハチをしり目に、長い棒で巣を木からたたきおとすのだ。かれらは、われさきに、刺されてひん曲がったくちびるでかぶりつく。ビッシリつまった幼虫は甘く、こんがり焼けた巣もなかなか美味だ、とかれらはいう。

日本にもこれに似たハチがいる。クロスズメバチ（ジバチ）がそれだ。地面の下の穴にボールのようにぶらさがっており、中には十段ばかりの巣が積み重なっている。とり方は110ページを参照のこと。信濃《しなの》地方では、カン詰めにしてこれを売り出している。

簡単に手にはいるハチの子としては、垣根などに小さな巣をつくるアシナガバチがいる。火攻めにして親バチを追い払ってから、幼虫をつまみ出して食べる。いためてもうまい。もし刺されたら、250ページを読んでもらえば、きみもぼくも安心。

サクラケムシ　オビカレハの幼虫。赤とブルーのしまという、しゃれたいでたちである。人さし指ほどに育ったやつを、熱した油の中に放りこむ。かれは、指でつまむと、はげしく体をくねらせるが、油攻めにあうと、エンピツのように細長く一直線にのびてしまう。そのさい、フンは一気にはき出されて、これまた油面でクルクルとから揚げになる。味は、エビに似て、桜の若葉の香りがする。さしずめ、虫のなかでは味の王様だろう。

マツケムシ　正式には、マツカレハの幼虫とよばねばならない。古い文献にも、七面鳥に匹敵する栄養価があるとしるされている。

食べごろは、卵からかえって五、六カ月めで、小指ほどにふとったものがよい。たき火の上に網をおいて、その上にのせる。熱さのあまり、狂おしいリズムで毛虫踊りをするが、毛が焼けおちるころ静かになる。焼きすぎはうまくない。小枝で押して、ジュッと汁がでる程度で、つまんで口に含む。松ヤニの香りがツンと鼻にぬけて、こたえられない。

イモムシ　ひとくちにイモムシといって軽べつされているが、かれらこそ、やがて変身して、

食べられる昆虫

自信をもって食べれば中毒はおこさない？

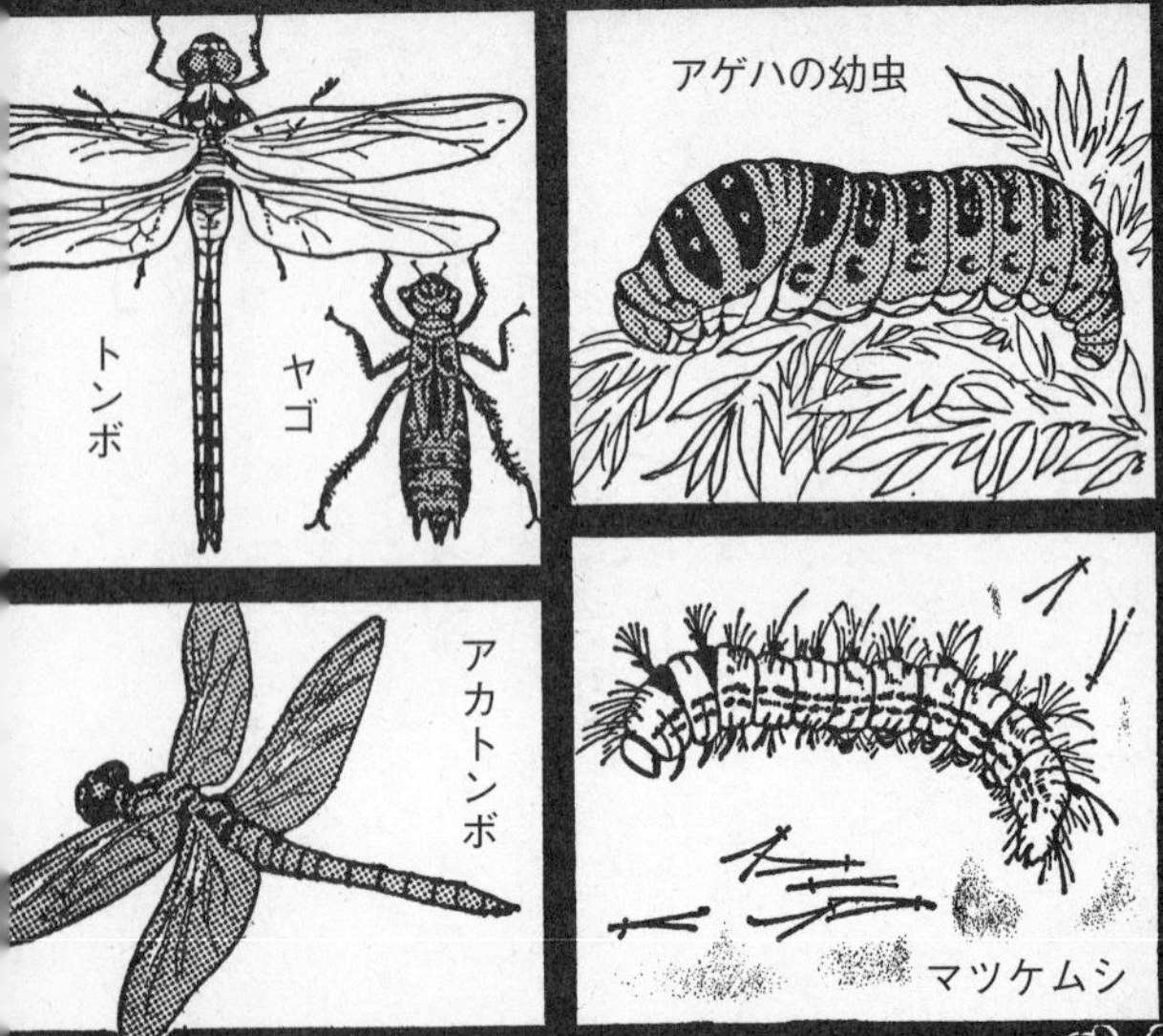
アゲハの幼虫
ヤゴ
トンボ
マツケムシ
アカトンボ

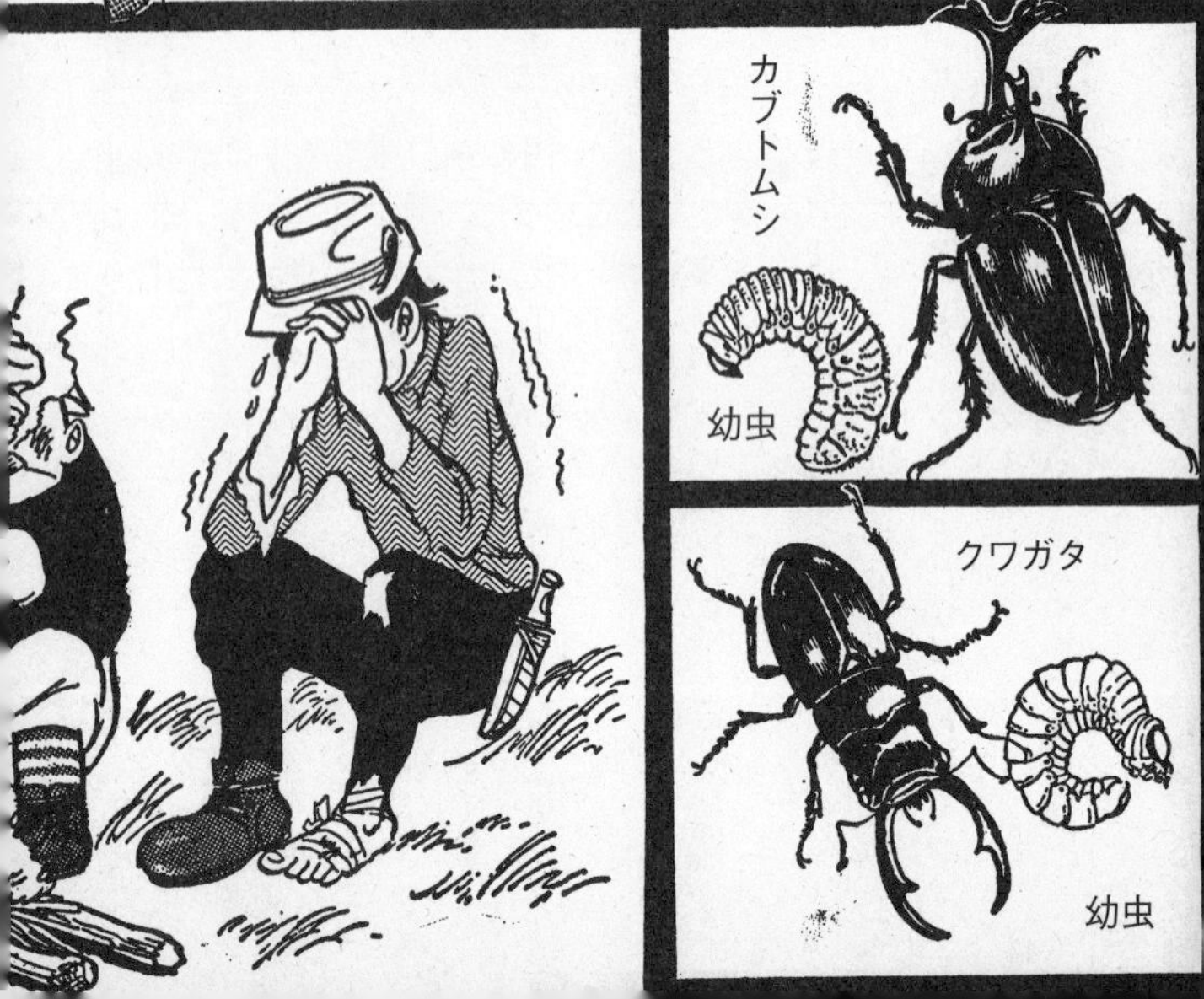
カブトムシ
幼虫
クワガタ
幼虫

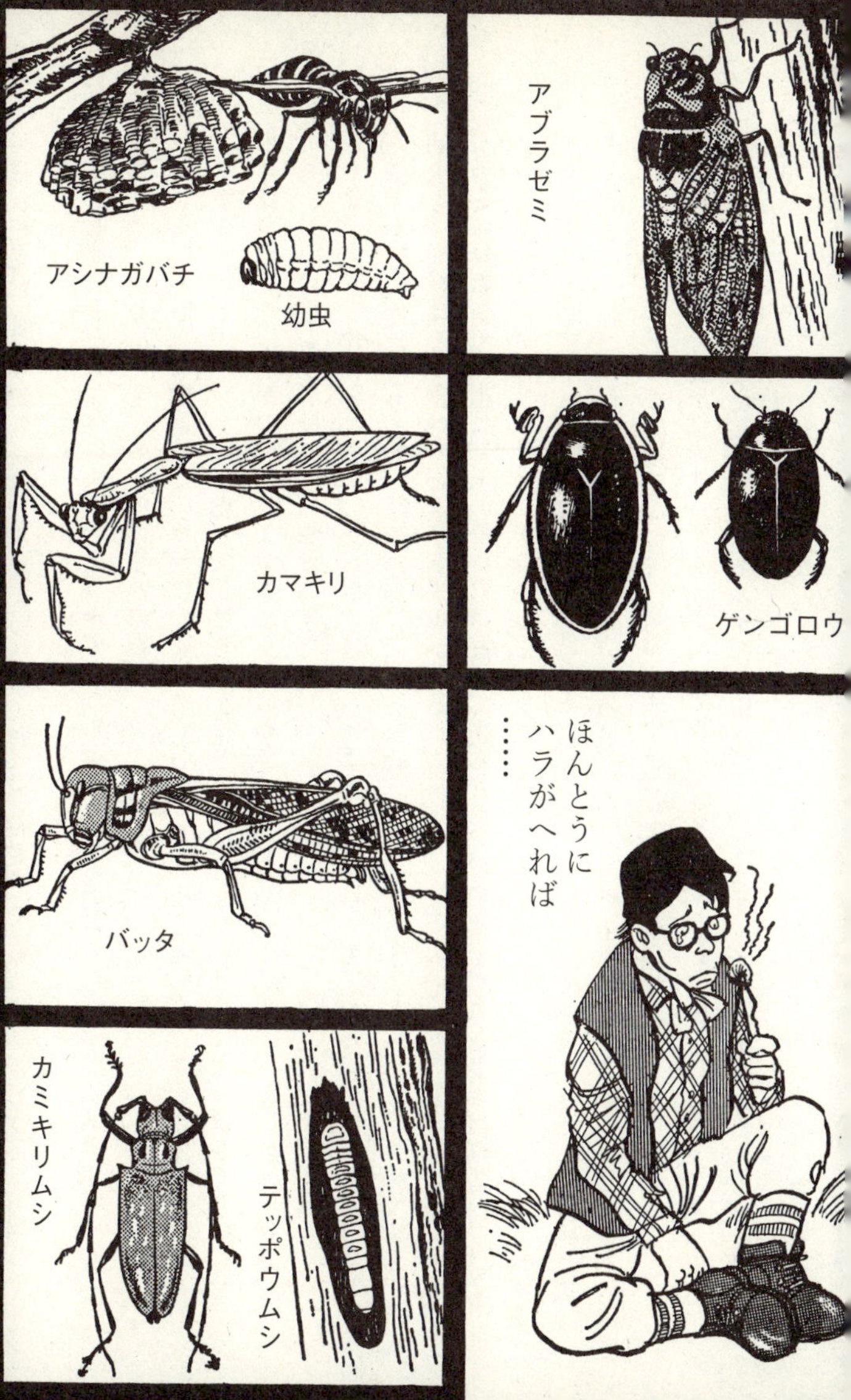
アブラゼミ
アシナガバチ
幼虫
ゲンゴロウ
カマキリ
ほんとうにハラがへれば……
バッタ
テッポウムシ
カミキリムシ

うるわしいチョウやコンコルドのようなガになる選ばれたものたちであって、あのぶざまなかっこうは、いわば世をしのぶ仮の姿なのだ。

かれらは、おもに植物の葉のウラにかくれているが、つかまえたら、たき火の中に放りこんでしまう。ポン、ポンという皮のはじける音がほどよく焼けたという合図だ。ほじくり出して、木の枝をつき刺し、かの女にキスするような口つきで食べるのがマナーである。ココナツとアーモンドの粉をふりかければ、味はひきたつ。

セミ　生でも食べられるが、から揚げはさらによい。翅《はね》を折って、飛んで逃げないようにしたやつを油の中に放りこむ。広東《カントン》料理にいう蚱蜢《ツアーツアーモー》は、セミを干して揚げたものである。幼虫も、同様にして食べるとボリュームがある。

カミキリムシ　幼虫は、木の幹に穴を掘って住んでおり、テッポウムシとよばれる。シロスジカミキリは、クリ、クヌギ、ナラの木に、また、クワの木を探せば、クワカミキリ、ゴマダラカミキリの幼虫の穴が、簡単にみつかる。入口につもっている木くずをかき出して、中に塩水を流しこむと、苦しがってテッポウムシが顔を出す。そこをすかさずひっぱりだして食べてしまう。とろりとして、ほのかに甘い味がする。焼いて食べてもいける。

カブトムシ　堆肥が積みあげてあったら、くさいなどといわずに、中をほじくってみることだ。きっと、丸々とふとったカブトムシの幼虫が見つかるはずである。四、五匹つかまえたら、たき火で焼こう。

こうばしい香りがして絶品である。成虫も、翅や脚がこげる程度に焼くと、じゃまにならずに食べられる。ツノは、頭胸部といっしょに簡単にとれる。コガネムシやクワガタもおなじようによく焼くことがコツである。

バッタ　イナゴは戦時中のたいせつな食料だったくらいで栄養価も高い。いまは農薬のために数少なくなってしまったが、以前は、あぜ道をひとまわりすると、袋いっぱいとれたものだ。しかし、がっかりしてはいけない。イナゴがいなけりゃバッタがいる。野原をかけまわって、袋いっぱいとろう。

ナベを火にかけて、その中に入れ、フタをする。中が静かになったらフタをあけ、よくいって食べる。

ムカデ　から揚げにすればよい。乾燥させたものは、薬として市販している。ただし、味はよいとはいいがたく、口の中にしょうのうのような匂いが残る。

カマキリ　よくこえたやつをつかまえて、天火（44ページ参照）でこんがりと焼く。翅をむしってから食べる。パンに三匹ほどはさんで食べれば野趣あふれるサンドイッチだ。

クモ　脚をちぎって食べる。チョコレートの味がする。

トンボ　から揚げにする。つかまえ方は220ページを読もう。

ウジ　イヌイットにとっては、最高のごちそう。彼らは、生のまま丸飲みするが佃煮にしてもよい。味はハチの子に似て、口の中の「プチッ」という歯ごたえが忘れられない。

野山には、ウナギやビフテキよりうまいものがいる

野生のイノシシで、いちばんうまいのは、内臓と、太ももの肉である、というのが、われわれの祖先のあいだでの常識だ。きみのおじいさんの、そのまたずうっとずうっと先のおじいさんのおじいさんの頃のいちばんのごちそうは、なんといってもイノシシだった。当時の格言にこんなものがあったという（?）。「肥ったウサギよりやせたイノシシ」

さて、運良くイノシシをつかまえたとしよう。そのとき、かれらはいったいどんなふうに最高の食材を料理するのだろう。まず、根棒《こんぼう》でなぐり殺す。串刺しにしたあとで、たき火の上にかざす。裏がえしたり、前後にずらしたりして、体毛をすべて焼きとると、次に貝がらで皮をはぎとり、つるつるにしてしまう。これで下ごしらえは終わりだ。

かれらはここで一息つくと、生つばをのみ込みながら首を切り落とし、腹を裂いて内臓を抜き出す。心臓と肝臓はごちそうであるのでたいせつに土の中に保存される。五体は、関節からバラバラにされて、もはや、ボイル（ゆでる）だとか、グリル（焼く）だとか、ロースト（蒸し焼き）だとかの注文を待つばかり……。

だが、諸君、どんなに腹がへっても、素手でイノシシに立ち向かったりしてはいけないのだ。命を危険にさらさなくても、山にも川にも食べられるものはたくさんいるではないか。

スズメ　羽をむしって、丸焼きにする。脳ミソの味は、なかなかオツで、すするように食べると、甘味がある（とり方は100ページ参照、調理の仕方は56ページ参照）。ポルトガルでは、丸のままソース煮にし、パンにはさんだものを街で売っている。

カタツムリ　おいしく食べるためには、十日ほど、箱の中にいれて絶食させ、フンを出させることが必要だ。フンが出きったところで熱湯にいれてゆでる。そのときカタツムリはキュッキュッといった音を出し、臭い匂いがする。そこでお湯からあげ、からをむきナイフで内臓をとりのぞく。さらに一時間ほどゆでるのだが、もし丁字《ちょうじ》のつぼみを乾燥させたものがあれば、このときに入れる。ゆであがったものを、天火で焼く。味つけは、バター、塩、コショウがよい。アワビに似た味がしてうまい。

ヘビ　マムシ、シマヘビにかぎる。ヤマカガシ、アオダイショウは青臭くてまずい。マムシの生き血には、たいへんな栄養がある。首をナイフで切りおとすと、胴体から血がしたたる。そのまま飲んでもよいが、ブドウ酒の中に入れてもオツ。マムシは小骨が多く、肉が少ないので刺身は無理だ。体をくねらせてクシ刺しにした姿焼きをのぞいては、まず皮をむかねばならない。

皮をむく場合には、上あごと下あごをつかんで口を裂く。次に上あごの皮と身の間に親指と人さし指をさし込んで、頭の先にむかって、まず頭の部分の皮をむく。下あごも同様にして皮をむいてから、おもむろに尾のほうにひっぱるときれいにむける。

食べられる動物

男なら、こわがらずに挑戦しよう！

ネズミ
スズメ
コウモリ
ヘビ

アルミ箔と木の枝
でつくった油ナベ
CL

サンショウウオ
ミミズ
カエル
イモリ
タニシ
ナメクジ
ハッ
ニンゲン

マムシは、骨ごと包丁でたたいて、しょうがじょうゆで食べるのがうまい。マトンに似た味で、甘味がある。シマヘビは刺身がよい。皿の上で、まだピクピク動いているやつを口に放り込むのだ。内臓はネギといっしょに寄せ焼きにする。かば焼きや、から揚げにすれば、だれにでも食べやすい。

もっともすさまじい食べ方にヘビの踊り食いがある。生きたまま皮をむいて、身に塩やコショウをすり込んだら、熱く焼いた鉄板の上にのせる。のたうちまわるヘビの頭を棒でおさえて、しっぽをつかみ、脂のギラギラした背中にかぶりつくのだ。

ただし、いずれも、食べ過ぎると鼻血が出たり、頭がはげたりするおそれがあるという。

コウモリ　冬眠中のコウモリは、肉に臭みがない。したがって、食べるとしたら、十一月から二月末がよい。穴をみつけて、つかまえたら、まず羽をおとして皮をむく。肉は小さいので、竹ぐしに刺して、たき火で焼く。脂肪がついていて、やわらかく、くせもない。タレを工夫するとおいしく食べられる。

カエル　食用ガエルがもっとも食べ出があるが、ふつうの、赤ガエルやトノサマガエルもうまい。胴体には肉は少ないので両脚の上を切って捨てる。脚の指の間に切り込みを入れて、太ももにむかって皮をむく。このもも肉をたべるのだが、調理は、煮ても、焼いてもよい。鳥肉に似た味がする。パリの「のんきなカエル」という店では、皮をはいで、頭を切りおとしたカエルに、塩コショウ、にんにく、バターをぬり、天火で焼いたものが名物である。

もっとも新鮮な食べ方は生きづくりだ。生きたカエルをつかまえて、背中にナイフを入れる。傷口に水をかけると、肉がもりあがって、皮の外にはみ出してくる。ワサビじょうゆをそこにたらして、食いちぎる。

ミミズ　生で飲みこむ手もあるが、これはむしろ薬として効果が高い。干したものを煎じて飲むと、寝小便、声がれ、胃腸によい。かぜにもたいへんききめがある。

ナメクジ　怪僧、今東光《こんとうこう》和尚はこれを生で飲みこむという。いずれにしろ、味覚を味わうというにはほど遠く、薬食いのようなものだ。

タニシ　ゆでて食べる。ゆでるさいには塩をひとつかみ入れるとよい。食べるときは、針の先などでつついて、肉をひっぱり出す。

アメリカザリガニ　海でとれるエビと同様焼いても、煮てもよい。映画監督の新藤兼人《しんどうかねと》さんは、利根川の川原で「鬼婆《おにばば》」のロケをしたとき、タマネギといっしょにかき揚げにしてザリガニを食べたという。ドロをはかせてから料理するのがコツだそうだ。

イモリ　串にさして、まっ黒になるまで焼く。これを食うと、元気ハツラツ！

サンショウウオ　イモリと同様黒焼きにする。最近、奥多摩《おくたま》で、トウキョウサンショウウオの多数生息する沼が、女学生たちに発見された。また図中のサンショウウオはハンザキともよばれる貴重な天然記念物なので、飢えて、死にかけているとき以外は食べてはいけない。

野山には、オロシガネを一枚持って行く

第二次世界大戦中、南方に従軍した日本兵で、不幸にして餓死した人が多かった。ある学者によるとかれらがもしオロシガネを一枚持っていれば、かなりの人びとは、死をまぬがれただろうという。野草の根や茎には、おろして水にさらすと貴重なでんぷん質となるものはいくらでもあるからだ。そういえば、横井庄一さんも手製のオロシガネをたいせつにしていた。そうまでしなくても、日本の山野には、植物学の知識があれば、ちょっと摘みにいっただけで、カゴいっぱいになるほど、数多くの食べられる野草がはえている。春の七草とよばれているものも、すべて食べられる植物である。

季節別に見てみよう。

●春――

ツクシ　はかま（節のまわり）をとって、さっとゆでる。酒としょうゆで煮ると、長もちするつくだ煮ができる。油でいためながら、砂糖としょうゆで味をつけ、卵をおとして、卵とじとするのもよい。茶めしに、ツクシを入れても、春らしい味がして、捨てがたい。

タラッペ　山菜の王者といわれるほどおいしいが、うかつに手を出すと、トゲにひっかける。

十センチほどにのびた若芽を摘む。香りは、もう少し小さいうちのほうがよい。てんぷらにするのがいちばんうまい。くせがまったくないので、おひたし、サラダ、汁の実にもよい。焼いて、みそをつけたり、クルミであえる食べ方もある。

イタドリ　折ると、ポンと音をたてて、気持ちよく折れ、みるみるツユがあふれ出す。皮をむいてかじると、すっぱい味が口の中にひろがる。山道などで、かわいたのどをうるおすのにはかっこうで、暑い日でも、このツユは不思議と冷たいのだ。

若い茎や葉は、そのままサラダにしたり、塩につけてもよい。天ぷらにしても食べられる。

セリ　生のままみそ汁に入れる。ごはんにまぜれば、おいしいセリ飯ができる。てんぷらや、茶わんむしにしても、独特の香りが生きておいしい。

よく似たものに毒ゼリがあるので気をつけねばならない。これは、根茎が竹の節のようになって、茎は内部が中空になっている。まちがえて食べると、脊髄《せきずい》をやられる。

ワラビ　若い茎を食べる。沸とうした湯に塩を加えてゆで、冷水で二〜三時間さらすとアクが抜ける。おひたしのほかは、酢やマヨネーズで食べるとうまい。

ノビル　野や田のあぜに生えていて、ニラに似ている。あまりのびると、臭みと辛《から》みが強すぎて食べられない。十五センチほどのときが食べごろである。球根から葉の先まで全部食べられる。いちばんうまいのは、みそをつけて食べる生の球根だが、ゆでて酢みそをつけてもよい。

ハコベ　昔から胃腸の薬として有名である。ゆでておひたしにしたり、生のままみそ汁の実

アケビ（秋）
オランダガラシ（夏）
シロザ（秋）
イタドリ（春）
ユキノシタ（春）
ヤマノイモ（ムカゴ）
ホウコグサ（春）（オギョウ）
ペンペングサ（ナズナ）（春）
ハス（夏）
ヒシ（夏）

食べられる野草

意外にオイシイノダ！

ミズナ
(春)
タラッペ
(春)
(夏)
タンポポ
(春)
ツユクサ
(夏)
イワタバコ
(夏)
フキノトウ
(春)
オオバギボウシ
(春)
ワラビ
(春)
ノビル
(春)
ツクシ
(春)
ハコベ
(春)
セリ
(春)

にして食べる。

オオバギボウシ　葉をてんぷらにする。ゆでておひたしにしてもよい。もっとも味がよいのは、雪の下から顔を出すころの若い芽である。白い部分だけをとって、みそあえにする。地方によっては、干してかんぴょうがわりにする。山奥で冬ごもりするときに食べるという。

フキノトウ　フキのつぼみである。アクが強いので、ゆでて三十分ほど水にさらす。みそとよくあう。生のまま、熱いごはんにかけた生卵の中に、むしっていれてもおいしい。天ぷらや、塩もみにしてもよい。いずれにしても、開ききらないうちに食べることだ。

ミズナ　茎をこまかくきざんで、きれいな石などでたたくと、粘り気のある汁が出る。これを、みそといっしょにごはんにまぜて食べるとうまい。

タンポポ　花、葉、茎、根すべて食べられる。少々アクが強いが、ゆでて、おひたしやあえものにする。あえる場合は、ゴマ、ピーナツ、クルミ、マヨネーズ、カラシじょうゆなどを使うとおいしい。根はキンピラにするとよい。

ペンペングサ　春の七草にあるナズナのこと。利尿、解熱、止血にきく薬草でもある。若い茎と葉は、生でサラダにする。ナズナめしにしてもうまい。

イワタバコ　葉は、みそ汁の実に入れる。てんぷらにしてもよい。おひたしもうまいが、匂いが強いので、ゆでて水にさらし、よくアクを抜くことが必要である。

●**夏**——

ヒメジョオン　大きくならないうちに、葉を摘む。塩水でやわらかくゆで、冷水にさらして、おひたしにする。茶わんむしや、五目ごはんに入れてもおいしい。

ヒシ　星形の実がなる。よくゆでて食べる。

ツユクサ　茎と、先端についた葉を食べる。塩ゆでにしたら、冷水にさらしてアクを抜き、おひたしにする。油でいためてもよい。あえる場合は、ゴマ、酢みそ、カラシがあう。

青い花が咲くが、昔は、これを染料に使ったという。

ユキノシタ　サッと揚げると、淡泊な味がする。葉裏にだけころもをつけて揚げると、葉の模様が浮きあがって美しい。アク抜きをしてあえて食べてもよい。

●秋――

アケビ　春先には木の芽を、秋になれば実が食べられる。木の芽は、多少アクが強いが生でも食べられる。しょうゆとよくあう。アク抜きは、塩水でよくゆでてから水にさらす。実は、かすかに甘く、生で食べられる。皮は、よくゆでた後でみそといっしょに油でいためる。

ヤマノイモ　じねんじょともいう。掘るには鍬《くわ》のほかに長い鉄の棒が必要だ。つるをたどって、穴を掘るわけだが、一本完全な形で掘りおこすのには、たいへんな根気《こんき》がいる。簡単に手にいれるためには、がけっぷちにはえているものをさがすとよい。がけをくずしていけば、比較的やさしく掘れる。おろしてトロロ汁にする食べ方がいちばんうまい。麦めしによくあう。

つるの葉の根元にできる小さなイモは、ムカゴといって、煮て食べる。

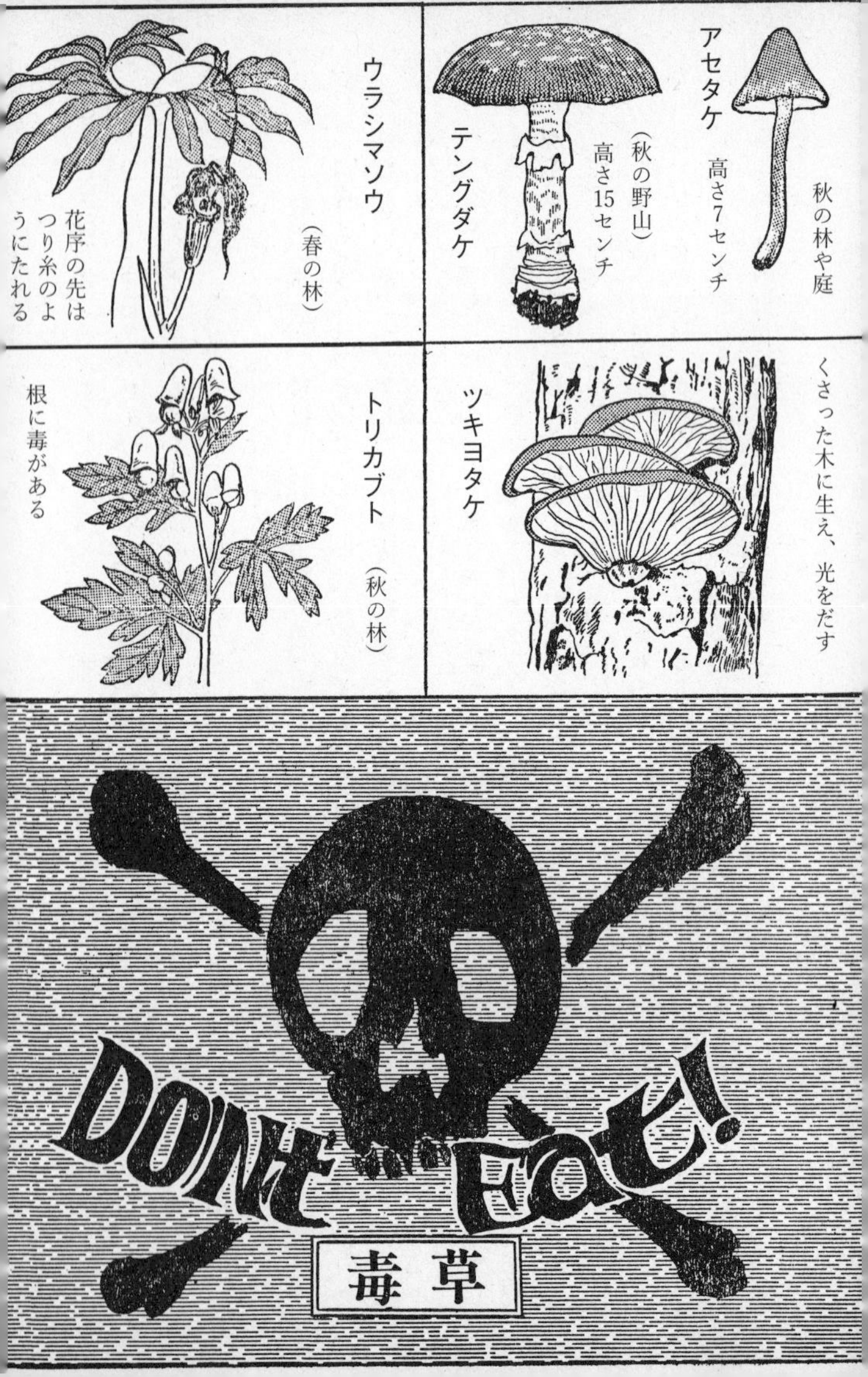
アセタケ
高さ7センチ
秋の林や庭
テングダケ
（秋の野山）
高さ15センチ
ウラシマソウ
（春の林）
花序の先はつり糸のようにたれる
ツキヨタケ
くさった木に生え、光をだす
トリカブト
（秋の林）
根に毒がある
DON'T EAT!
毒草

汁がでる

クサノオウ（春の野）

ノウルシ（春の湿地）

野原の湿地に、かたまって生える

咲く

イチリンソウ（春の山）

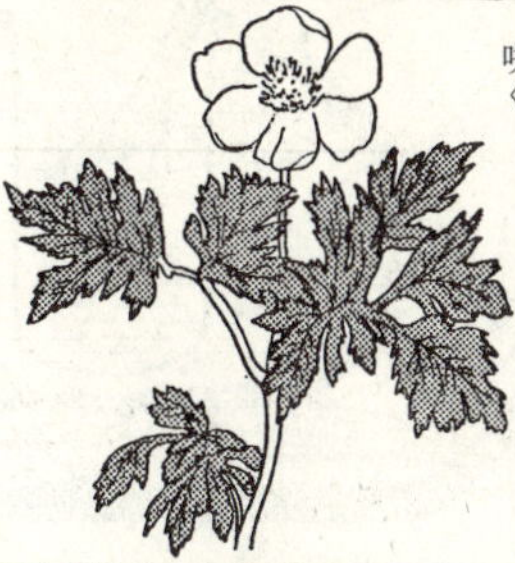

スズラン（春の山）

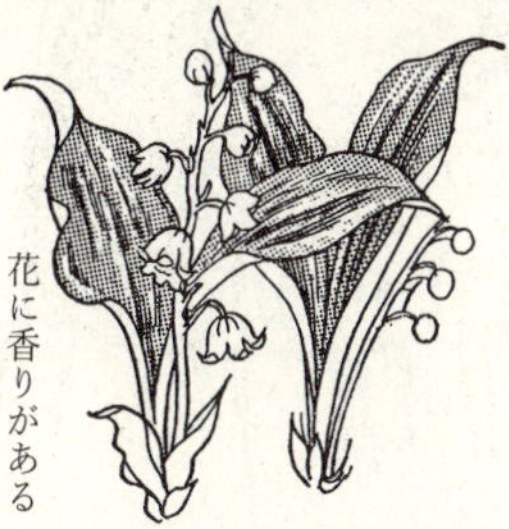

花に香りがある

がでる

タカトウダイ（夏の野）

ドクゼリ（夏の湿地）

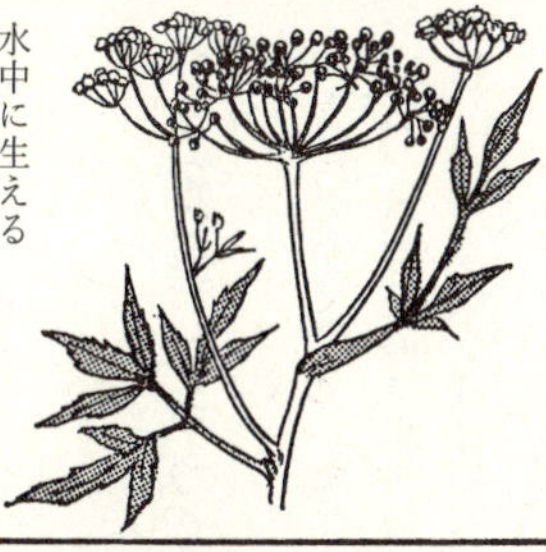

水中に生える

（秋の野）

葉は冬しげり、こい緑で花のころにはない

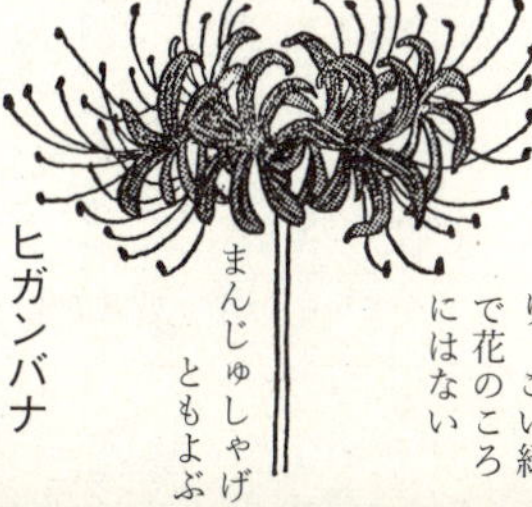

まんじゅしゃげともよぶ

ヒガンバナ

キツネノカミソリ（夏の林）

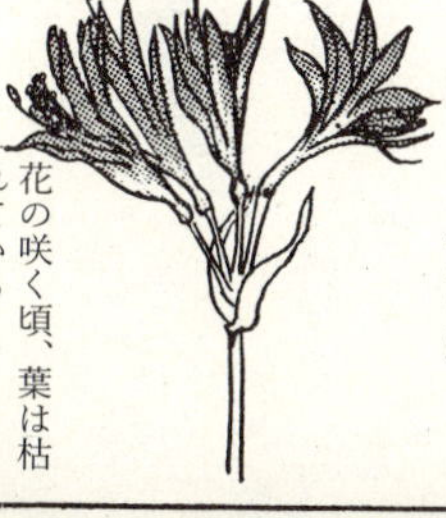

花の咲く頃、葉は枯れている

ブータンのドブロクのつくり方

（炭火の上に土つぼをおき、温める）

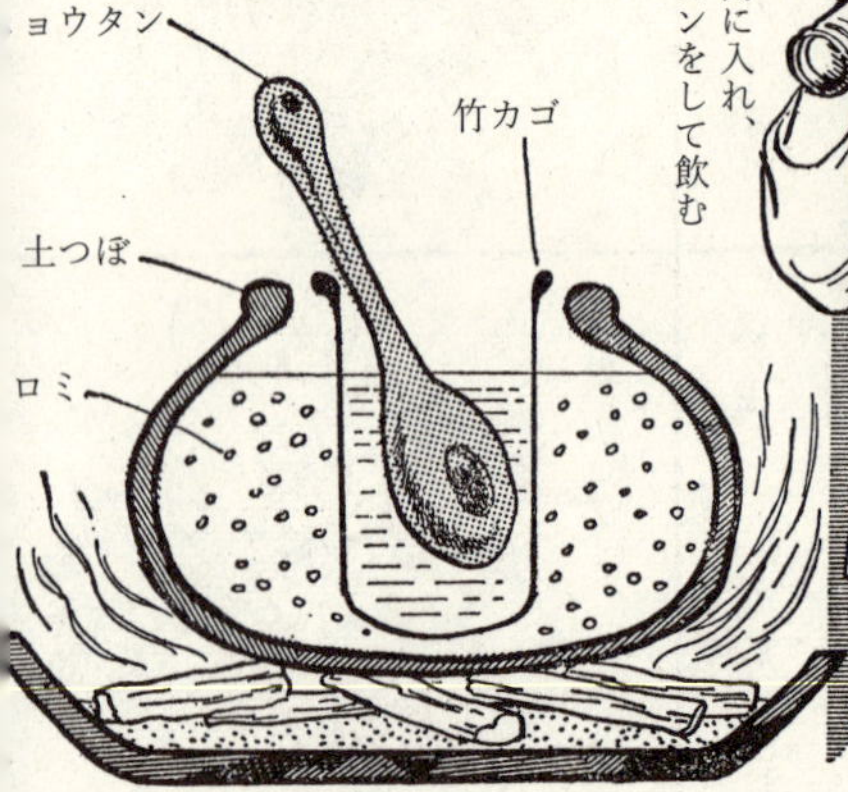

竹筒に入れ、おカンをして飲む

ひそかに楽しむ手づくりの酒

人類が酒を発見した歴史は古く、一説によると、最初の酒は果実酒であった。おそらくは、岩のくぼみなどに放置された果物が、自然醱酵《はっこう》して、あの魅惑的な芳香により、その誕生を人に知らせたのであろう。

もし、きみがヤマブドウなどを食べきれないほど採ったときには、次のようにすれば、簡単に酒がつくれる。まず指でよくつぶして空ビンの中に入れ密封する。一晩おいて泡《あわ》立ったらよくかきまわし、一週間ほどくり返す。やがてカスが上に浮いてくるので布でこし、二週間、封をしておいてから、さらにこせばよい。ただし、日本では法律で禁じられていることを知っておいたほうがよい。

4

獲《と》る

きみの体には狩人の血が流れている

人間の本能は何かと聞かれたら、きみはどう答えるだろう。食欲、性欲などと答えて、すましているようでは冒険者として失格だ。狩猟こそきみが忘れている秘められたオトコの本能である。われわれの先祖は、野を駆け山をめぐって、危険にさらされながら日々の糧《かて》を求めた。しとめた獲物を肩に意気揚々と妻や子のもとに帰るオトコたちの姿は威厳に満ちていた。

現代人にとって狩猟といえば、すぐに頭に浮かぶのは、スポーツ化されたハンティングである。しかし、考えてみれば、これは本能というよりはレジャーの要素のほうが強い。むしろ、サラリーマンが満員電車にゆられて、一カ月の収獲《エモノ》「給料袋」をわが家に運ぶことのほうが、正確な意味での現代風狩猟といえよう。

しかし、これではなにやら物悲しい。現代人の心の中から野山に獲物を追うという、狩猟本能は消えつつあるのだろうか、いや、けっしてそうではない。たとえば、よちよち歩きの子どもが、犬や猫をおもしろがって追いかけるのも狩猟本能のめざめといえるし、小学生ころになって昆虫やトンボとりなどに異常な興味を示すのも、立派な狩猟本能なのである。ぼくが子どものころも、十キロも離れた川までテクテクと一日がかりでバケツを片手に歩いた記憶がある。あの執念は、ただならぬものだ。要は、都会という文明生活の中で、狩猟本能はベールに隠さ

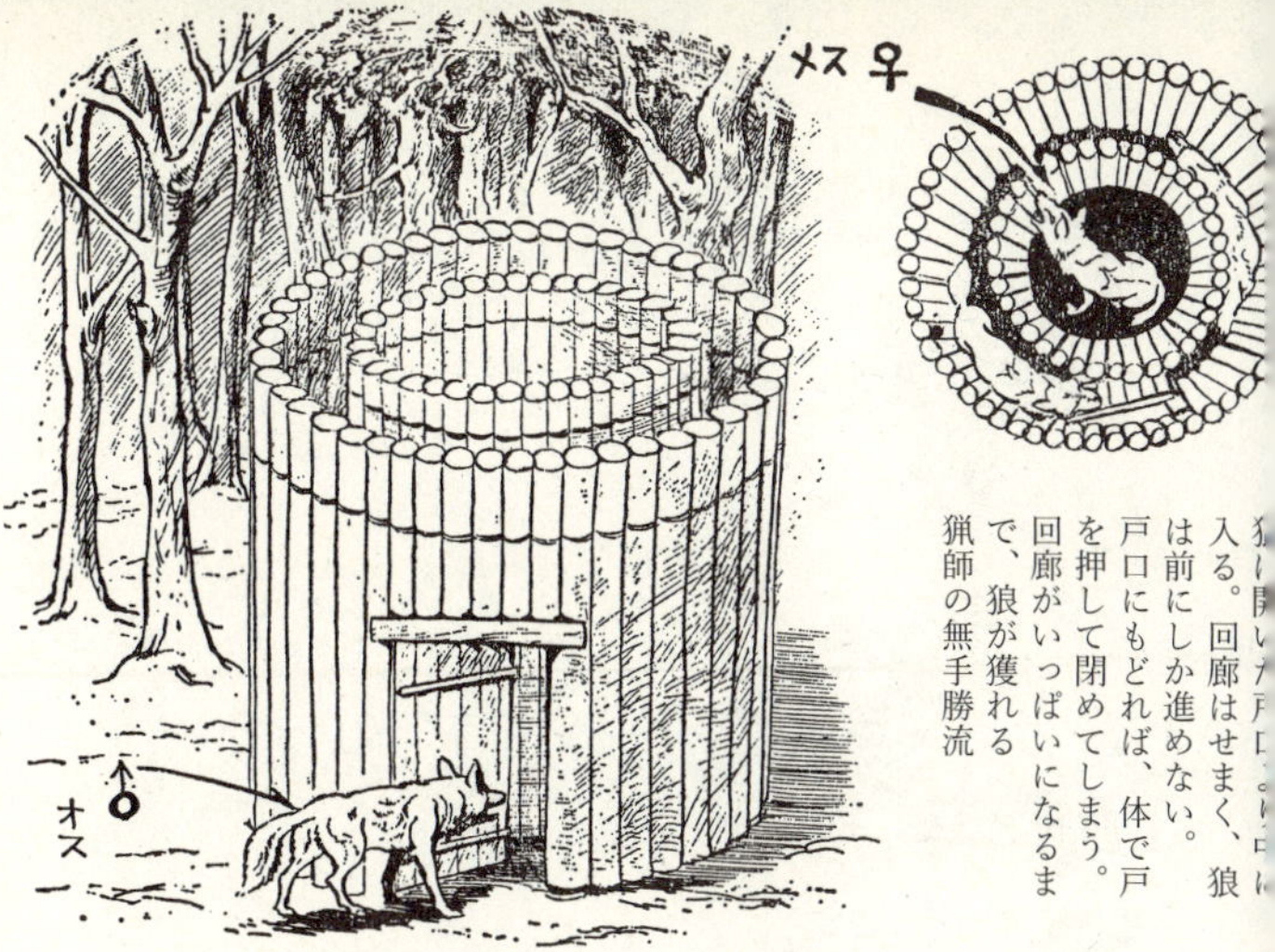

狼は開いた戸口より中に入る。回廊はせまく、狼は前にしか進めない。戸口にもどれば、体で戸を押して閉めてしまう。回廊がいっぱいになるまで、狼が獲れる猟師の無手勝流

シベリア・ヤクート族のワナ“狼の庭”

れてしまっただけで、きみの血の中には脈々と流れつづけているのである。

われわれの祖先がしたように、自然の中で獲物を追う気分を味わおうというのが、この章の目的である。また、きみがたったひとりになってしまったとき、おなかをすかしてもスズメ一匹捕えられないようでは、冒険どころの騒ぎではない。次の実技編で述べるさまざまなアイディアは、いざというときの生存のための最低の条件でもあるのだ。

だが、ここで注意しなければならないことがある。絶海の孤島に流されてしまったのならべつだが、付近の野山でやたらに鳥や獣を獲ることは許されていない。狩猟法に基づいて狩猟免許を取らなければならない。成年に達した者ならだれでも資格があるから、詳しくは各都道府県庁に問い合わせてみるとよい。

ヤマドリ

北海道を除く日本各地に古くから棲息しており、山奥の静かな渓谷地帯を好む。オスは光沢のある美しい赤銅色をしており長い立派な尾をもっている。メスはいくぶん灰色がかっており尾も短い。キジと似ているが、水のない場所には絶対に棲息しないのが特徴。

ウズラ

秋に日本にやってきて、春に北に帰っていく渡り鳥。あまり飛行が得意でないので、風の吹く日の夜間を利用して渡る。全身茶褐色でのどのところに赤味のあるのがオス。大きさはコジュケイの半分くらい。飼鳥にもなり、卵用、肉用としても重宝がられている。

コジュケイ

江戸時代に中国から飼鳥用に輸入され、その後自然繁殖をしたといわれる。人家に近い竹やぶや雑木林に棲息。大きさはチャボくらい。黄褐色で背中に黒斑がある。朝夕に「チョットコイ、チョットコイ」と聞こえるかん高い鳴き方をする。飛ぶのは苦手。

ヤマシギ

ウズラと同じ渡り鳥だが、日本で繁殖するのもある。茶褐色で大きさはコジュケイくらい。8センチくらいの長いくちばしをもっている。ほかの鳥とちがい、夕方から夜にかけて活動するのが特徴。日中は雑木林の中などで陽にあたって、砂あびをしている。

キジ

日本にいるキジには、日本古来の「日本キジ」と昭和のはじめに朝鮮から輸入され、北海道に放鳥された「コウライキジ」の二種がある。光沢のあるみごとな色彩をしており、オスは長い尾をもっている。人里近い山や森林に棲息しているが、メスは捕獲禁止になっている。

ワナで獲れる鳥とけものの習性

イタチ

日本全国に棲息。体長約30センチ。毛色は黄褐色。ネズミ、ウサギ、カエルなどを常食。体がしなやかで、足が短いのでせまいすき間を通り、出没自在の行動をとる。敵に襲われるとオナラをして逃げる習性があり、俗に「イタチの最後っ屁」という。

野ウサギ

日本全国各地の原野、山麓、平野に棲息。夜行性。家畜にされるウサギにくらべ、耳と尾が短く、あしは長い。杉、松などの新芽を好んで食べ、冬になると食べ物がなくなるため、人家近くに出没し、農作物を荒しまわる。追われても必ずもとの場所に戻ってくる習性がある。

タヌキ

北海道にだけすむ「エゾタヌキ」と「タヌキ」の二種がある。漢字で狸と書くように人里近い所にすんでいる。夜間、川の魚やカニなどを食べるが、足が短いので逃げ足が遅く、おまけに臭いが強いので簡単に発見されてしまう。地方によっては、「むじな」とも「マミ」とも呼ばれる。

キツネ

日本にすむキツネには、「キタキツネ」と「キツネ」の二種類があり、「キタキツネ」は北海道のみに棲息している。人里近い森林の中で穴を掘って生活をしている。日中は昼寝をしているが、夜になるとモグラ、ノウサギ、ノネズミなどの動物を襲う。勘が鋭く、逃げ足も速い。

野ネズミ

ネズミはひじょうに種類が多く、繁殖力も強い、1回に5～9匹の子を年に4、5回も産む。生まれた子は3カ月で親になる。口のまわりの長いヒゲで物を感じ分け、丈夫な歯で手あたりしだいに食い荒らす。人間にとってその害は、はかりしれないものがある。

タヌキ、キツネ狩りはまずドラ猫でトレーニング

動物は、もともときれい好きなものであるが、とくにタヌキは特別である。むかしから「タヌキのため糞《ぐそ》」という言葉があるが、これはためておいていっぺんにするということでなく、穴の中ではけっして糞をせず、穴の外に共同便所をもっていて、一カ所にまとめておくためである。ところが、これがタヌキの命とり。タヌキをつかまえるには、猟犬が一匹いればよい。鼻のきくイヌならイッパツで共同便所を見つけだしてしまう。共同便所さえ見つければ穴はすぐである。穴を発見したら、先が二叉《ふたまた》になっているしなやかな長い棒を一本用意しよう。穴の中につっこんで、中のタヌキに触れたらグルグル回すのである。タヌキの毛は筆《ふで》に使うほどであるから、五センチほどはある。その長い毛に十分に巻きついたら、ズルズルと引っぱる。痛さにこらえきれなくなったタヌキは、ついに姿をあらわすという寸法である。

穴が深い場合には、松の葉などでたき火をしていぶり出すのもよいが、野ネズミの尻尾の先にトウガラシの赤いのを結びつけ、それに火をつけて穴の中に放すと、その煙にいたたまれずに飛び出してくるという変わった方法もある。

つかまえたタヌキが突然グッタリと死んだようになってしまうことがあるが、心配することはない。これがいわゆる「タヌキ寝入り」というやつで、一時的な仮死状態だから、すぐに元

気になる。タヌキが人をだますという話は、ここから生まれたのかもしれない。

人をだますという点では、キツネはタヌキの先輩格である。これは、キツネがひじょうに利口な動物であるということからでた迷信であるが、いざつかまえようとすると人間とキツネとの知恵くらべということになる。

図のようなワナで獲る場合にも、エサは空腹のキツネの食欲をそそるような、臭いの強いウサギのハラワタなどを根気よくかけておくことが肝心である。

このワナを利用して、日ごろからシャクにさわるドラ猫や野犬どもをつかまえることもできる。彼らはキツネほど利口ではないから、おもしろいようにつかまるはずだ。ドラ猫や野犬で十分にトレーニングしてから、キツネ狩りに出かけるのがよいだろう。

夏より冬のほうが、上等な毛皮がとれる

ワナというのはおもしろいもので、シベリアの原住民と熱帯のアフリカインディアンが、まるでしめしあわせたように同じ形のものを使っていることがある。その代表がハネワナで、左ページのものは熱帯の原住民が使っているもの、99ページのはシベリアとアイヌの原住民が使っているものだが、ほとんど同じ構造になっているのに、きみは気づくはずだ。

このハネワナは、野ウサギ、キツネ、タヌキ、イタチ、テン、イノシシなどの中型のケモノを対象にしている。かける場所は、日中、獲物が通る道を足跡から見つけてきめるとよい。季節は、夏よりエサが少ない冬のほうがかかりやすいし、毛皮をとるにしても夏より冬のほうが上等なものがとれるのである。

農民がこのワナでイタチをつかまえて、野ネズミ退治に使う、という話はよく知られているが、その理由はご存じだろうか。ここに野ネズミが十匹いたとする。そこにイタチを放すと、まるで座頭市の居合斬《いあいぎ》りのような電光石火の早業で、一瞬のうちに全部の首すじをかんで即死させてしまうのである。ところが、殺したネズミを全部ではなく、その中から一匹だけうまそうなのを選んで、ムシャムシャと食べてしまうのだ。つまり、イタチのこの殺しのテクニックは、野ネズミ狩りに最適というわけである。

ニューギニアのハネワナ

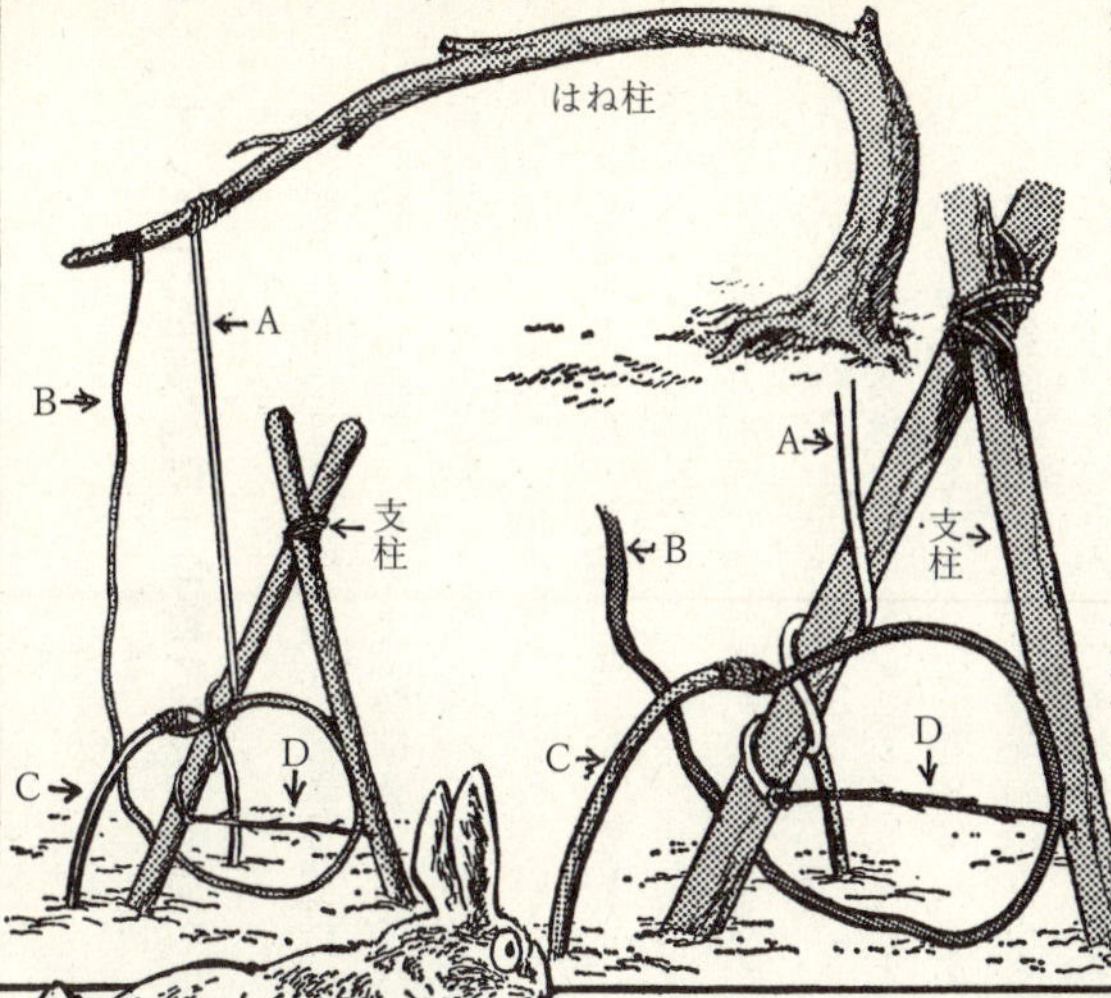

Aのロープを
柱にからませ、
末端に結び目
つくり、それ
細い棒切れD
あてて支柱の
タにかける

Bのロープは、
マタの中で大
な輪をつくっ
から、末端を
月状の支柱C
上部にしばり
定する、Dが
ずれるとはね
が働く

ボーイ・スカウト式

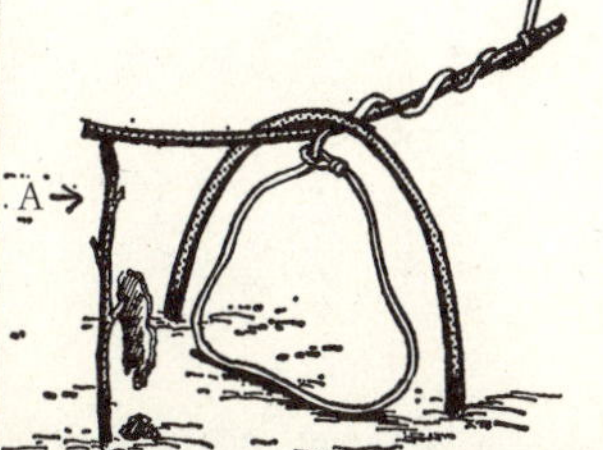

動物が、エサにつられて支柱を倒したとき、はね柱が働いて輪になっているロープがのび、獲物の体をしめつける

テンを五匹獲れば一年寝て暮らせる

密猟者仲間には、「テン獲りはふたりで行くな」という諺《ことわざ》がある。毛皮の王様はミンクと一般的にいわれているが、じつはテンこそほんとうの王様なのである。五、六匹獲ったら一年は寝て暮らせるというから、いかに高価なものかおわかりだろう。つまり、ふたりで行ったら片方が欲を出して、相手を消しかねないというわけである。

テンを獲るには、鉄砲はまずい。たいせつな毛皮に傷をつけることになるからだ。そこで、下の図のようなワナを使う。テンが水を嫌うという性質を利用するのである。対岸に渡ろうとするテンは、丸木橋があればかならずそこを通るから、その途中にワナをかけておけばよいわけだ。この方法は、アイヌも使っている。

アイヌといえば、その昔ワナも武器も使わずにシカ猟をしていたという。つまり、湖につき出ている半島を女や子どもが遠巻きにし、あまり声を出さずにジリジリと進む。臆病なシカは、ただならぬ気配を察して半島の先のほうへと追いやられてゆく。いよいよ最後の絶壁まで追いつめたら、イヌをけしかけて湖に落としてしまう。そこですかさず、下で待ちかまえていた男たちが丸木舟で近寄り、泳ぎの苦手なシカを撲殺してしまうというやり方である。驚くべき原始的な方法だが、けっこう獲れたそうだ。

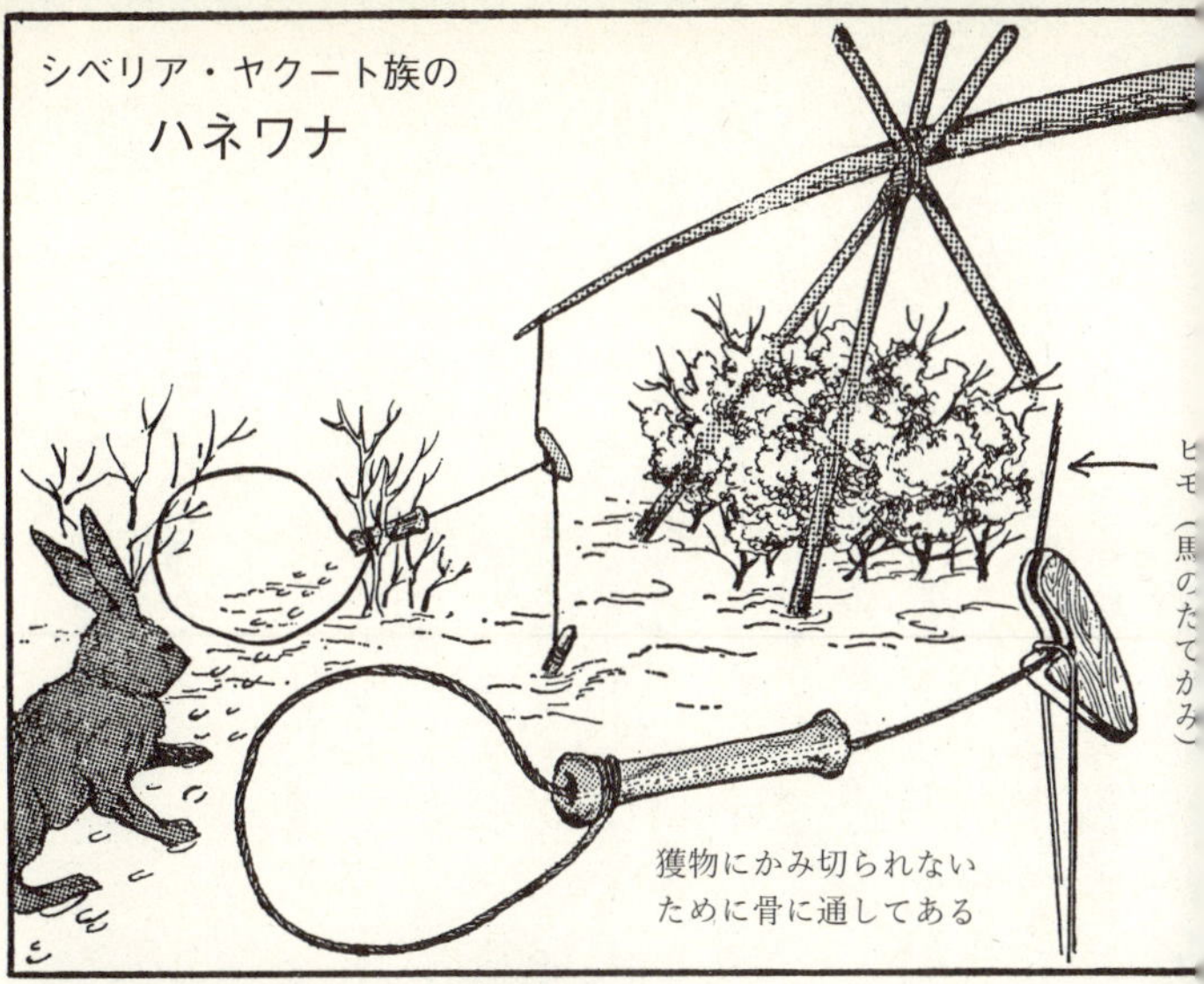
シベリア・ヤクート族の
ハネワナ
ヒモ（馬のたてがみ）
獲物にかみ切られない
ために骨に通してある

テン獲りワナ
棚
あて木
輪をくぐり抜けようとして、あて木をはずしたとき、はね柱が働いてテンの首をしめる

スズメは酔っぱらうか

落語のスズメとりの話。庭先に酒づけにしておいた米をまいておく。スズメがやってきて、それを食うと酔っぱらって、これがほんとの千鳥足。そこですかさずオツマミにナンキンマメを投げてやると、それを枕にひと眠り。あわれスズメは丸焼きの運命。

いささかマユツバだが、まんざらウソでもないらしい。物好きなぼくの友人がためしてみたところ、酒づけの米を食べたスズメは、じっさいにかなり行動がにぶくなったという。

スズメをとることは禁止されていないから、左の図のような方法を使えば、いくらでもつかまえることができる。コツは、場所を決めたら根気よく、スズメが集まるようになるまで毎日米つぶなどをまいておくことである。左上の図は、いささか残酷だが、竹のバネでスズメの足を骨折させてしまうというやり方である。

下の図は、シベリアの少数民族が使っている雷鳥のワナである。木の実のエサにありつこうと、フタの上に飛び下りたとたんに、フタは反転して獲物は落ちこんでしまう。垂直には飛びあがれないから、いくらもがいても一巻の終わりである。

もっとも、日本では雷鳥の数はひじょうに少なく、保護鳥にも指定されている。そこで、右下の図のように応用すれば、カラスやオナガなどをつかまえることができるだろう。

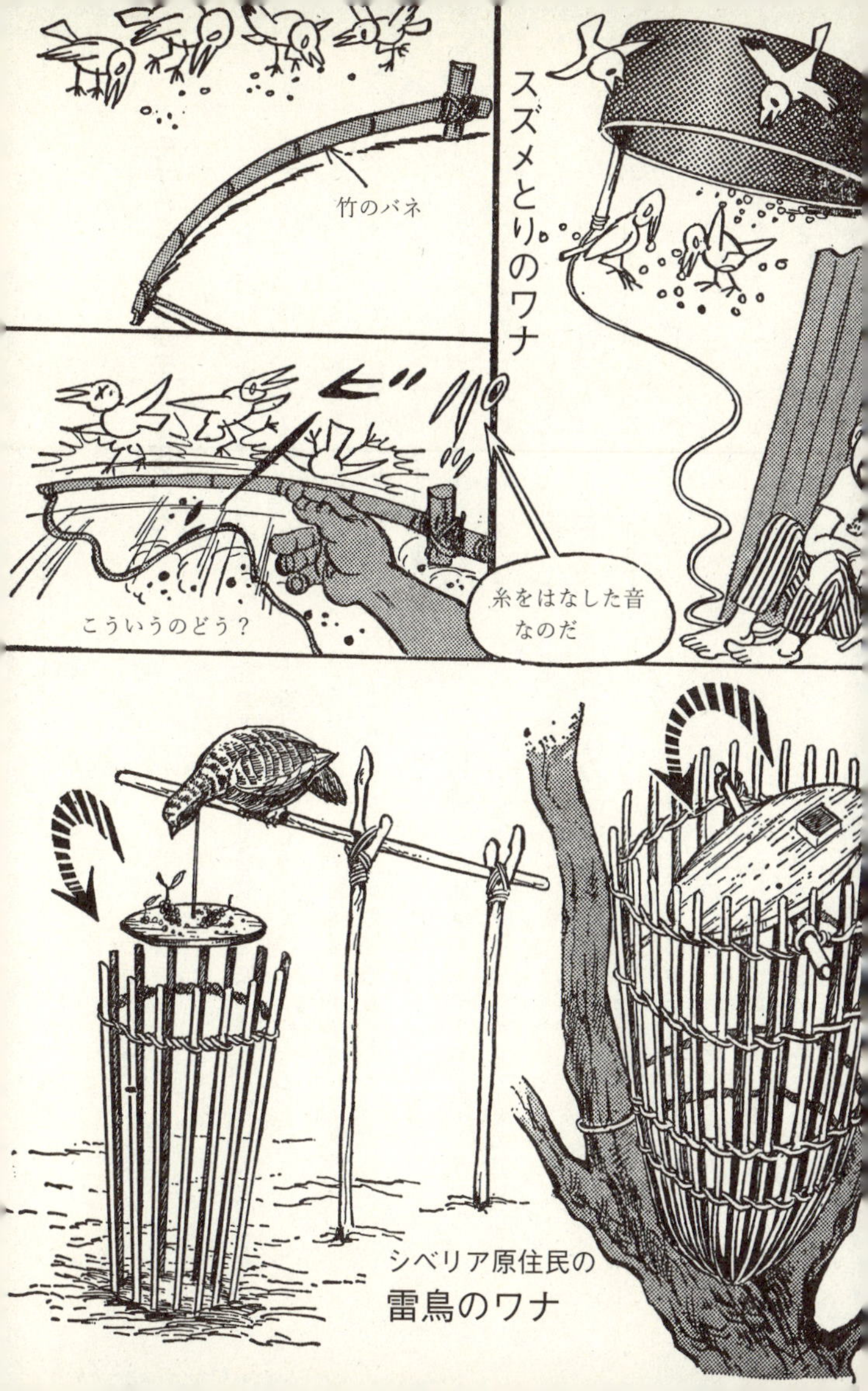
スズメとりのワナ
竹のバネ
糸をはなした音なのだ
こういうのどう？
シベリア原住民の
雷鳥のワナ

モチワナでコウモリが獲れる

ぼくの子どものころには、図にあるようなカスミ網やモチワナを使って遊んだものである。カスミ網は、細いナイロンの糸を使ったワナで、張ってもカスミのようになって見えないというところからこう呼ばれている。目のきかない小鳥は、飛行中に網に首を突っ込んでしまい、羽がじゃまして前にも後ろにも抜けなくなってしまうというものである。

ところが、このカスミ網を使うと、おもしろいように獲物がかかる。となると、なんでも儲けてやろうという不心得者がどこにもいるもの。保護鳥に指定されているツグミ、ホオジロ、マヒワなどをやたらに獲って、商売にする密猟者が出てきた。そこで、カスミ網の使用は禁止されてしまったのである。残念ながら、きみは使ってはいけないことになっているのだ。ところが、デパートなどではいまだに売っている店があるらしい。ヘンな話だ。

モチワナで鳥を獲ることも禁止されている。つかまってもがくさまが残酷だからだろうか。鉄砲で撃ち落として、「やったぜベイビー!」などと叫んでいるのが高級なスポーツとされているのだから、これもヘンな話だ。まあ、あまり深入りするのはよそう。冒険の精神に反する。

モチワナでトンボやセミを獲るのは、もちろんいっこうにかまわない。トンボやセミでは獲物が小さい、というむきには、ダイナミックなコウモリ獲りをおすすめしたい。都会でも、ち

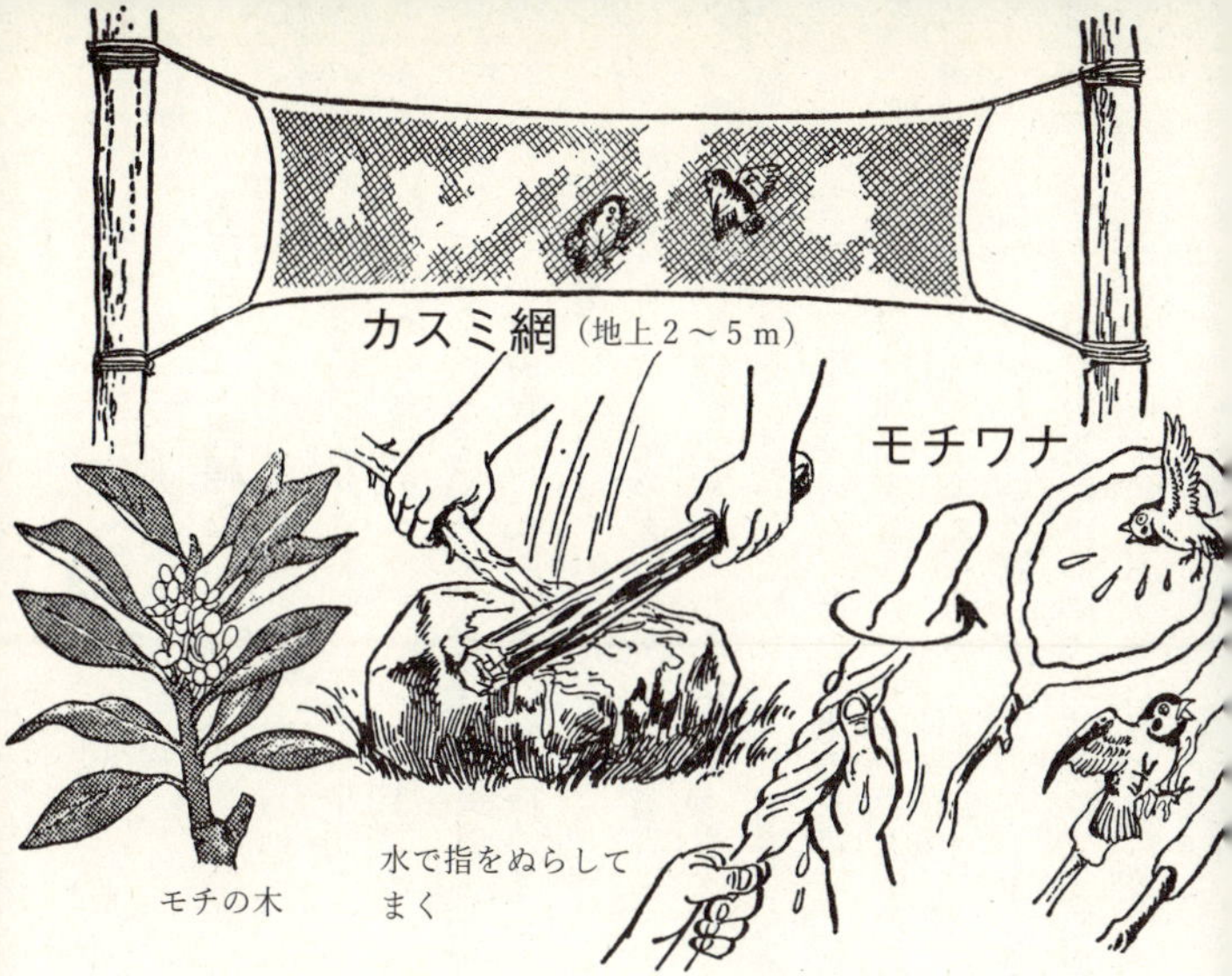
カスミ網（地上2～5ｍ）
モチワナ
モチの木
水で指をぬらしてまく

ょっと郊外に出ればいくらでも飛んでいる。夕方どき、畑や貯水池の上空を黒い影のようなものが不規則な動きで飛びかっていたら、それがめざす敵だ。

　よくしなる釣り竿のような竹に、モチを塗りつける。まっすぐに立てて持ち、ブルブルふるわせると、コウモリのほうから飛びついてくる。意外に簡単に獲れるものである。つかまえたコウモリを78ページで話したように食べてしまうのもよいが、飼ってみるのもおもしろいだろう。小さな昆虫がエサだが、たいていは餌づけができずに死んでしまうという。うまく飼えたらきみはすごい。

　モチの作り方だが、図にあるように、モチの木の皮をむき、石の上で根気よく叩く。叩けば叩くほど、こしの強い純度の高いものができるのである。

大雨降って魚帰る

グアム島の横井さんが、二十八年間もジャングルの中で生き抜くことができた理由のひとつに、川から食料をとっていたということがあげられる。西洋人だったら、こうはいかない。たちまち食料不足であの世行きだったにちがいない。つまり、日本人ほど川や海に親しんで生活してきた民族は、ないのである。横井さんの作ったワナなども、むかしの日本人なら、だれでも知っているようなものばかりだ。

たとえば、左の図のウケという道具は、ぼくも子どものころに使ったものだ。当時は多摩川や江戸川などでも、これを使えば、ウナギ、ドジョウなどがふんだんにとれたものである。近ごろではそうはいかないが、それでもちょっと上流に行けば、今でも十分に使えるものである。

河川汚染といえば、その対策のために、何年という単位で、酸素を入れてきれいな水に戻そうとする計画が実施されている。お役所仕事であるから、その計画も遅々として進まないらしい。ところがである。去年（昭和四十六年）の夏の三日間降りつづいた集中豪雨が、川床の汚れた土砂をきれいに流してしまい、十年もまえに姿を消した魚たちが、ふたたび帰ってきたという。東京のまん中の隅田川に起った出来事だ。自然の底力を感じさせる痛快な話ではないか。もっとも、その魚たちも数日後には、また、どこへともなく去っていったが。

横井さんもやった
ウナギとりのウケ
エサ
入るとでられない
竹製

アユとりのヤナ

オヤスミ中の魚に夜討ちをかける

われわれの世界に、昼型と夜型の人間がいるように、魚の世界にも昼に活動するものと夜に活動するものがある。海では、アナゴやエビ、カニ、タコ類などが夜型で、そのほかのものは、ほとんどが昼型である。川でも、昼型のものがほとんどである。

昼型の魚は、日が暮れると岩の間や砂底で、停止して静かに呼吸をしている。目を開いている、などと驚いてはいけない。これでも立派に寝ているのだ。魚には、もともとマブタがない。

そこで、効果的な漁をするには、オヤスミ中の魚に夜討ちをかけるのである。道具は、防水ライト、モリ、水中マスク、それに夜冷えがするからボロ毛布を一枚。ライトに照らし出された水中には、いるいる、みんなそろって睡眠中だ。静かに近寄って、モリでグサリとひと突き。あとは、たき火をたいて体をあたためながら、ナイトバーベキューといこう。

もっとも、これは川の話。夜の海は、潮の満ちひきがあり、危険だからあまりすすめられない。どうしても、というなら、簡単にわかる潮の満ちひきの見分け方をお教えしよう。磯についている生物の層で見分けるのである。たとえば、アオノリ、アオサなどの緑藻は、いちばん上の層だから、これが水没していれば満潮。つぎがヒジキ、イワノリ、フジツボなど。干潮では、カジメ、アラメなどの褐藻などが水面近くになっている。海での夜討ちは、干潮のときが

よいのがもちろんである。魚はもとより、ラッキーなら、サザエ、アワビ、トコブシなどの手づかみが期待できる。

　これは、昼夜を問わず潜るときの注意だが、海中にある横穴にはいっても、けっして穴の上のほうに行ってはいけない。吸いつけられてしまって、二度とふたたびおテントウさまをおがめなくなってしまうからだ。

　効果的な釣りといえば、海や川のゴミ捨て場付近を狙うのは利口なやり方だ。魚を釣る場合に、寄せエサというのを使うことがあるが、残飯などのゴミが投げ捨てられている場所は、自然にこの寄せエサをしていることになるから、魚がたえず集まっている。人間の土左衛門《どざえもん》が出ると、そこに魚が集まるという話も聞いたことがある。もっとも人間の腐乱死体だけはさすがにいただけないが。

ガの幼虫から釣り糸がとれる

アユの友釣りや長良川《ながらがわ》のウ飼いなど、魚のとり方には、いろいろ変わった方法がある。ぼくが、むかしわんぱく仲間とやった「石打ち」もそのひとつだ。あまり深い川ではダメだが、四、五十センチほどの、魚の豊富な川ならいまでも使えるだろう。

方法はいたって簡単、かつ原始的だ。大きな石をひとつ用意する。魚影を見つけたら、なるべく浅瀬のほうに追い込む。頃合いを見はからって、逃げる魚の真上にパシャーンと石をぶつけるのである。直接命中しなくてもよい。魚は、いたって気が弱いからビックリ仰天して気絶してしまうという寸法である。これと同じ方法を『野生のエルザ』という本で読んだことがある。散弾銃をめくらめっぽうに川面に射ち込むと、ビックリ気絶した魚がプカプカと白い腹をみせて浮かび上がってくるという。ただし、この場合の魚は、脳震とうを起こしたようなものだから、手早く手づかみにしてしまわないと、逃げられてしまうから注意しよう。

釣りエサには、ミミズやパン屑などがポピュラーだが、昆虫類を使うということは、あまり知られていないようだ。渓流のヤマメ、イワナ、ニジマス釣りなどには、カワトンボ、カゲロウ、カワゲラなど付近に飛んでいる昆虫の成虫をハリにつけるだけで、立派なエサになるのである。また、昆虫の幼虫やサナギは、かならずといってよいほどエサになる。イネムシ、コガ

ガの幼虫からとるテグス

クスサン　食樹イチョウ・クリ・トチ

体長　100〜120ミリ

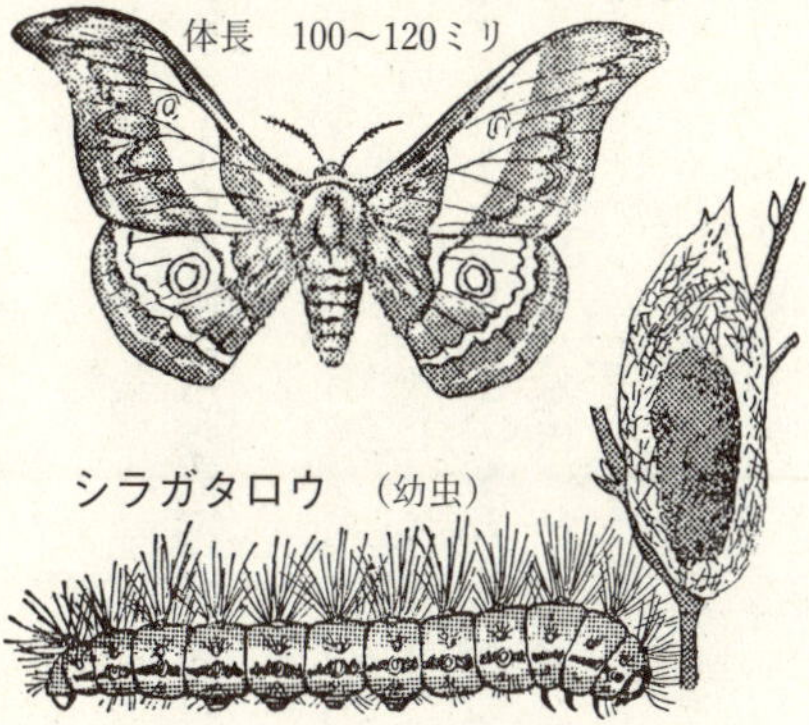

シラガタロウ　（幼虫）

絹糸腺《けんしせん》　消化管の左右に一対あり、その先端は口に続き太い部分はS字状になっている

ネムシの幼虫、イモムシなど掘りかえせば、すぐに手にはいるものだ。ヤマメ、ウグイ釣りには、ハチの子のウジ、サナギとブドウのつるの髄《ずい》の中にはいっているエビヅル虫が最高とされている、エビヅル虫を使えば、ハリなしでも釣れるといわれているくらいだ。

釣り糸は、現在はナイロンやテトロンの合成テグスが使われているが、むかしは、ガの幼虫からテグスを作ったものである。この方法は、いまでも十分に利用できる。

図にあるように、クスサンという大型のガの幼虫シラガタロウを使う。一匹からとれる糸は、一メートルほどだから、三、四匹もつかまえてくれればひとり分の釣り糸がとれる。とれた糸は、そのまま使うことができるが、ブリキ板に小さな穴をあけ、そこに先端から通せば、凹凸のないきれいな糸をつくれる。

レジャーと実益をかねたハチ追い

信州の子どもたちの遊びに「ハチ追い」というのがある。左の図にあるように、ハチの足に真綿をからませて、それを目印に、野越え、山越えて巣まで案内させる。巣を発見したら、エーテルか花火を使って全滅させ、中身をそっくりいただく。山の子どもたちならではの、のどかな遊びだ。

ハチが見つからないときは、カエルの生肉などをおとりに使うと、どこからともなく寄ってくる。真綿を足にからませるのは高等技術だから、指の上に真綿をつけた生肉を乗せ、それをハチにくわえさせるという方法でもよい。とった幼虫は、釣りのエサにもなるが、煎《い》って食べれば、こたえられない珍味である。

信州のハチ追い武者

北海道《ほっかいどう》から奄美大島《あまみおおしま》まで、高山地帯を除けばどこにでもいる。
きみもやってみよう！

ハチ追い

まず花畑で一匹のハチを捕える
初夏から秋にかけてのうすぐもりの日がよい

綿を足にからます

白い綿を目印にどこまでも追跡

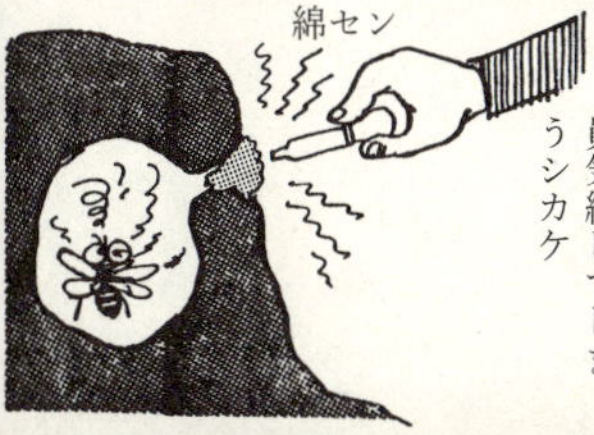
綿セン

やがてハチが巣に案内してくれる。エーテルをひとたらしすれば、巣の中の温度が高いため、ハチは全員気絶してしまうシカケ

クロススズメバチ（ジバチ

体長
22～25

斜面などの土中にあるモグラの穴などを利用して巣をつくるのがうまい

32°
13°

巣の内部は温度が高い。
土温13°のときでも巣は32°にな

幼虫は食用。
すごくうまい

①
雪ば
ふったら
キネで雪に
穴っこあけ
とくべ
②
油カス
まぐと
キツネっこ
食べに
くるだす
③
④
そしだら
水ばいれてやんの
キツネっこ死む
スト晩に二、三匹
獲れるだす
ウヒョ
ヒョ……

越後地方のキツネ獲りの話

無手勝流キツネ獲り

そのむかし、越後《えちご》地方で、じっさいにやっていたキツネ獲りの話。夕方、まだ雪が軟いうちに、キツネの体がひとつやっとはいるような穴をいくつか作る。まわりに、油カスなどをまいておき、穴の中にも入れておく。穴の中の油カスを食べようとしたキツネは、ツルツル滑ってしまい抜け出ることができない。夜のうちに、穴は岩のように凍ってしまうからだ。早朝やってきて、もがき苦しむキツネに水を入れて溺死させ、あとはシッポを持って引っぱり出すだけのこと。ただし、注意しなければならぬことがひとつ。キツネは、死にぎわに怨みをこめた屁《へ》をたれる。これをかぐと三日間は鼻がバカになるという。

5

寝台

冒険する奴ほどよく眠る

スウェーデンのホテルには、つぎのように書いた看板がかかっている。まず、イタリア語で、「午後十時以降に大声で騒ぐな」、つぎにスウェーデン語で、「やたらに女を連れ込むな」、さいごにドイツ語で、「午前六時以前に起きるな」と書いてある。それぞれの国民性が出ていておもしろい。日本語ならさしずめ、ドイツ語とおなじ文句が並ぶのだろう。

日本人は睡眠時間をけずってまで働く勤勉家という定評があったが、さいきんはどうもそうではないらしい。あいかわらず寝ないことにはかわりないが、今度は、深夜放送、深夜スナックなどで娯楽のために睡眠時間をけずっているようだ。どちらにしても、日本人は、よほど寝ていることがもったいない、生き急ぎをする民族らしい。

ところで、「悪い奴ほどよく眠る」といわれるが、むしろ「冒険する奴ほどよく眠る」といってもらいたい。じっさい、アフリカの数ある種族のなかでも、その勇猛さで知られるマサイ族やソマリ族は、立ったままでも寝てしまう。その長身を、ツエにしたヤリにもたせかけ、片足で立って寝るのである。それはちょうど、鳥の王者ツルのように、優雅で気品に満ちている。かれらは、この熟睡こそあしたの獲物を約束してくれるものだということを本能的に感じているのだ。また、むかし、日本の兵隊さんは、行軍中、歩きながら寝たという、ウソのような

ホントの話もある。
弱肉強食で知られるアフリカの動物界にあって、もっとも用心深いといわれるキリンは、いつも立ったままで寝ていると思われがちだ。でも、事実は、ちゃんと横たわって熟睡するのだ。もっとも、それは、二十分くらいの短い時間だが。いつも止まり木に止まって寝ているはずの鳥のなかにも、ときには熟睡中に下に落ちるズッコケ野郎もいる。
このように、自然のなかで生きるものはみな、行動のための休息を本能的に知っている。深夜放送などで宵っぱりに慣れたきみも、この大自然の法則は守ってもらおう。おごそかな大自然に身をゆだねての安眠は、PCBや排気ガスなど現代文明で汚染されたきみの体を、きれいにブラッシュ・アップしてくれるだろう。

テントはなだらかな傾斜地に張る

安眠を得るために、もっともオーソドックスなのが、テントである。

まず、どんな場所にテントを張ればよいか——それが問題だ。いちばん理想的なものは、ごくゆるやかな傾きがある草地。というのは、テントを張るときは、排水にいちばん気をつけなければならないからだ。あまり平らすぎると、雨でも降れば水を逃がしてやることができない。といって、あまり急な傾斜だと、すべり台に寝ているようで、目をさますとテントの外にいたということになりかねない。

もっとも危険なのは大きな木の下。すずしいからなどとこの下にテントを張ると、カミナリさまに見舞われたり、雨あがりのしずくでびしょびしょという羽目になる。また、海べなどでは、満潮時の水位を計算に入れておく必要がある。

このように、場所が決まれば小石や木の根などをとり除く。暑いときは、風向きと平行して出入口がつくように、寒いときは、直角につくように、テントの方向をきめる。

テントの張り方は、その種類によって異なってはいる。しかし、原則は、どの種類も、次の図のとおりである。

まず、床をきめ（①）、出入口をしめてから、四隅をペグ（くい）で固定する（②）。出入口をあけたままで張ると、あとでしまらなくなることがあるからだ。それから、テント柱をたて、張り綱をとめる（③、④）。この場合、ペグは、張り綱と直角に向くように打ちつけるのがコツ。張り綱を結ぶときは、右下の図のように、トートライン・ヒッチという結び方を使うと、たやすく引きしまるし、ほどくのも楽。場合によっては、スライダーという長さを調節する自在器を使うのもよい。なお、手製のペグの寸法は、トートライン・ヒッチの左隣りの図くらいが理想的。打ちこむときは、刻み目の所まで。

さらに、雨水がテントの中に流れこまないように、山側に、屋根の雨落ちの線にそって、みぞを掘っておこう（⑤）。断面はV字形でなく、テントのあるほうは垂直にして掘るのがよい。深さ、幅とも十センチが適当である。

ここでさらに欲を言えば、フライをつけたい。フライとは、テントの屋根と平行して、その上に、十センチくらいの幅でもうひとつ張る屋根のことである。直接重ねては無意味。このように二重屋根にしておけば、温度の変化の影響を少なくし、雨にたいしても安全である。テントはなんといっても、ピンと張ることがたいせつだが、湿気にひじょうに敏感ですぐちぢむ。一般的には、夜になれば布がばたつかない程度にゆるめ、朝空気が乾燥してくれば、ふたたびもとに戻そう。なお、雨もれ部分には、ロウかメンタムを塗って、応急処置をしておこう。また、下に敷くものがないときは肩や腰の部分を軽く掘って、その上にシーツなり枯れ草なりを敷くと、寝やすくなる。移動するときは、左下の図Ⓐ〜Ⓔのように、きちんとしまおう。

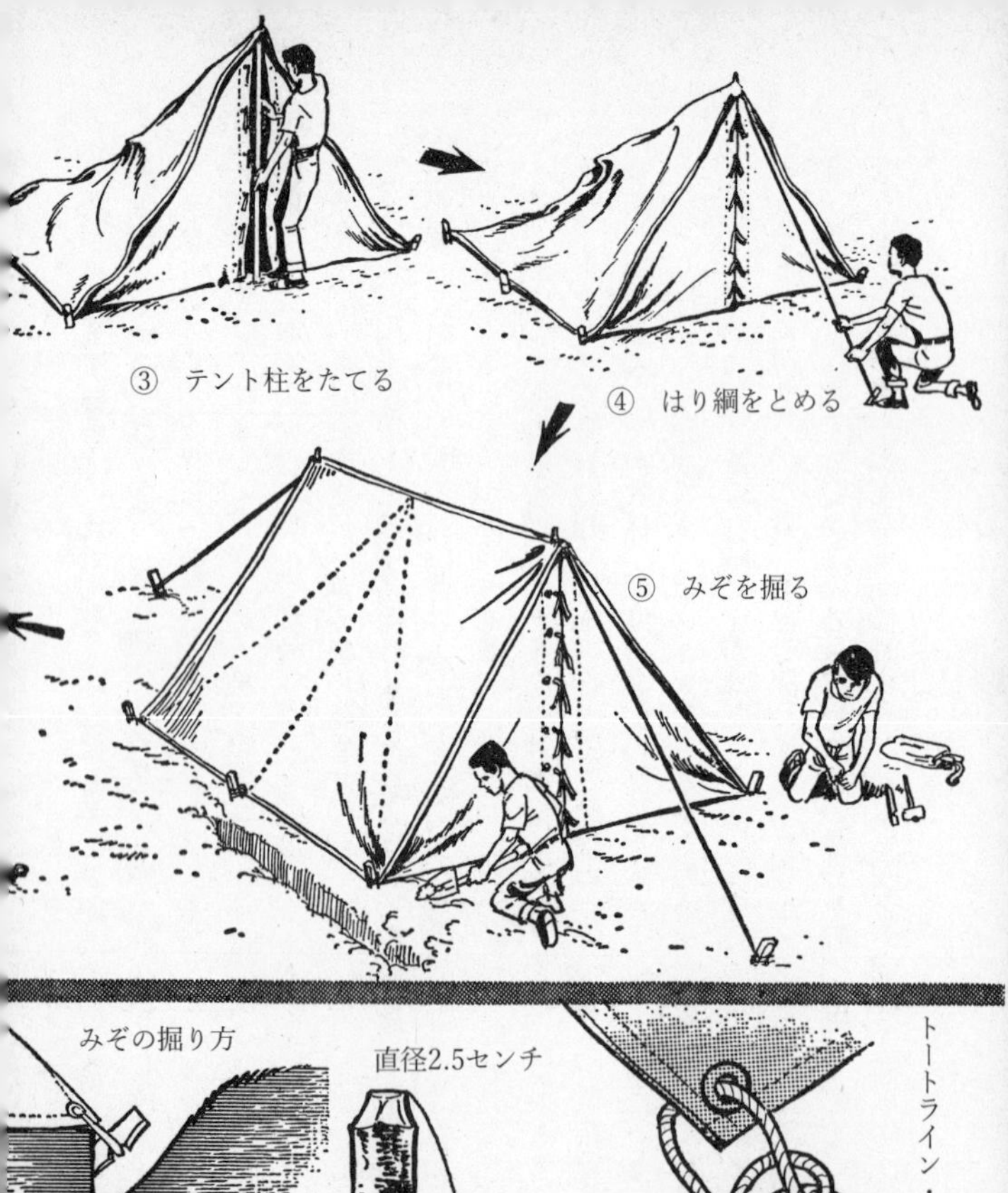
③ テント柱をたてる
④ はり綱をとめる
⑤ みぞを掘る

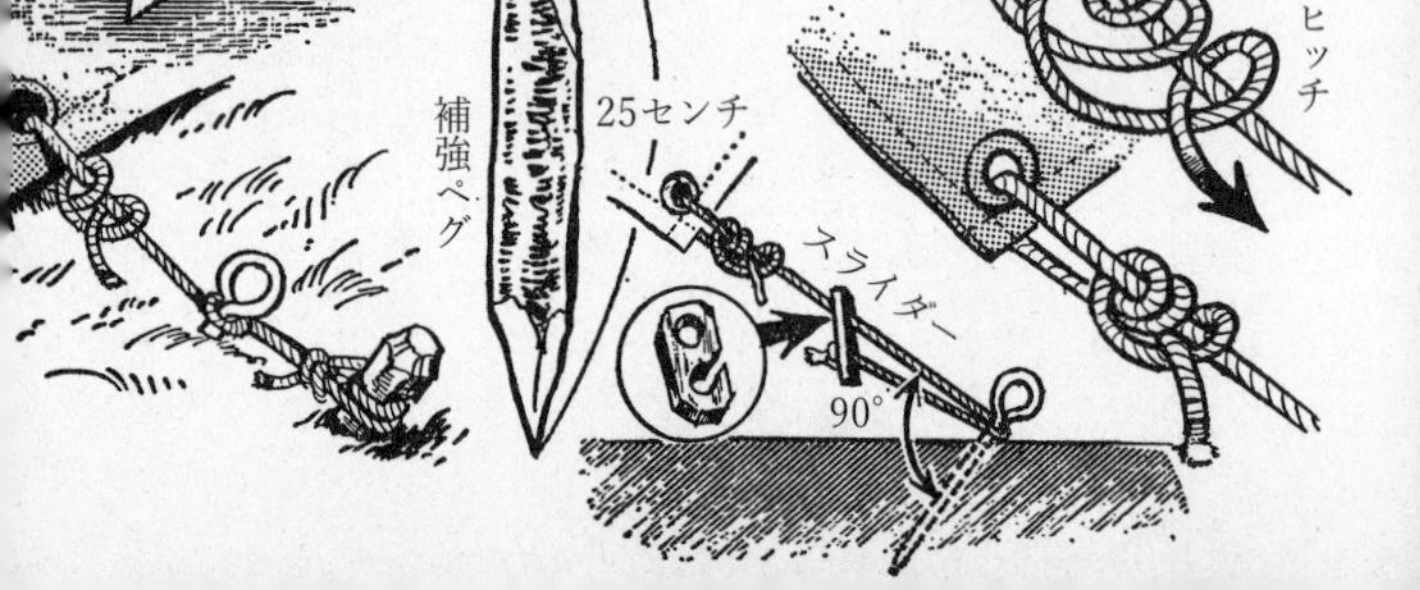
みぞの掘り方
直径2.5センチ
補強ペグ
25センチ
スライダー
90°
トートライン・ヒッチ

テントのはり方・しまい方

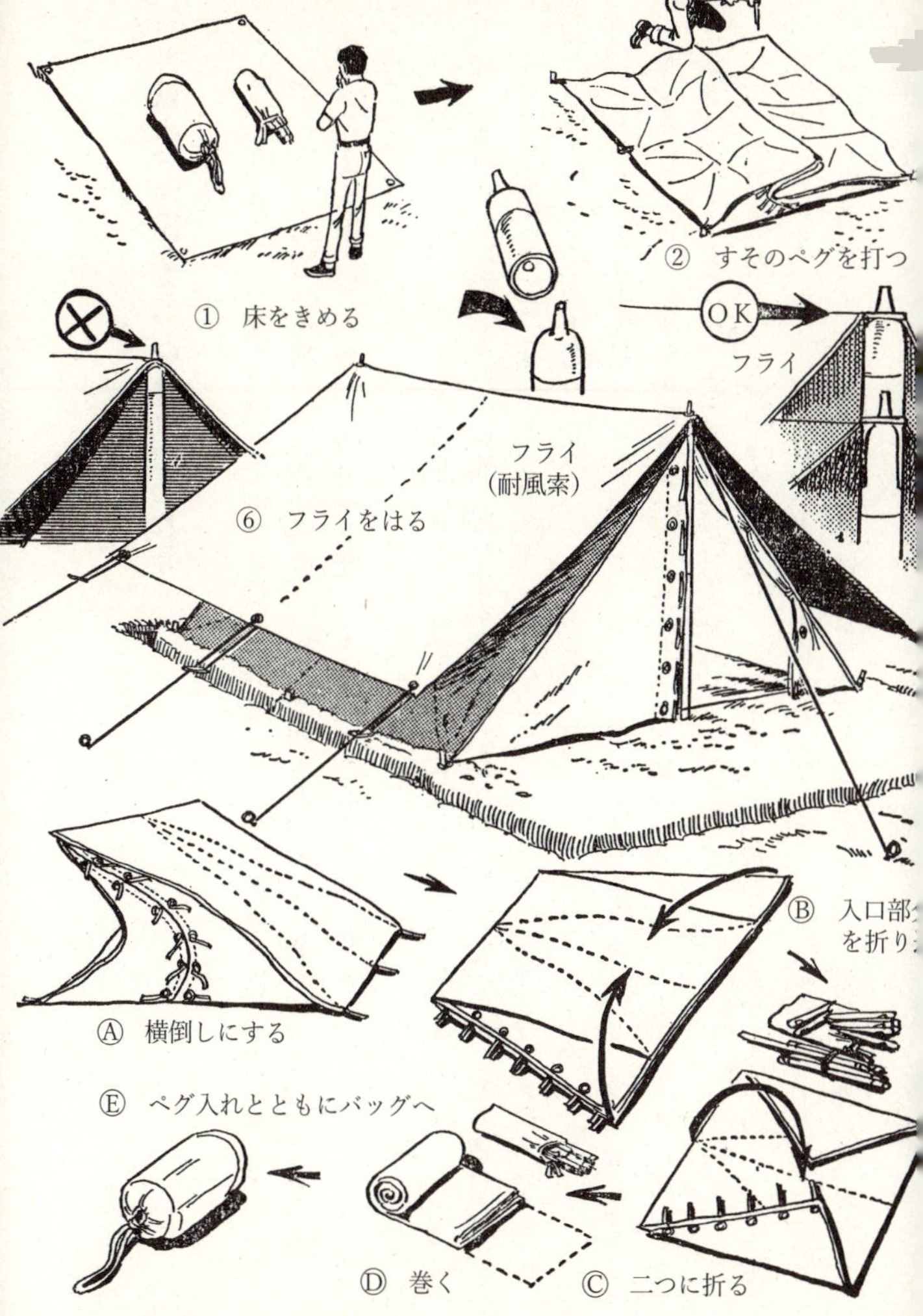

① 床をきめる
② すそのペグを打つ
OK
フライ
フライ
(耐風索)
⑥ フライをはる
Ⓐ 横倒しにする
Ⓑ 入口部
を折り
Ⓒ 二つに折る
Ⓓ 巻く
Ⓔ ペグ入れとともにバッグへ

外気より地面から、体温は奪われる

テントなどという文明の利器を使うのは、冒険道にもとるとお考えの正統派には、テントなしでも心地よい眠りを得られる方法がある。地形や樹木を利用したり、自分の持っているポンチョ(頭を通す穴だけあいた雨合羽《がっぱ》)やシートを使って寝る場所を作るのである。このような方法をビバークという。

ビバークには、シェルター(Shelter)とリンツー(Lean-to)の二種類がある。シェルターは、「避難する場所」という意味。岩や樹木やほら穴を利用して、突然の雨や風を避けたり、露営する場所のこと。リンツーは、「差し掛け小屋」というほどの意味。立木を使ったり簡単な道具を使って作る小屋のこと。

そもそも、人間の先祖は、草原のはしっこに枯れ草や小枝を積みあげたり、簡単な骨組みに草や木の葉っぱ、けものの皮をふいたシェルターで、寝起きしていたのである。その子孫であるきみに、シェルターごとき作れないはずがない。

次の図の右下のような骨組みができたら、ススキやカヤ、木の葉っぱなどを下のほうから順にふいていく。日当たりのよい岩かげなどに作れば申しぶんなし。このような片屋根をふたつ組み合わせれば、もっと居心地のよい逆V字型のものができる。この場合、棟の部分に注意しよう。ここは十分おおっておかないと、雨が降ったとき雨もりで不眠症になる。十九世紀末のアメリカ西部の話である。きみもご存じのデビー・クロケットのような猟師たちは、野宿するとき次のようなビバークの方法をとった。針葉樹など立ち木が見つかると、根元から二メートルほどの部分を、完全に切り離さないようにして、風上側に倒す。内側の枝をとり、枝先を下にして屋根にする。このなかで、一、二晩過ごすのである。

この方法は、日本では、法律的な問題もあるので、おすすめできない。そこで、風の強いときなどは、ススキの一面はえた原っぱでもさがそう。内側から体でススキを外に押し倒し、直径二~三メートルくらいの円形のすき間を作る。そのなかにうずくまっていれば、いくら頭上を強風が吹き荒れても、快適そのもの。中心に炉を掘れば十分暖《だん》もとれる。ただし、火の用心。リンツーは、立木を利用してロープを張り、そこにポンチョやシートをかけて作る。

ビバークのとき、いちばん注意するのは、体温は外気より地面から多く奪われるということ。とくに、海べの砂地では注意が肝要。家で叱られ勘当されて、外に放り出されたときや、予約切符を買うために徹夜で行列する場合にも注意しなければならない点だ。ビバークのときは、乾燥した草や葉っぱをシートの下に敷こう。草や葉っぱのかわりに、新聞紙や米俵、発泡スチロールなどを使っても効果がある。

また、就寝時、ちょうどよい暖かさだからといって安心してはいけない。一日でもっとも寒いのは日の出まえ二時間くらいのときだ。油断すると、風邪や腸疾患のもとになる。

地形・樹木を
利用して寝る

日当たりのよい岩かげを利用しよう

立木を利用しよう

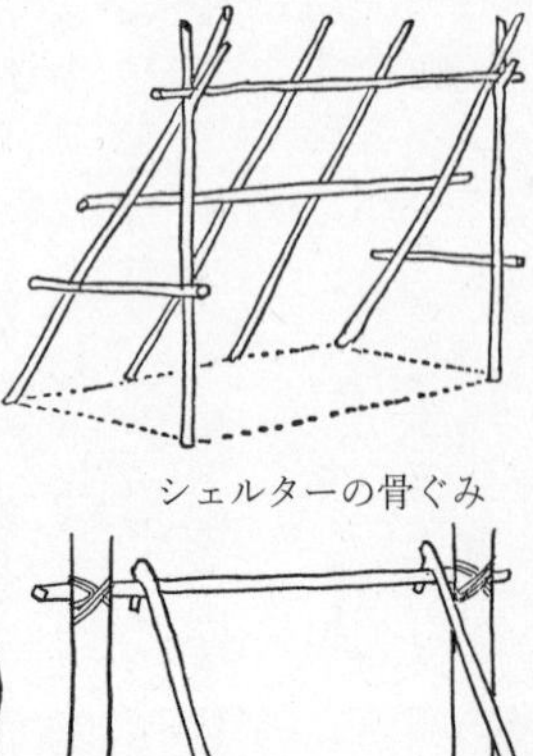

シェルターの骨ぐみ

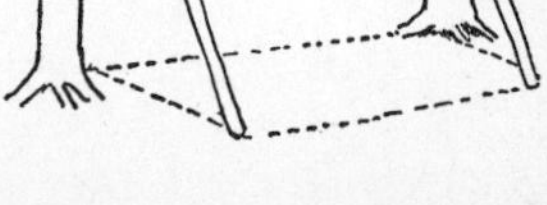

ポンチョを利用したリンツー
立木を利用した
シェルター
（かくれ家）

葉っぱのついた木の枝で、ふかふかベッドが作れる

野イチゴつみに出かけて道に迷った、六歳のソ連の少女、エルミラちゃんは、二十二日間、野イチゴと雨水だけで生き抜いた。かの女は、かん木の下に細い枝でベッドを作り、ショールで体を包んで横たわっていた。自然のものを利用した、りっぱな生活の知恵である。

その点、準備万端整えてきたきみには、寝袋や毛布、エアマットという暖かい味方がいるはずだから安心。しかし、毛布もくるまり方をなおざりにすると、まったくの役立たずになる。図のように体をくるみ、十センチくらいのピンでとめるのが、正しい。

地面に寝るのがいやなら、ハンモックか即製ベッド。即製ベッドは、シートを一・八メートルくらいの棒か竹二本に張って作る。ハンモックや即製ベッドで寝るときは、とくに防寒には注意しよう。

そんなものよりずっと寝心地のよいベッドを紹介しよう。まず丸太を四本、二本は一・八メートル、あとの二本は八十センチ、それぞれ縦、横におく。交差した四隅をくいで止める。こまかい葉のびっしりついたモミやマツの枝をたくさん用意する。枝の根元を下にして、頭のほうから、屋根がわらを並べる要領で、横に厚く重ねる。草などで代用できるが、寝心地は劣る。このふかふかベッドを、「インジャンの羽根毛布」という。

空気まくら
木のつたのハンモック
シート
ほし草

新聞紙、発泡スチロールは絶好の防寒材である

暑いのより寒いのはがまんできない。これが体毛の少ない人間の性《さが》である。寝るときもいかにして暖かくするかが、一大問題だ。そこで、暖かく寝る方法をいくつか紹介しよう。

まず見のがしてはいけないのは人間の体温。ふたりでいるときは、抱き合って寝れば、いくらか寒さはしのげる。人間ぎらいの人は、動物を抱き合う相手にすればよい。ハトは、人間より二～三度、体温が高い。イヌやネコなども抱いて寝ると暖かい。一般的に、毛皮や羽根を持った動物は、人間を暖めてくれるものが多い。ゾウなどは、人間の体温と同じくらいだから、抱いて寝てもあまり効果はない。もっとも、抱けるかどうかのほうがまず先決だが……。まして、ヘビなど変温動物は、人間より冷血漢だからおすすめできない。

孤独を好むタイプのきみなら、アルコール、とりわけ、ブランデーを持っていくことだ。気つけ薬にもなるし、寝るまえに一、二杯ひっかけて寝袋にもぐり込めば、体はポカポカ。また、トウガラシを利用するのも一法。足先などに入れておくと暖かい。ただし、寿命は一日だけ。

新聞紙も利用範囲が広い。ユーモア作家の井上ひさしさんも自分の作品の中で推奨している。寒さにふるえている主人公たちが、新聞紙を服の下に巻いて寒さをしのぐ場面がある。その保温能力はバツグンだから、いつも二、三枚用意しておこう。

焼け石を使った暖かい寝方

石を焼く
熱い灰や土ですきまをうめて寝心地をアップ
zzz

もっとも冷えを感じるのは、手足である。この点に重点をおいて暖めれば、ある程度の安眠は得られるはず。そのため、まえに述べたトウガラシのほかに、発泡スチロールの靴なども効果がある。その塊《かたまり》を、オランダの木靴《サボ》の要領で、中をくり抜いてはけば、一晩楽に眠れる。

その点、完全に暖かく寝る方法がある。まずこぶし大の石を焼く。アイロン式につばをつけてジューッといえばオーケー。ちょうど焼け石に水という状態である。石が焼きあがれば、図のように、石をならべ、乾いた土をかぶせる。その上に寝床を作れば、安眠はまちがいなし。ただし、あまり熱くなりすぎてきみが焼肉にならないよう注意しよう。念のため、きめこまかいことをいえば、鼻と口も手ぬぐいで閉ざしておくとなお暖かい。

カの来襲はジョチュウギクでイチコロ

夜中になにやら背中がむずむず。飛び起きてみると、アリの大群が移動中。夏には、こんなトラブルがおこる。安眠を妨害する元凶に、アリやカ、ガなどの虫どもがいる。

アリの侵入は、テントのまわりのみぞに、水を張っておけば防げる。やっかいなのは、カである。カが大好物というコウモリでも連れていけば、獲ってくれるが、なかなか道連れになってくれないひねくれもの。海べなら、飛び込み台にでも寝れば、そこまでカも襲って来まい。しかし、満ち潮にさらわれて、安眠ならぬ永眠になる危険性がある。

カは人間の体から発する炭酸ガスをめがけて寄ってくるらしい。その証拠に炭酸ガスの塊であるドライアイスにはカがわんさと集まる。また、汗などの体臭にも誘われるという。００７のジェームズ・ボンドは、カの多い川を渡るとき水で体を洗って体臭を消している。

カを防ぐには、どこにでもはえているジョチュウギクとタブノキがいちばん。カとり線香の原料だから、効果のほどは請《う》け合う。葉でも茎でもよい、一日干していぶせばよい。

ガなどの来襲は、即製の誘《ゆう》ガ灯《とう》が効果がある。水を少し張った空カンにロウソクを立て、青いセロファンでおおっておくと、テントには来ず、そちらに集まってくれる。

また、不衛生がこのような害虫を発生させる原因にもなる。ゴミの処理にも気をつけよう。

やられるまえにやれ！

ジョチュウギク（除虫菊）

高さ約50センチ。五～六月に
中央黄色の白い花が咲く。
花は干してノミトリ粉に
茎、葉はいぶして蚊やりとする。
蚊とり線香はタブノキの粉と
まぜてかたくねったものである

タブノキ（クスノキ科）

海の近くに多いときわ木。枝をおるとよい匂いがする。高さ15m位の大木

ジョチュウギク

冬は、雪の中で寝たほうが暖かい

極寒の地で寝る場合、ついつい雪を避けようとするが、むしろ雪のなかで寝たほうが暖かいことがある。山で凍死した人のほとんどは、雪のない木の下や岩かげで死んでいる。

雪の中で寝るといえば、まず思い出すのが、イヌイットの雪の家だ。といっても、じつは、すべてのイヌイットがこれを作れるわけではない。全イヌイットの四分の一くらいしか知らないのである。図のように、かためた雪をブロックに切り出して、円錐《えんすい》形に積みあげて作る。これさえあれば、どんな寒さでもへっちゃら。イヌイットの住んでいる地方は、とにかく想像を絶する寒さなのだ。ダニのいっぱいついた毛皮を外に出しておくと、ダニはみんな凍死してしまう。じつは、これは、イヌイットのダニ駆除法だが、とにかくこんなに寒いのだ。

この雪の家は、それほど寒くない日本では、中の熱でくずれたりして危険だ。むしろ雪洞を掘ったほうがよい。掘るコツは、天然氷を切り出す要領で、ブロック状にきちんと掘ること。あまり広すぎるとかえって寒い。リュックサックに手足を入れて暖まろう。ただし、眠ってしまうとオダブツなので、トランジスタラジオなどをかけて、かならず起きていよう。

雪が少なかったり、掘る時間がないときは、半雪洞も楽だ。スキー板を屋根にして、ロウソクでも燃やしておけば暖かい。ただし、ときどき換気しないと、ちっ息するのでご用心。

冬のビバークの注意

(1)　風を防ぐために掘る
(2)　雪面に直接ふれない（ビニールシート）
(3)　カロリーのあるものをとる（チーズ）
(4)　まわりの空気を暖める（ロウソク）

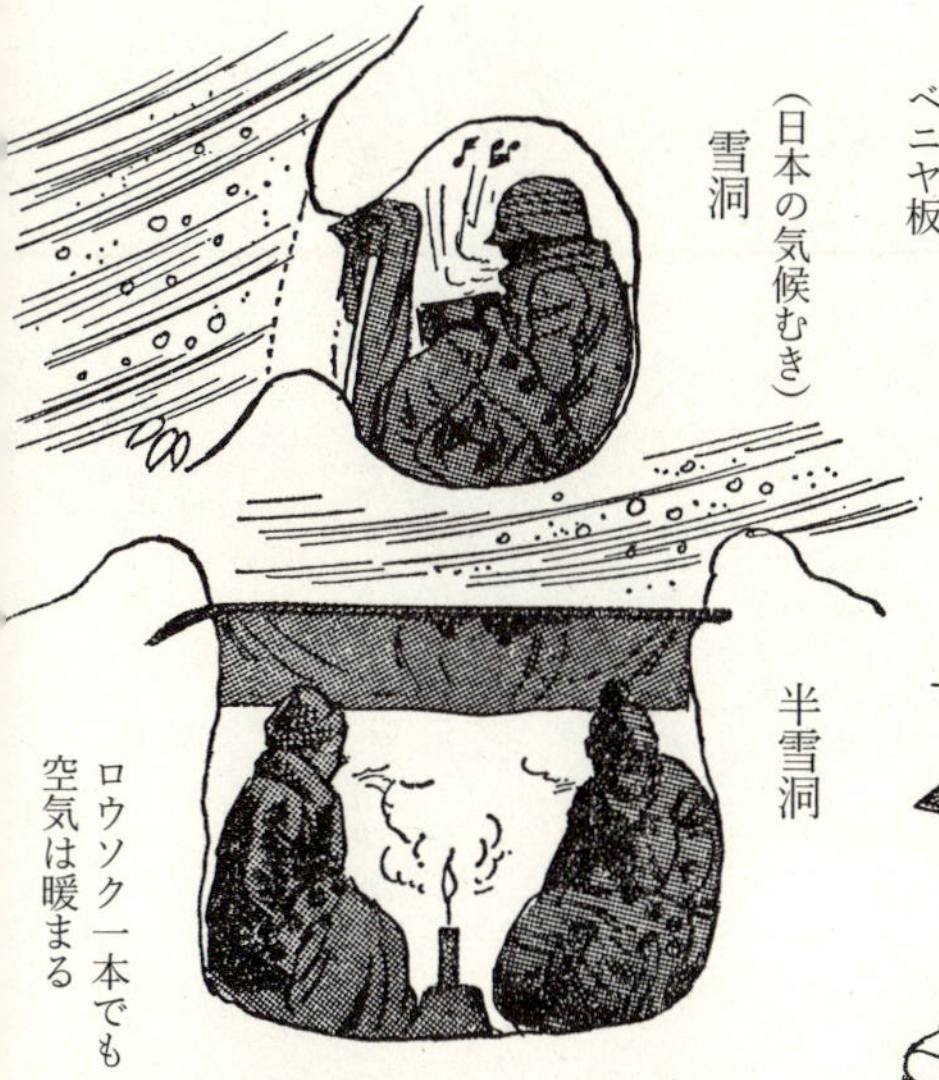
雪洞
（日本の気候むき）
半雪洞
ロウソク一本でも空気は暖まる

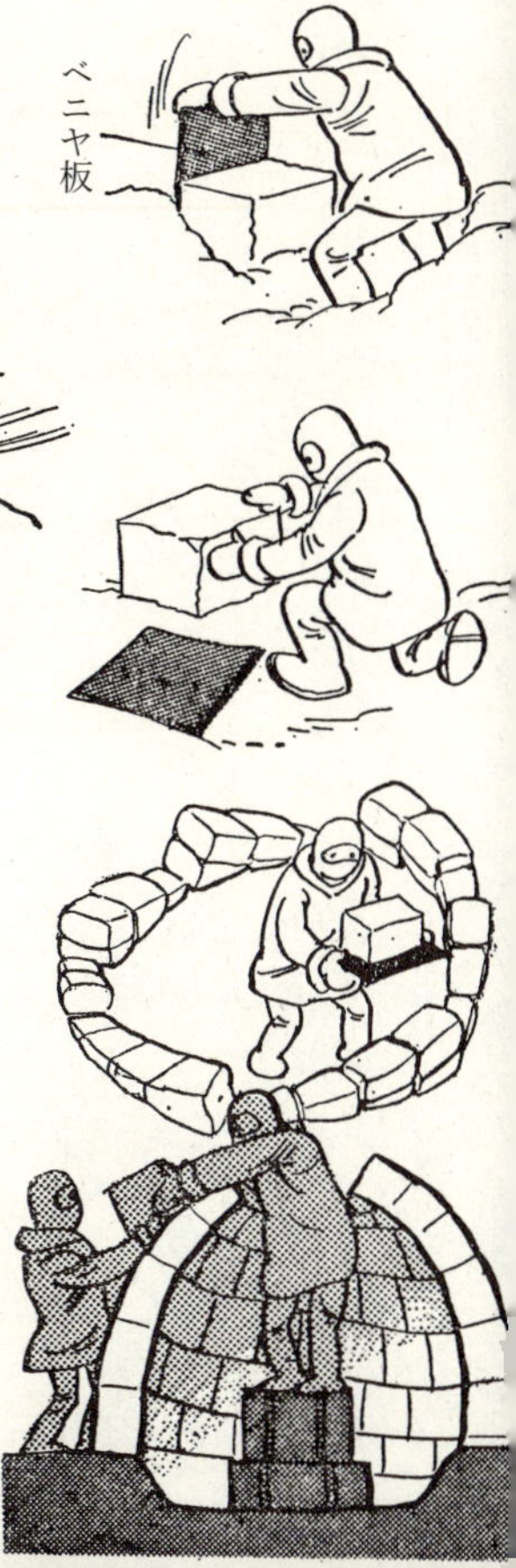
ベニヤ板

雪の家は極寒地向き

快適なモンゴル人の住まい

日本人は、騎馬民族の出といわれている。同じ騎馬民族のモンゴル人は、図のような包（ゲル、またはパオ）という移動住宅を利用する。竹かヤナギ製のついたてにフェルトを張ればオーケー。おしきせのテントはもう飽きたという向きには、ユニークで快適な住宅かもしれない。

モンゴルの包（ゲル）
かんたんに運べる竹製のついたて

快適な内部

6 切石

オトコノコの伝統は危機に直面している

　ぼくたちのいまの日常を考えてみると、ナイフを使ってものを切ったりけずったりする機会は、めっきり減っているのに気づく。ナイフはまだしも、包丁とかNTカッターとか、食事用のものとかの形で、きみの家にもどこかしらにあるはずだが、ノコギリとかマサカリ、オノなどになると、都会の家庭にはまず置いていないのがふつうだろう。

　パパが日曜大工の趣味でも持っていれば、ハナシが違ってくるだろうが、それにしてもいまや電動工具が全盛で、モーターつきの本体にアダプターをとりつければノコギリにもなればカンナにもなるといった調子だ。学校の家庭科などでは、ひととおりのことは教えるようだが、「ノコギリにはタテビキとヨコビキとがある」などということを、○×式のペーパーテストですまそうというのだから、およそ冒険などとはほど遠い。

　ぼくの少年時代には、まだみんなの筆箱にかならず一丁のナイフがはいっていた。肥後守《ひごのかみ》もあればキリダシ小刀もあったが、みんなそれでエンピツをけずり、キビガラを切り、青竹をそいで竹トンボを作ったりした。電動式のエンピツけずりのついた勉強机などを持っている子はもちろんいなかった。いまでは、エンピツ一本けずるのにも専用の道具を使う。竹トンボといえばプラスチック製のやつをオモチャ屋で買ってくる。ナイフなどは危険だからと持たせても

らえない。NTカッターとかオルファとかは切れなくなれば先を折っていくのだから、と石などは無論きみの家にはないだろう。

　だから、きみの家でものを「切る」ことの達人をさがすとしたら、台所で毎日包丁を使っているママのはずだ。

　これはナサケナイことではないか。原始時代には石斧《いしおの》で木を切り倒し、中世には人斬り包丁で敵を倒し、ついきみのパパの少年時代までは、せめてエンピツくらいは小刀でけずっていたオトコノコの伝統は、いまや危機に直面しているのだ。

　もし、男と女とが二大陣営にわかれて戦争をはじめたら、今や女性軍の圧勝は確実だ。テキは、タクアンにせよキャベツにせよ、とにかく毎日切っているのだ。男の子ならガンバラナクッチャ！

ナイフは冒険をするものの命である

キャンプ生活などで、小屋をつくるにしても、料理をするにしてもナイフを使ってものを切ることからはじまる。イヌイットやアフリカの原住民の子どもたちは、武器を使いこなせるようになってようやく一人まえに扱われるが、冒険を志すきみなら、ナイフやオノの使い方くらいは知っておかねばならない。ただし、刃物を持つ場合、刃渡り十五センチ以上のもの、飛び出しナイフのふたつは法律で禁止されていることを注意しよう。

まず、小枝を切るのが基本。①にあるように、自分の外側に切る。けがを防ぐためだ。握りが甘いのもいけない。しっかり握って、手先だけでなく、腕全体で押し出すように切るのがコツである。枝をはらうには、太いほうの枝から先に切っていく。ナイフを使っているうちに、手のひらが赤くなり、マメができそうになったら、できるまえにばんそうこうかほうたいをしておこう。

やや太めの枝で切りにくいものだったら、②のように、曲げておいて切るとよい。この場合、やや斜めに切り込みを入れる。一度で切れないときは、反対側に曲げて同じことをくり返す。

ナイフを使っていて、けがをしやすいのが開閉のときである。③のように、左手でしっかりささえて、右手で開閉する。けっして左手の指を刃のはいるみぞの上に置いてはいけない。新品でスプリングが強い場合には、とくに注意しよう。

ナイフは、冒険をするものの命である。ゆめゆめ、ドライバーがわりにしたり、センヌキがわりにしてはならない。また、刃物は湿気と熱を嫌うから、使ったあとで土の上に置きっぱなしにしたり、火の中につっ込んだりすることも厳禁である。

ナイフやオノがない場合、スコップで十分代用できる。あらかじめ、スコップをオノがわりに使おうとするなら、端をといで刃のようにしておくとよい。

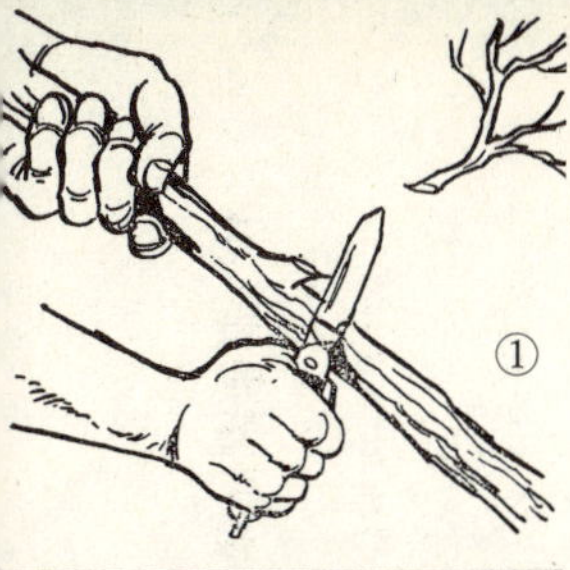
①

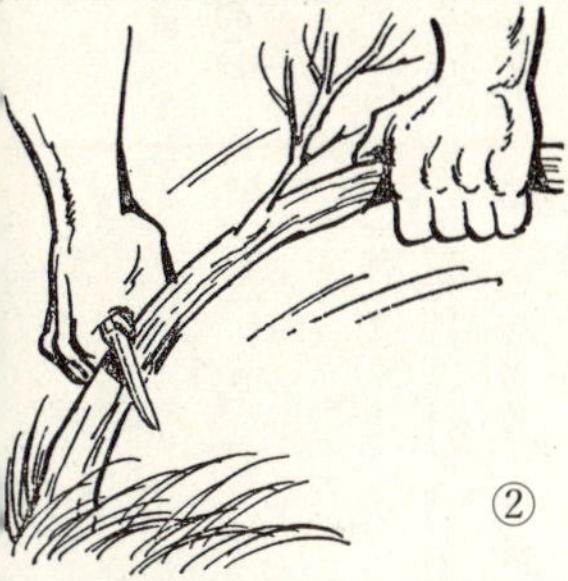
②

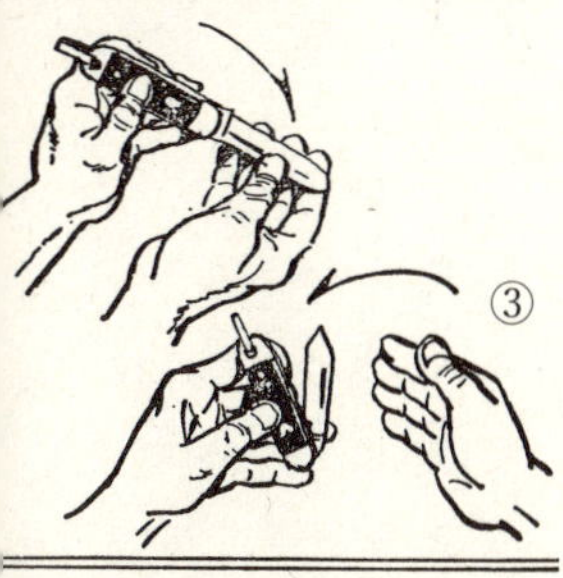
③

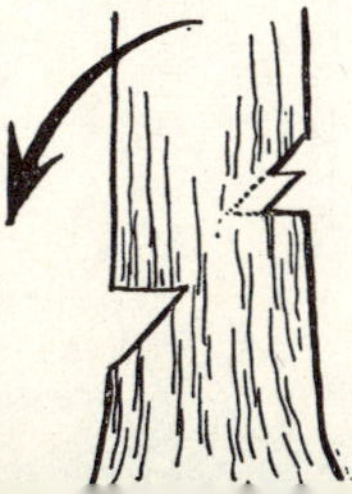
太い木を倒すときのオノの切り口

オノは慎重に扱おう

ちょっと考えてみよう。いままでのきみたちは、火がほしいと思えば、ガス栓をひねればよかったし、板や柱がほしいと思えば、材木屋さんに行って、キレイに製材されたものを買ってくればよかった。しかし、ここでは違う。冒険に出かけて、ちょっと大がかりなものを作ろうとすれば、自分の力で板や柱を切り出さなければならない。また、道具がイカれたから、買いかえるなんていうこともできない相談だ。

つぎに、マキ割り、小屋作りには欠かせない、オノの使い方をマスターしよう。

丸太を立てて、オノを大上段に振りかざし、力まかせに打ち割る。小気味よく響くマキの音。気分爽快！　とゆきたいが、世の中はなかなかうまくゆかぬもの。飛んだマキが、おメメにガツンコ！　とたんに「オレはバカだッ」と自己嫌悪。これで世の中、イヤになり死んだ人はまだいないけど、打ちどころが悪いと大ケガをするかもしれないから注意、注意。

正しい割り方は、最初からオノを丸太に少し食い込ませ、両手でオノと丸太を握って、切りカブに振りおろす。こうすれば、割れた木が飛ばないから安心である。

オノが切れなくなったらとぐ。ヤスリがあれば最上だが、なければ石を使ってもよい。と石でナイフをとぐのと違い、一方向にのみとぐのがコツである。

オノの使い方

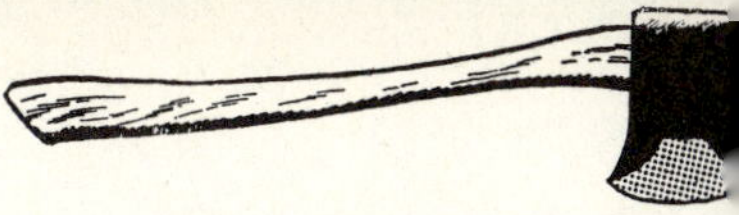

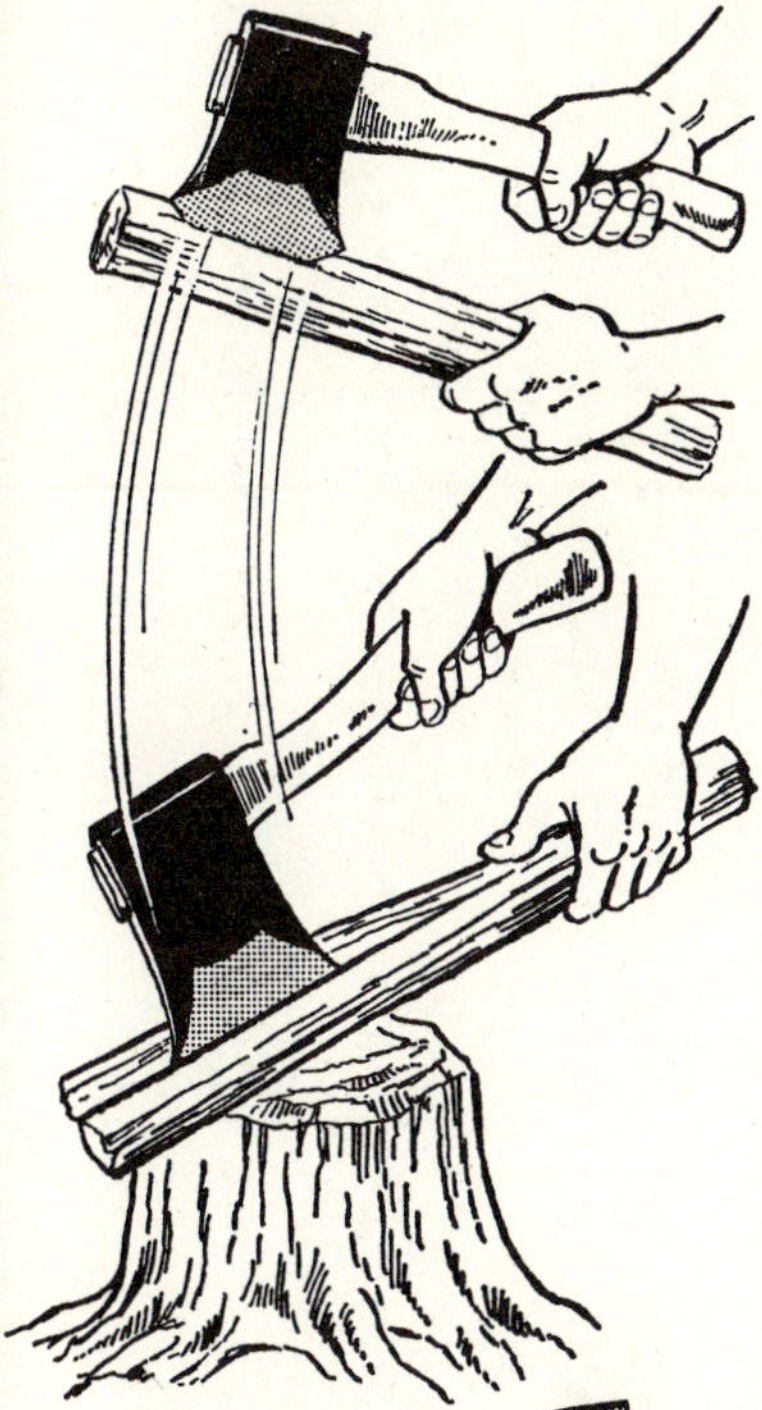

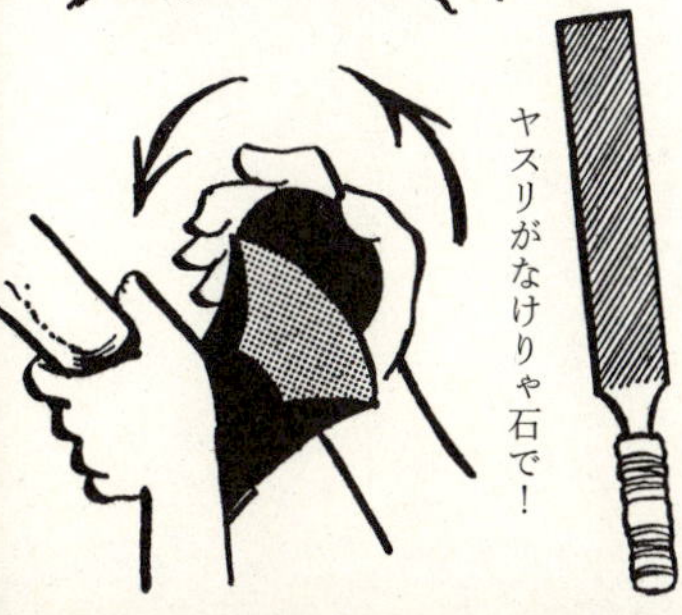
ヤスリがなけりゃ石で！

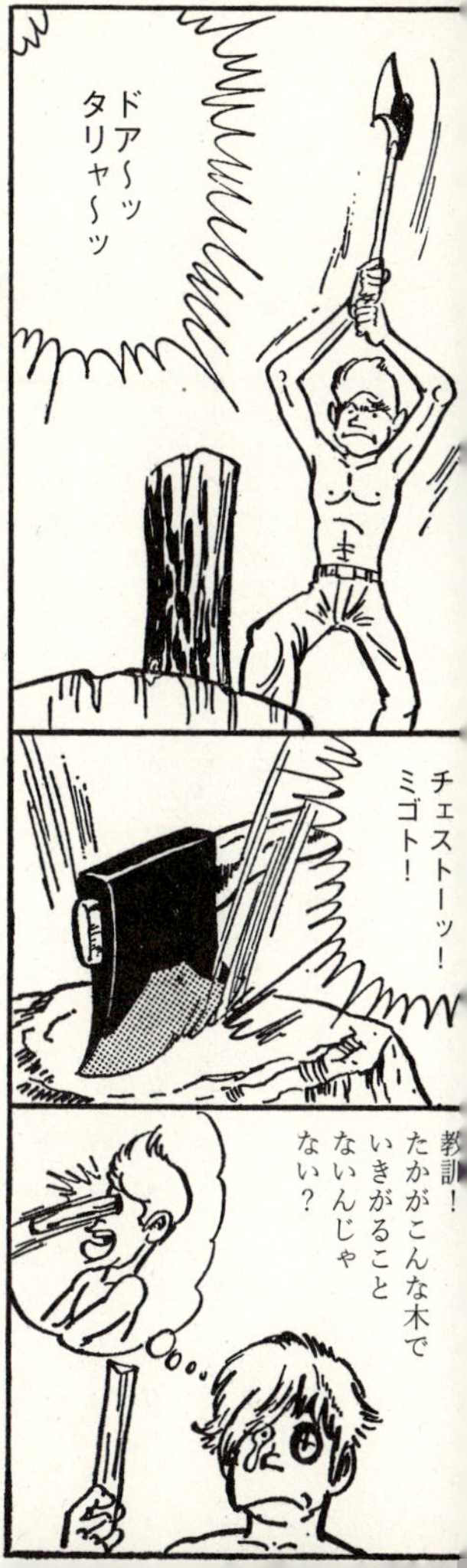
ドア〜ッ
タリャ〜ッ
チェストーッ！
ミゴト！
教訓！
たかがこんな木で
いきがること
ないんじゃ
ない？

ロープなしで木と木をつなぐ

ロープやクギがないのに、木と木をつながなくてはならないとしよう。きみならどうする？

「簡単さ、ツタやカズラをさがして使えばいいじゃないか」

――残念でした。そのツタやカズラもないんだな。サア、どうする、どうする……。

山や野で冒険するきみの周囲には、材料や道具が十分にあるとはかぎらないのだ。むしろないことのほうが多い。そのとき、すぐにそれにかわるものや方法で切り抜けられるようにしておく必要がある。

まず、つなぐ二本の木の枝をはらい、作業しやすいようにする。次に、つなぐところへ三角形にノコの切り目を入れる。④の太線がノコで切る部分である。このとき注意してほしいことはノコの切り目が木の半分以上にならぬようにする。切り目が大きいと、つなぎの部分が弱くなり、せっかくの苦労が水の泡になってしまう。ノコの切り目ができたら、④の斜線の部分をナイフで切り抜く。一度に大きく切ろうとすると失敗するから、少しずつでもいいから気長にやることがたいせつだ。最後は、はめ込む木の先端を三角形にけずる。穴とぴったり合えば最高だが、少し大きめに作るのがコツ。小さすぎれば、オジャンだ。大は小をかねるのたとえ。完成したら、水をかけておくといっそうしっかりする。

はめこみ型接木法

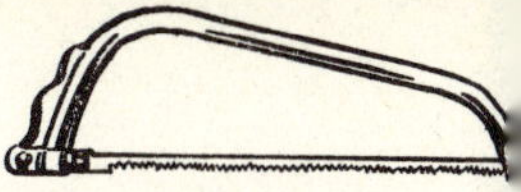

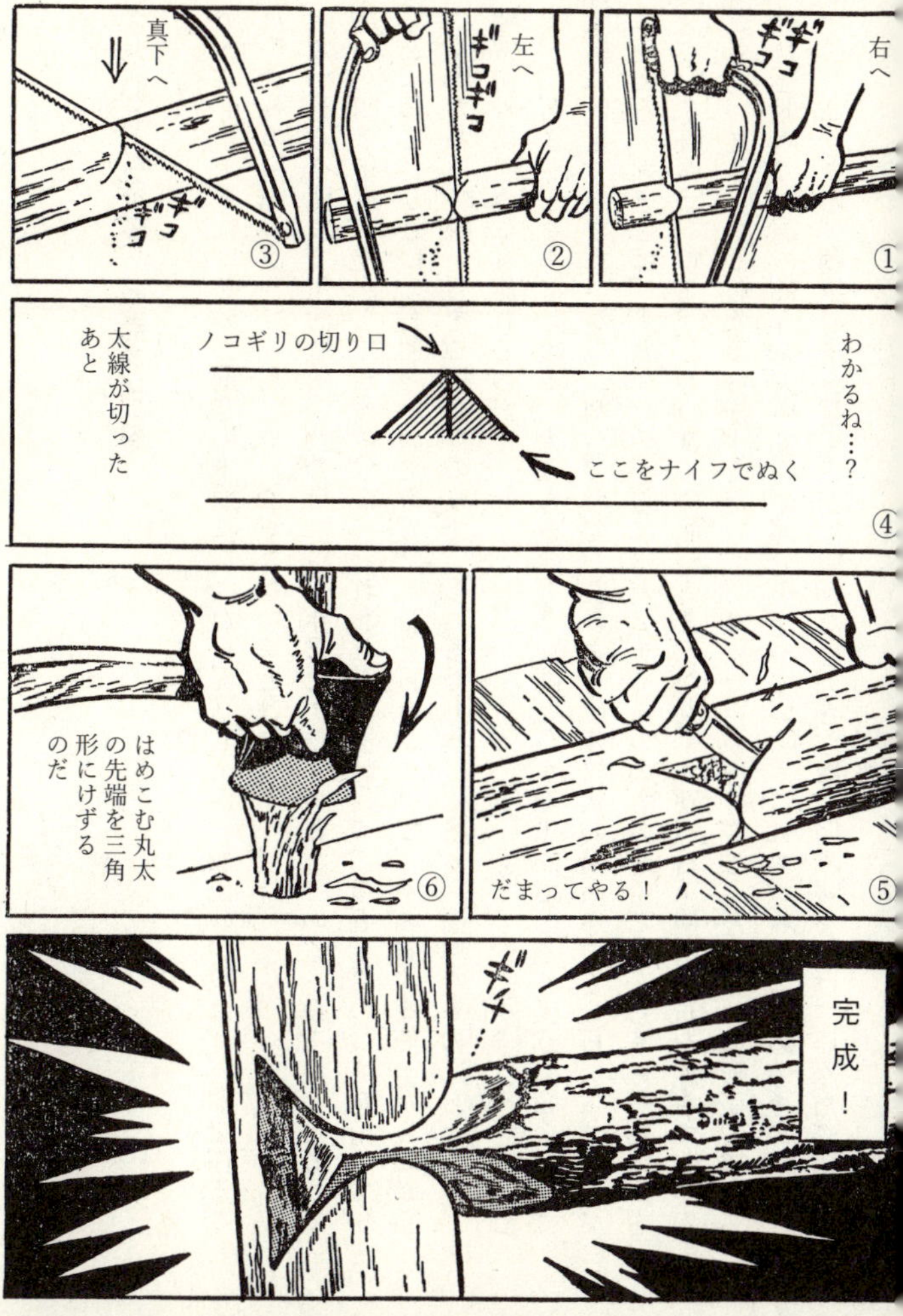
右へ
ギコギコ
①
左へ
ギコギコ
②
真下へ
ギコギコ
③
わかるね…?
ノコギリの切り口
ここをナイフでぬく
太線が切ったあと
④
だまってやる!
⑤
はめこむ丸太の先端を三角形にけずるのだ
⑥
完成!

いざというときは、石器を作る

ナイフもオノもないという最悪の事態になったらどうしよう。最後の手段は、石器を作ることだ。きみの祖先も使っていた。やってできないことはない。

人類が石器を使って生活していたのは、百万年まえからといわれている。鉄を使いだしたのがたった四千年まえだから、石器時代は、われわれの鉄器時代の二百五十倍の長さを持っていることになる。ひと口に石器といっても、ただ石と石をぶつけて、その破片を使ったものから、美しく磨きあげて鋭い刃をつけたものまでいろいろである。つまり、簡単なものなら、ちょっと練習すればきみにも作れるのだ。

まず、石さがしからはじめる。火うち石のような硬い石が理想的である。火うち石といっても簡単には見つからないから、割ってみて、図のように波紋状の模様ができる石なら、たいていは使える。大きさは、十五センチから二十センチくらいのものが手ごろだろう。石器の形を作っていく道具は、ちょうど手のひらに握れるような丸くて硬い石を使う。石を片手でしっかりささえ、丸い石でまわりから強くたたいて、だいたいの形を作る。だいたいの形ができたら、やや力を弱めて、端のほうを欠いて刃の部分を作っていく。これで、いちおうのできあがり。しかし、これでは、動物の皮を裂くほどは切れない。さらに、切れ味をつけていくために、刃の部分を鋭くさせよう。カナヅチになるくらいの動物の骨があればいちばんよいが、なければ木のハンマーでもかまわない。なんべんもなんべんもひっくり返しながら静かにたたいて、できるだけ、薄い刃を作るのである。

この場合、石を置く土台はあまり固いものではいけない。両面から力が加わって、刃が欠けてしまうからだ。小型の石器ならヒザの上で、大きなものならやわらかい土の上で作るとよい。美しい葉状のギザギザのついた石器ができれば、それで完成。これが木の柄をつければ石オノに早がわり。さっそく切れ味をためそう。きみも、江戸時代の刀匠《とうしょう》の気分を味わえるにちがいない。

石器の作り方

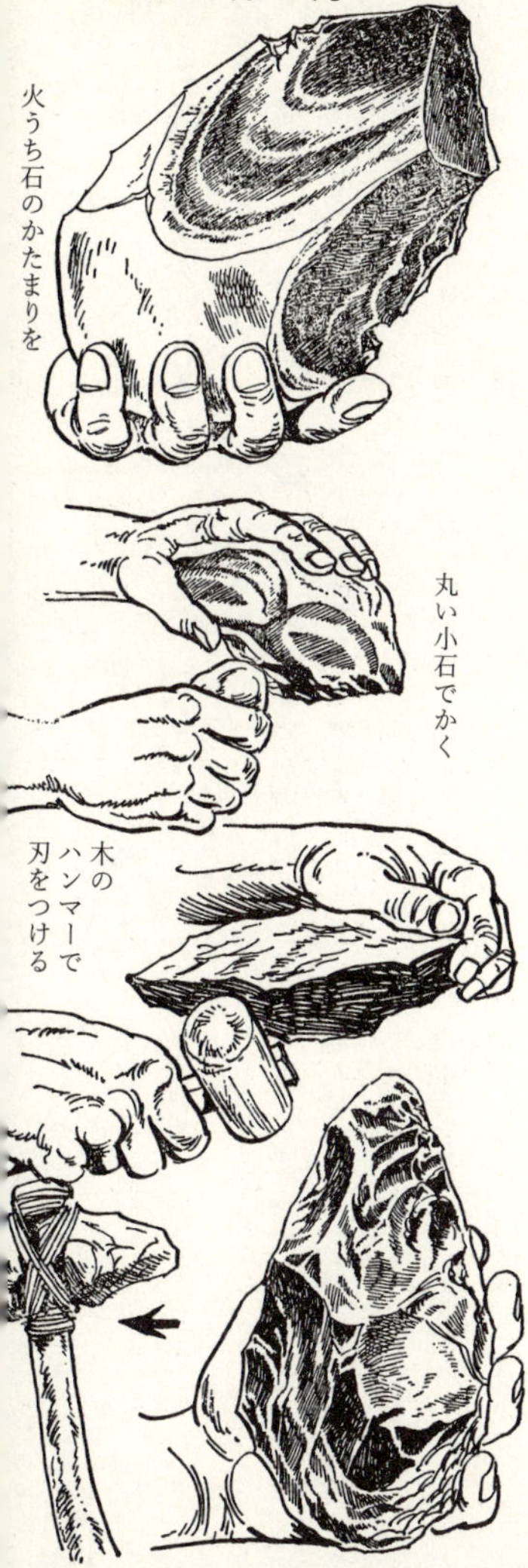
火うち石のかたまりを
丸い小石でかく
木のハンマーで刃をつける

石器でヒゲを剃れるか

最近、若い男性のあいだでヒゲをはやすのが流行《はや》っている。そもそも、世の男の中ではじめにヒゲを剃《そ》ったのは、マケドニアのアレキサンダー大王だといわれているが、若く見られたいというのが、その理由だという。

ところで現在も石器時代同様の生活をしているニューギニアの原住民はどうかといえば、やはりヒゲを剃るのである。何を使って剃るか。むろん、石器である。カミソリのように、ジョリジョリとはいかないが、小型の石ナイフの刃先をヒゲに当てて、ちぎるように切るのだ。

つまり、文明生活をしているぼくたちには想像もできないことだが、石でナイフを作っても、ヒゲを切ることのできるほど鋭い刃物ができるということなのである。かれらは、石を加工して、ナイフ、オノを作り、木を倒し、つかまえた獲物を切りさいて料理する。使っているうちに刃の部分は、自然と磨かれて、ますます切れ味がよくなってくるのだという。

じっさいに、石オノの切れ味をニューギニアで実験した例がある。直径十センチほどの木を現地人に切らせてみたところ、四分ほどで伐り倒してしまった。それではと、こちらから持っていった最新型の鉄オノで伐ってみたところ、一分ちょうど。四倍の差で文明側の勝ちである。ザマァミロ、などと喜ぶのは浅はかというもの。月に人間が飛んでいく時代である。石をた

たいて作った刃物と、工場で機械を使って磨きあげた刃物の差が、たった四倍しかないのなら、いささか物悲しい話ではないか。現に、こちらの持っている切り出しナイフと石オノを交換してくれといっても、なかなか、ウンといってくれないという。珍しさだけで、使いものにならないということだろうか。
それでは、文明人が石オノを使ってみたらどうだろうか。そううまくはいかない。まず石オノを扱えるだけの体力がないし、テクニックも欠けている。鉄オノを使う要領で斜めに切りつけてはダメだ。刃先が鉄のものほど鋭くないから、木に直角に力まかせにたたくのである。ちょっと切り口ができてからこんどは斜めに振りおろしてゆく。コツさえつかめば、きみでもニューギニアの原住民の十倍くらいの時間で伐り倒せるにちがいない。

皿の底は、と石がわりになる

刃物の寿命は、手入れできまる。使用後はかならず油をひき、また、定期的にと石やヤスリをかけておこう。ヤスリは、押すときに力を入れ、引くときは軽く刃にあてるくらいにするのがコツ。と石は、円を描くようにとぐ。と石がないときは、皿などの糸底でも代用できる。

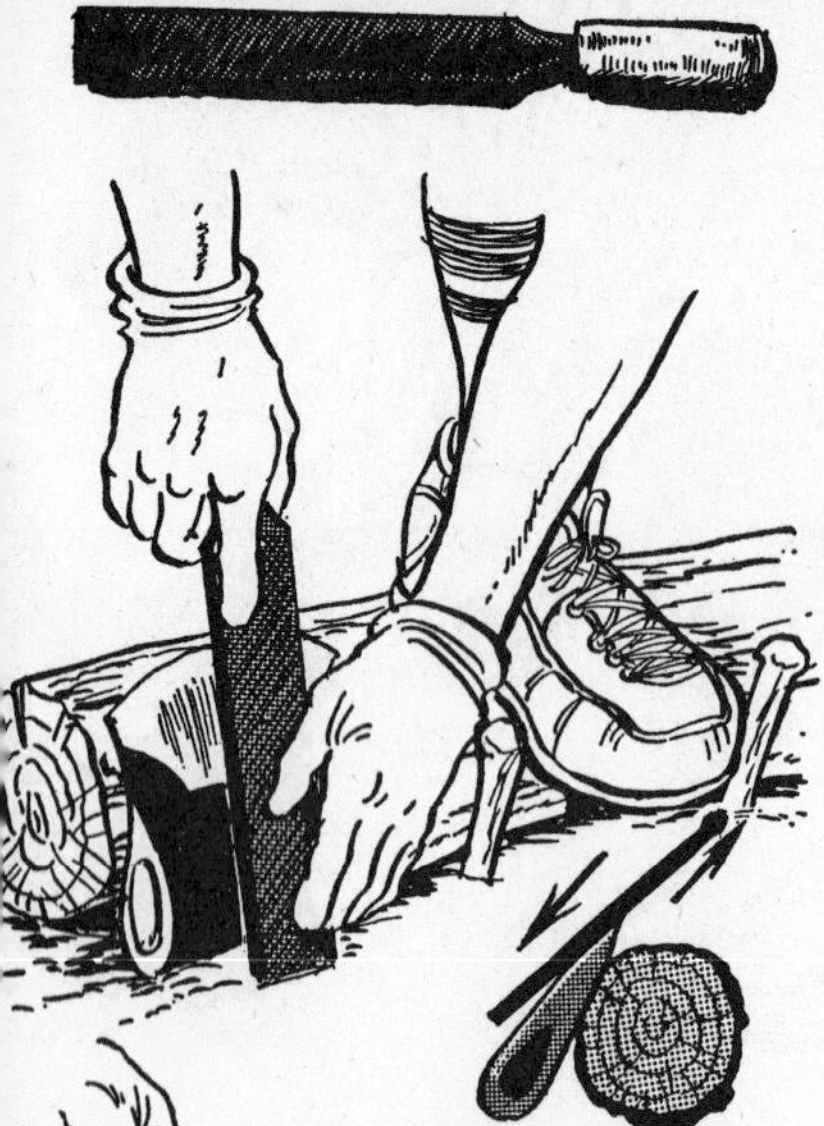

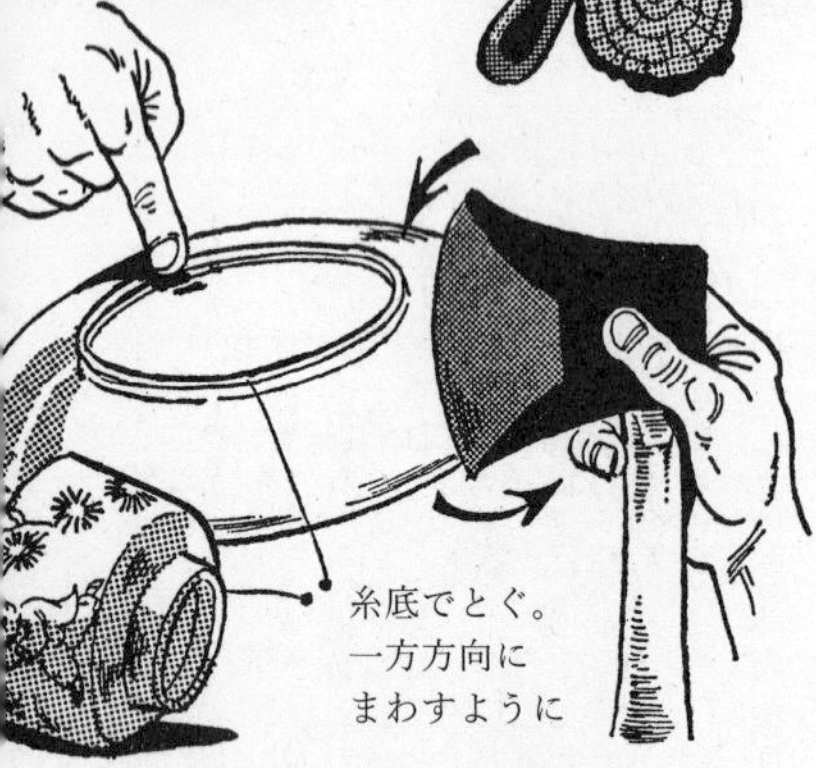

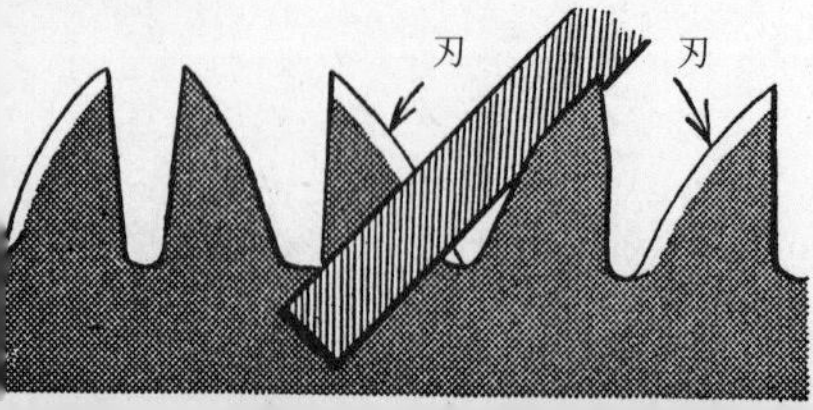

7 結ぶ

日本人は「結ぶ」達人だった

日本人が外国へ行って、郵便局で小包を出すと、たいてい感心されるという。ヒモのかけ方の手ぎわがバツグンによくて、その場で荷づくりの「実演」などしようものなら人だかりがするほどだそうだ。残念ながら、この「伝統」もいつまでつづくかが問題だ。伝統というのは、洋服と着物を考えてみればすぐわかる。かたやボタンをかけ、かたやヒモで「結ぶ」のだ。

女の人の盛装ともなるとたいへんだ。まずいちばん下の腰マキに一本、その上の裾《すそ》ヨケに一本、長ジュバンに腰ヒモとダテジメで二本、上に着るキモノが腰ヒモ、オハショリ、ダテマキ、オビ、オビアゲ、オビドメ、オビアゲと七本、ハオリを着るとなればそれにもヒモがついている。まあ、ざっと十本のヒモを結ぶことになり、それぞれに結び方があるのだ!

カバンとフロシキを考えてみてもいい。カバンには一定の大きさのものしかはいらないが、フロシキはどうにでもユウズウがきく。包みきれなくなったら、ヒモを結び足せばいい。

こういった調子で、日本人は「結ぶ」ことにかけてはじつに長い間の訓練を積んできた。西洋人がレンガを「積んで」塀を作ってきたあいだに、日本人は垣根を「結んで」きたし、キリスト教徒が十字を「切って」いるあいだにホトケさまは印《いん》を「結んで」きた。

友情や縁といった精神的なものも、日本人は「結ぶ」のだ。西洋の郵便局員を驚かすくらい

は、これまでの日本人ならワケもないことだった。

そこで、いまの日本人はどうだろう。これはもういうまでもなく、キモノもフロシキも過去のものになりつつあり、塀はほとんどコンクリート・ブロックになってしまった。小包だって、ガムテープや荷づくりテープのおかげで、あまりヒモをかける必要もなくなっている。この調子でいくと、いまに西洋の郵便局も驚かなくなることは確実だ。

ナワやヒモを「結ぶ」だけで、どんなに多くのことができるかは、以下の実技編を見てもらえばよくわかると思う。野外生活にとっては、とくに「結ぶ」ことの意味は大きい。きみはクギやカスガイがなければ家は建たないと思ってはいないだろうか。昔の人は、小屋を結んでいたのだ。

せっかくのヒモも先端がわれていては思うように仕事ができない。
そこでまず先端をくくることから仕事をはじめよう

くくり方の順序（帆づなどめ）

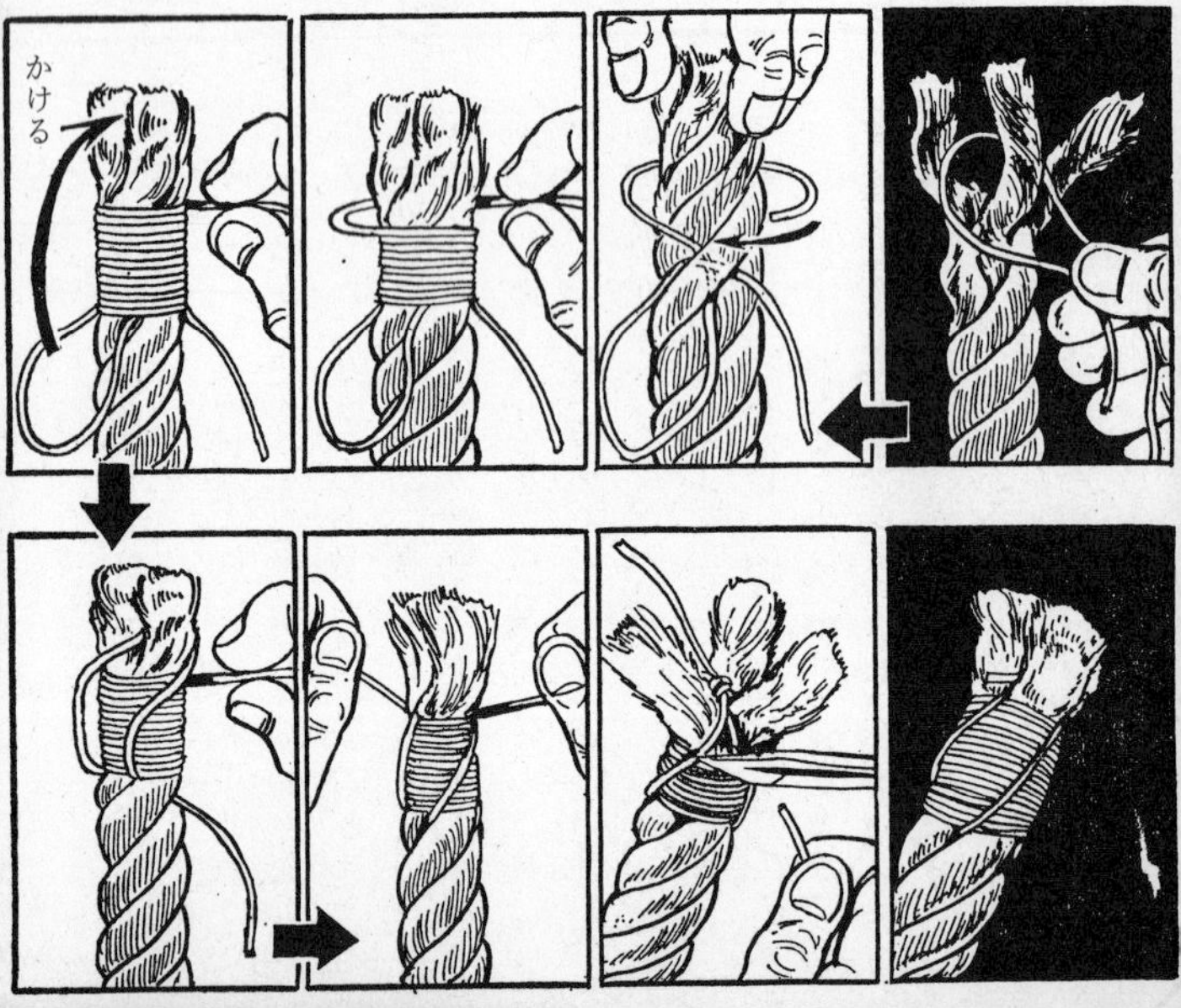

もうひとつのくくり方（からみどめ）

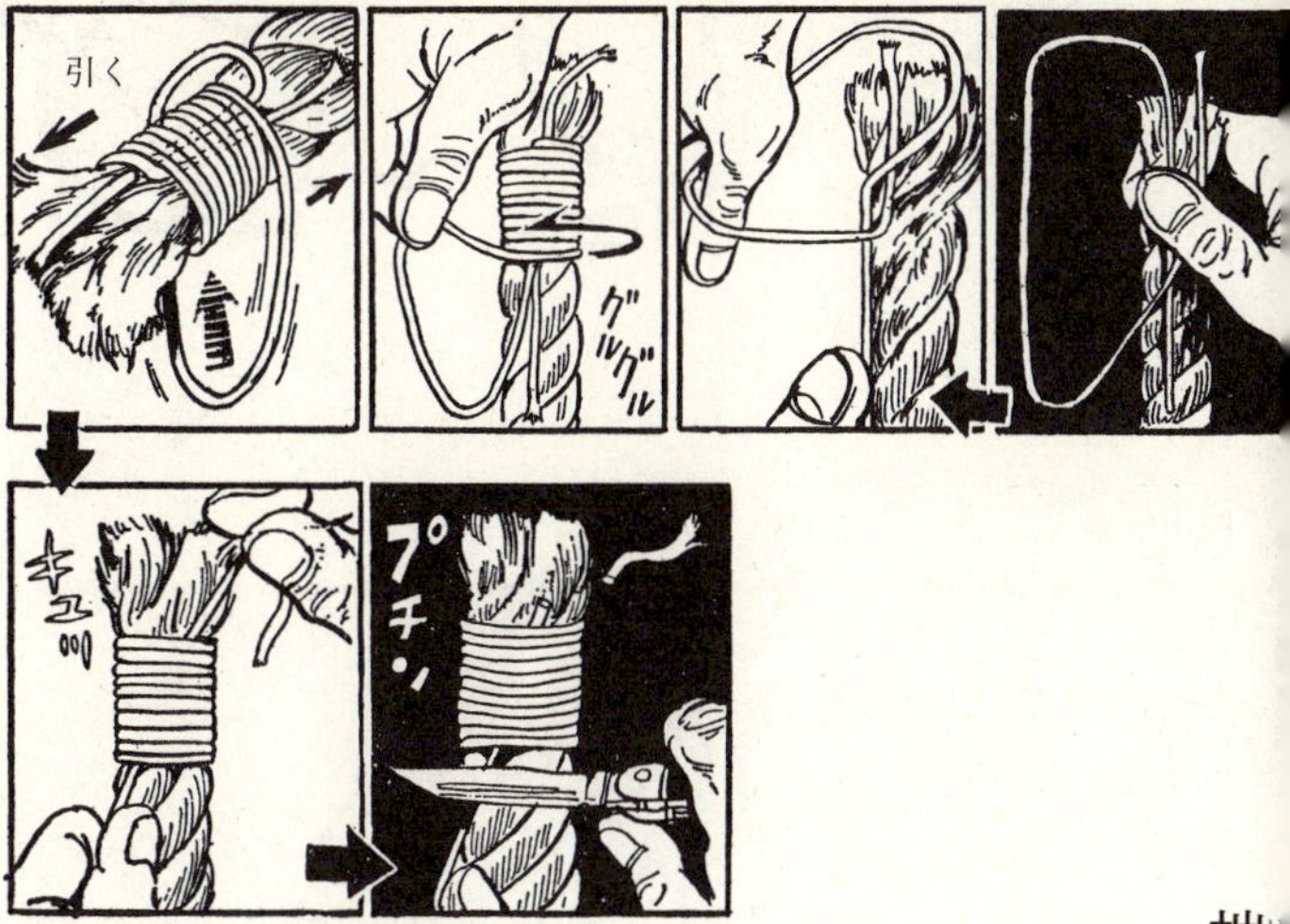

引く
グルグル
キュッ
プチン

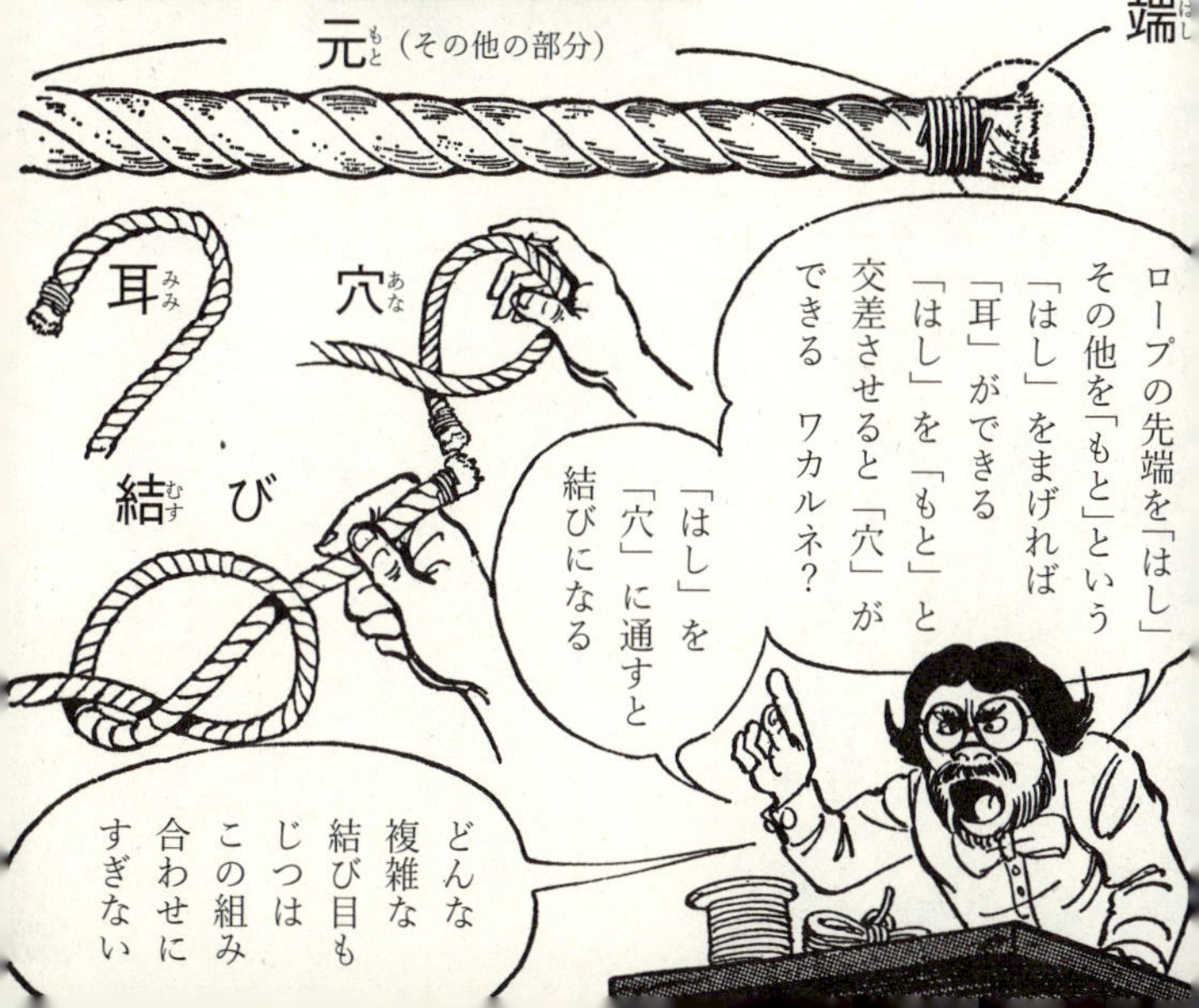

元《もと》（その他の部分）
端《はし》
耳《みみ》
穴《あな》
結《むす》び
ロープの先端を「はし」その他を「もと」という「はし」をまげれば「耳」ができる「はし」を「もと」と交差させると「穴」ができる　ワカルネ？
「はし」を「穴」に通すと結びになる
どんな複雑な結び目もじつはこの組み合わせにすぎない

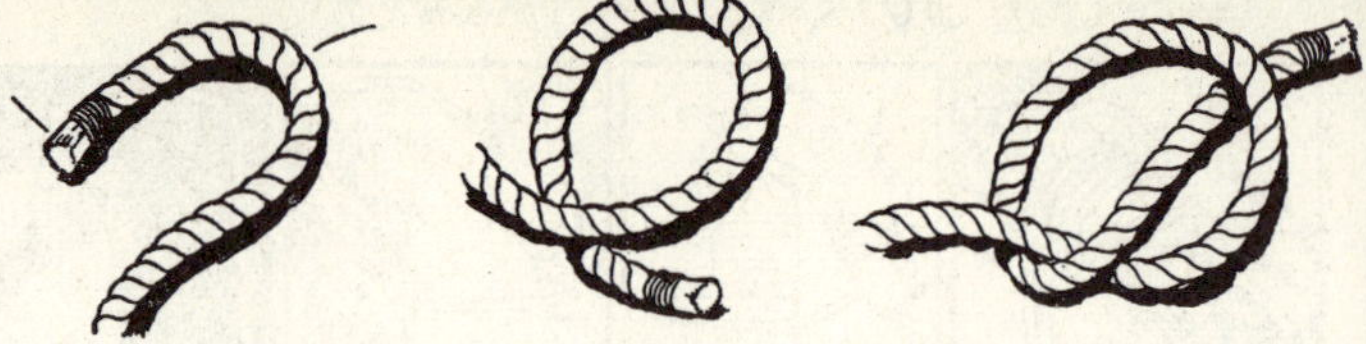

よろしいかな？
「端」「元」「耳」「穴」「結び」
この五ツよーくおぼえたかな？
キャンパー、ハイカーほど
ロープの結びを
よく知らねば
ならぬ。
ビコーズ！

いや、なぜならば
家をつくる、小屋をつくる
テントを張る、舟をつなぐ、
荷物をつくる、すべてロープ
の結びにかかっとる！
人の命さえもじゃ！
そのいい例をちょっとお話し
しよう。下を読みたまえ！

数年前になるが、こんな話を聞いたことがある。遠足で信州にでかけた小学生が崖から落ちてしまった。さあたいへんとかけつけた先生が声をかけてみると、幸いなことにたいしたケガはしていないらしい。さっそくロープを投げて引きあげようとしたのだが、途中で子どもの力がつきてロープを放してしまい、こんどは大ケガをしたという。

あわてたためであろうが、まったくドジな先生である。もし、つぎのページにある「もやい結び」で輪をつくってからロープを渡せばこんな事故はけっして起こらなかったはずである。これは、こうしたちょっとした知識がいざというときにどれだけ役に立つかというよい例である。

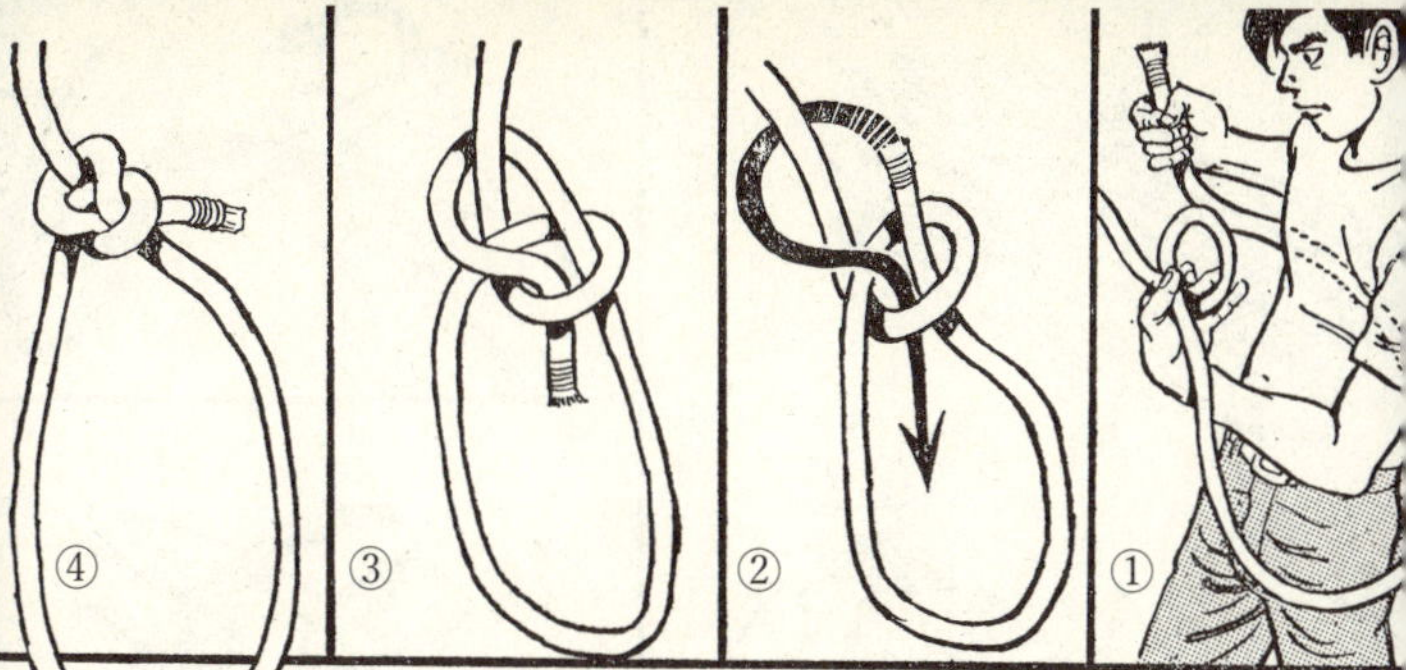

① 腰にしっかり結びつけるには、まずロープの「端」を体にまきしたところを左手で「穴」をつくる「端」と「元」が交差

② 右手で腰をひとまわりしたロープの「端」を「穴」に入れる

③ 「端」は「穴」の下方の「元」を下からくぐり、もとの「穴」へもういちどかえってくる

④ 強くひきしぼればぜったいにほどけない、火事、登山、水難救助用

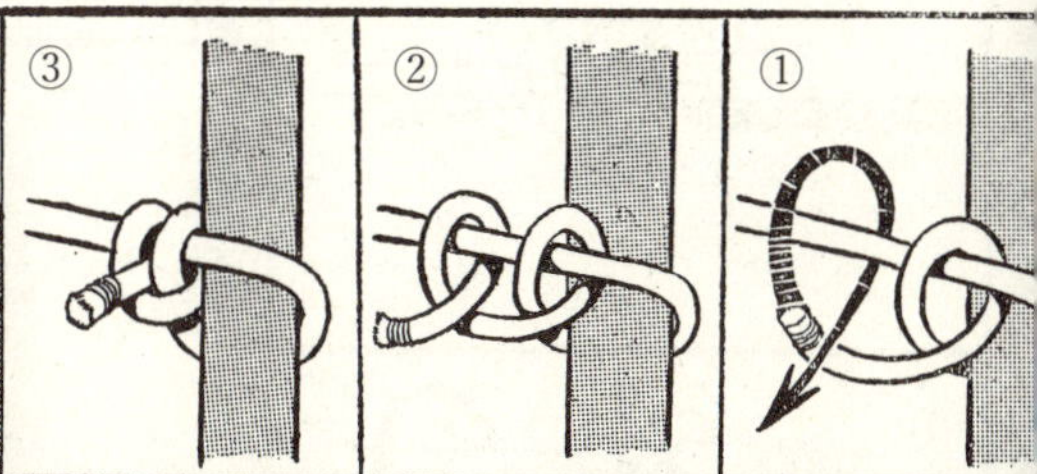

① まずロープの「端」をくいにひとまきし、「端」を「元」にまきつけ、「穴」に上から下に通す

② もういちどくりかえす

③ 簡単にゆるめることができて便利

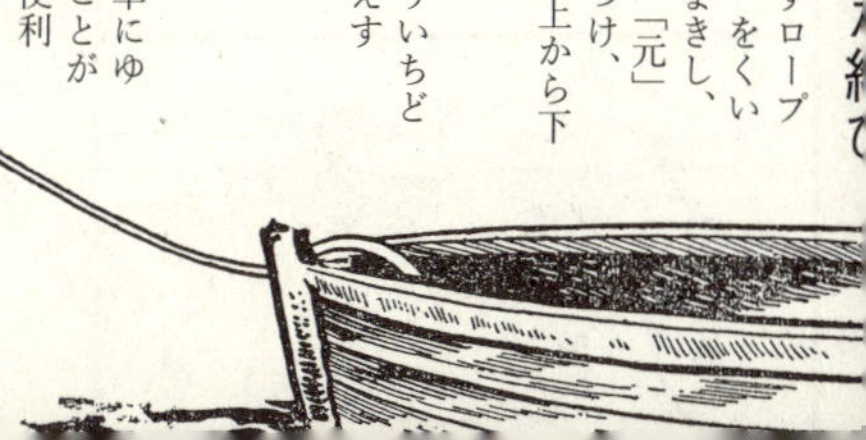

本結び

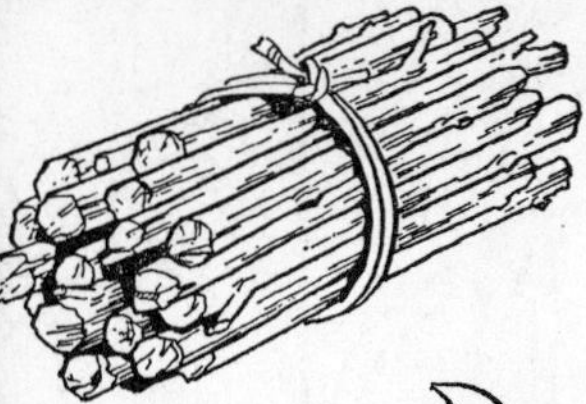

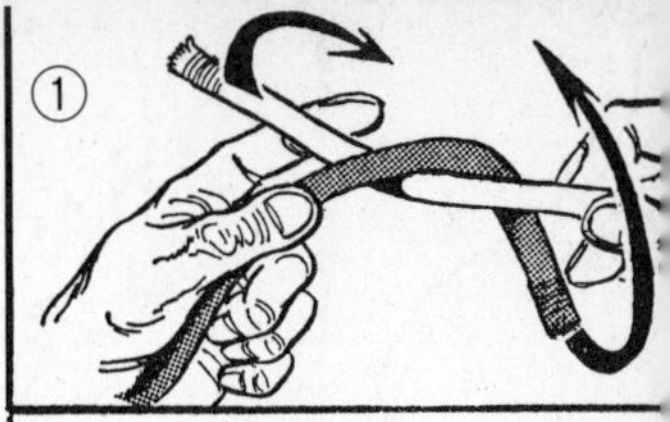
①

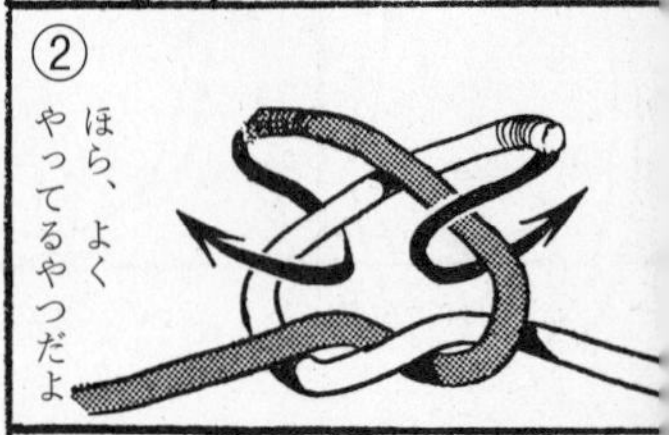
②
ほら、よくやってるやつだよ

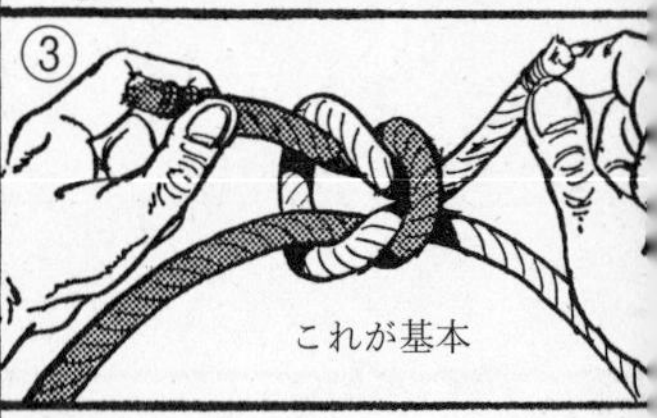
③
これが基本

漁師結び

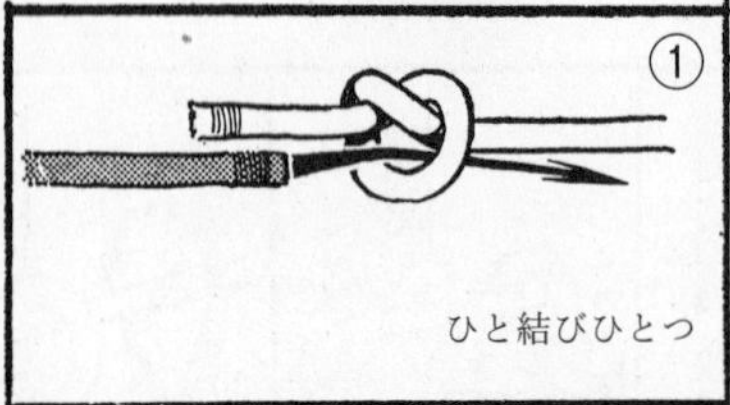
①
ひと結びひとつ

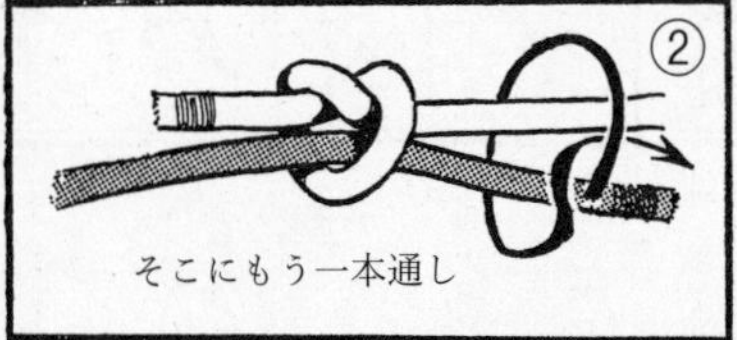
②
そこにもう一本通し

③
おなじ結びを
もうひとつ
ぎゃくにつくるわけ

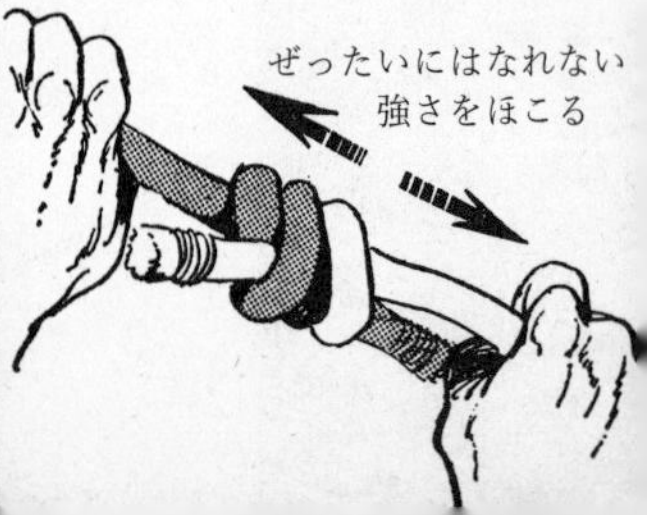
ぜったいにはなれない
強さをほこる

ひとえつぎ

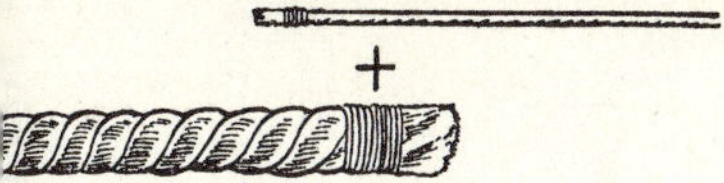

細いロープと太いロープ

太いロープで耳をつくり
細いロープを耳に通し
細いロープの元の下を
くぐらせる

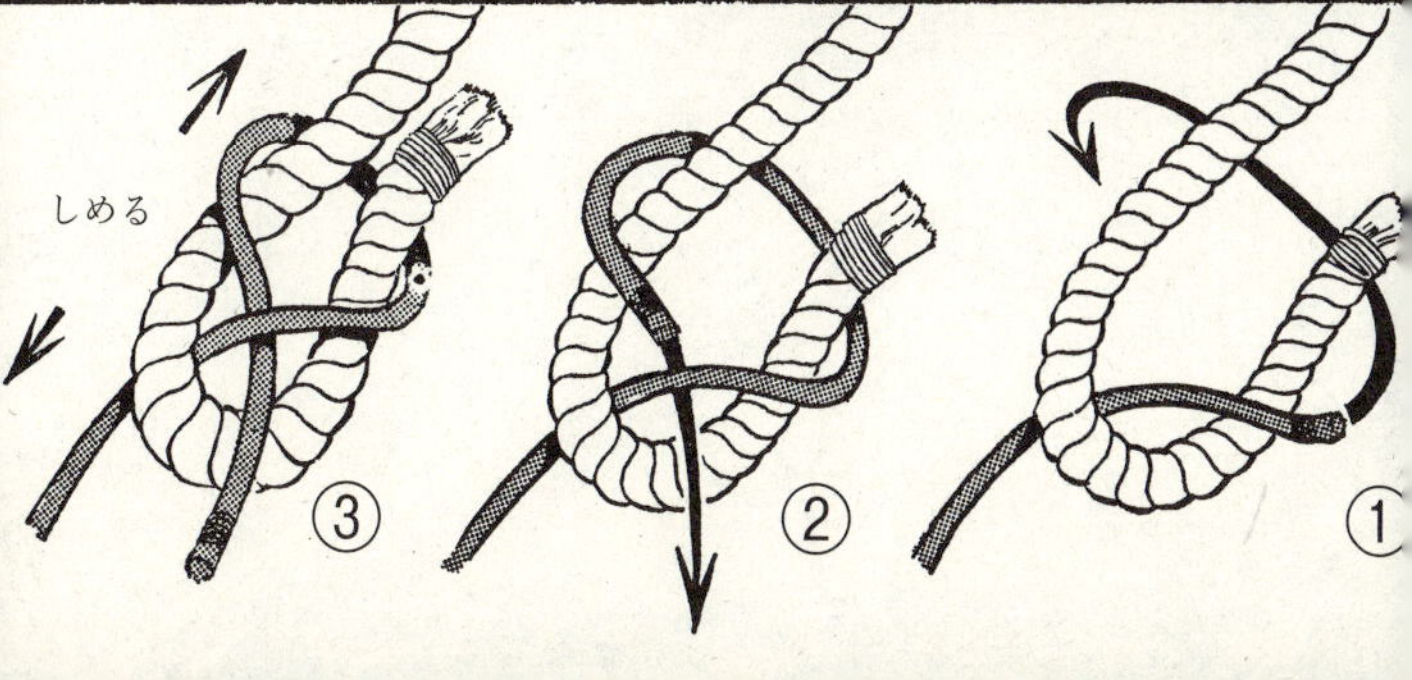

①
②
③
逆方向の場合

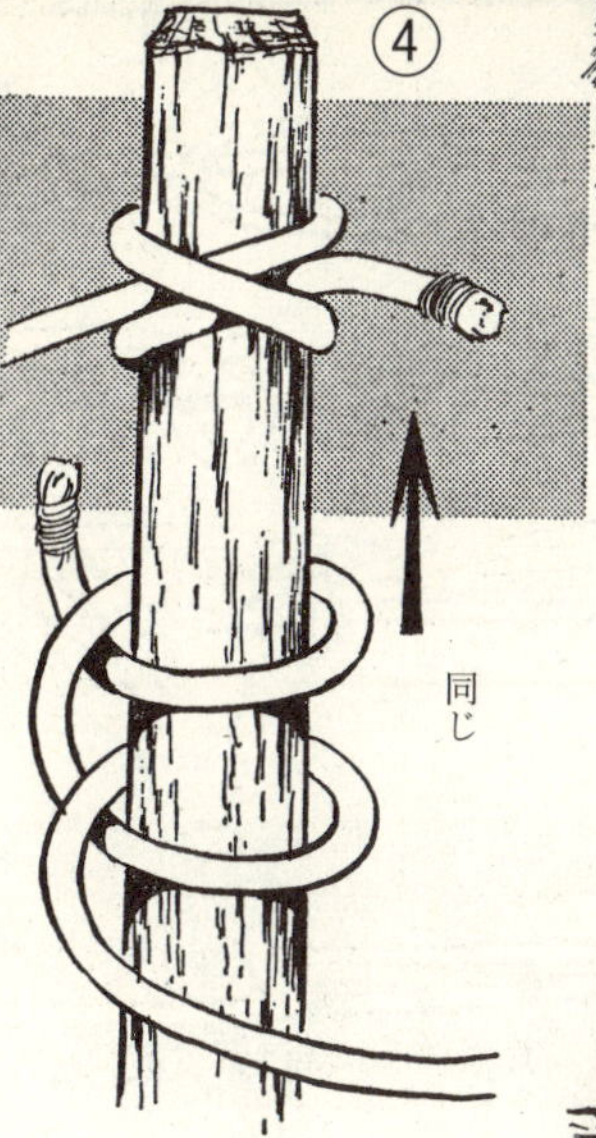

巻き結び

開拓作業にもっとも大切な結び方である。柱や材木を組んでしばるときには、しばりはじめとおわりにたいていこの結び方をする

ちぢめ結び

長いロープを切らずに

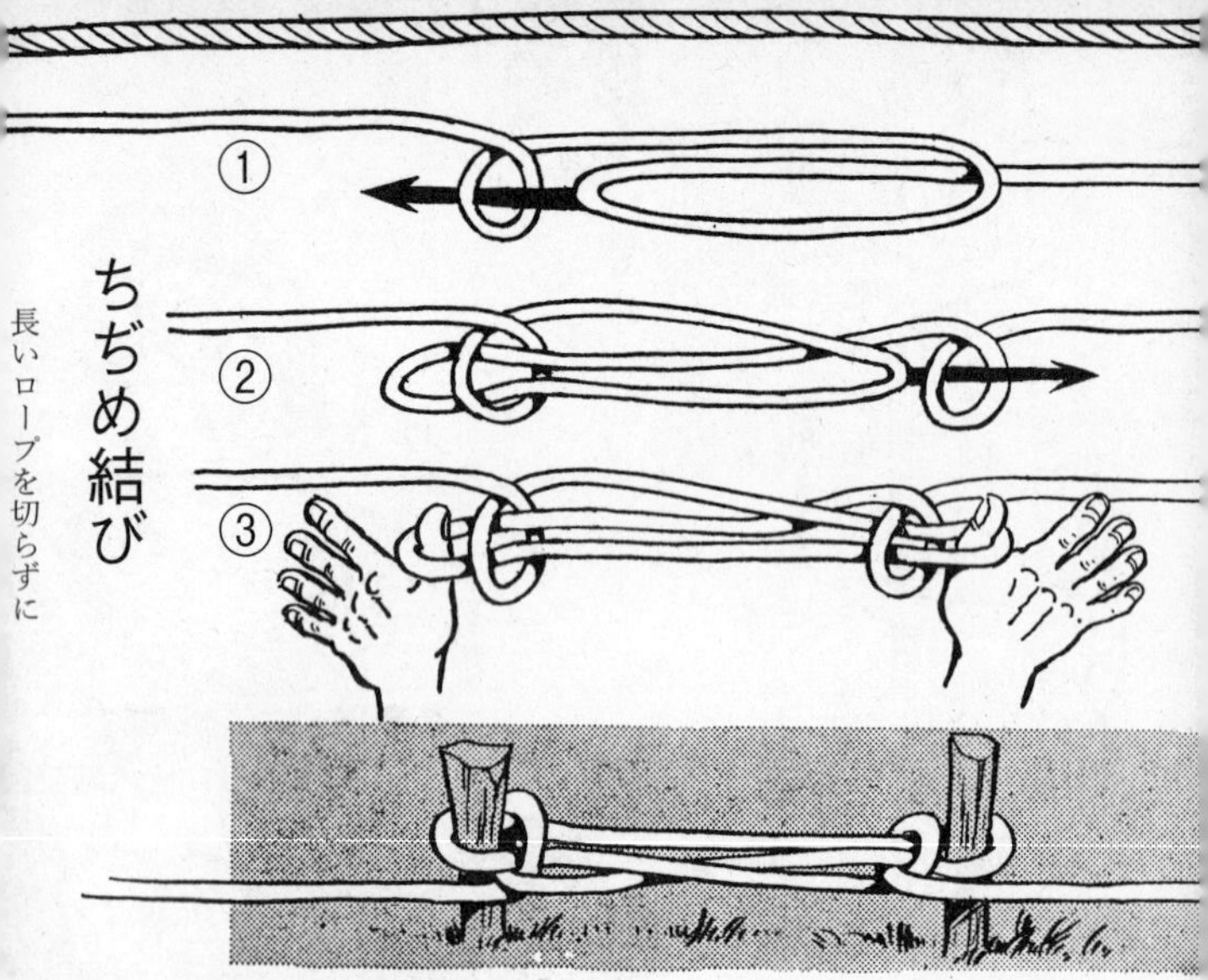
①
②
③

ロープのしまい方

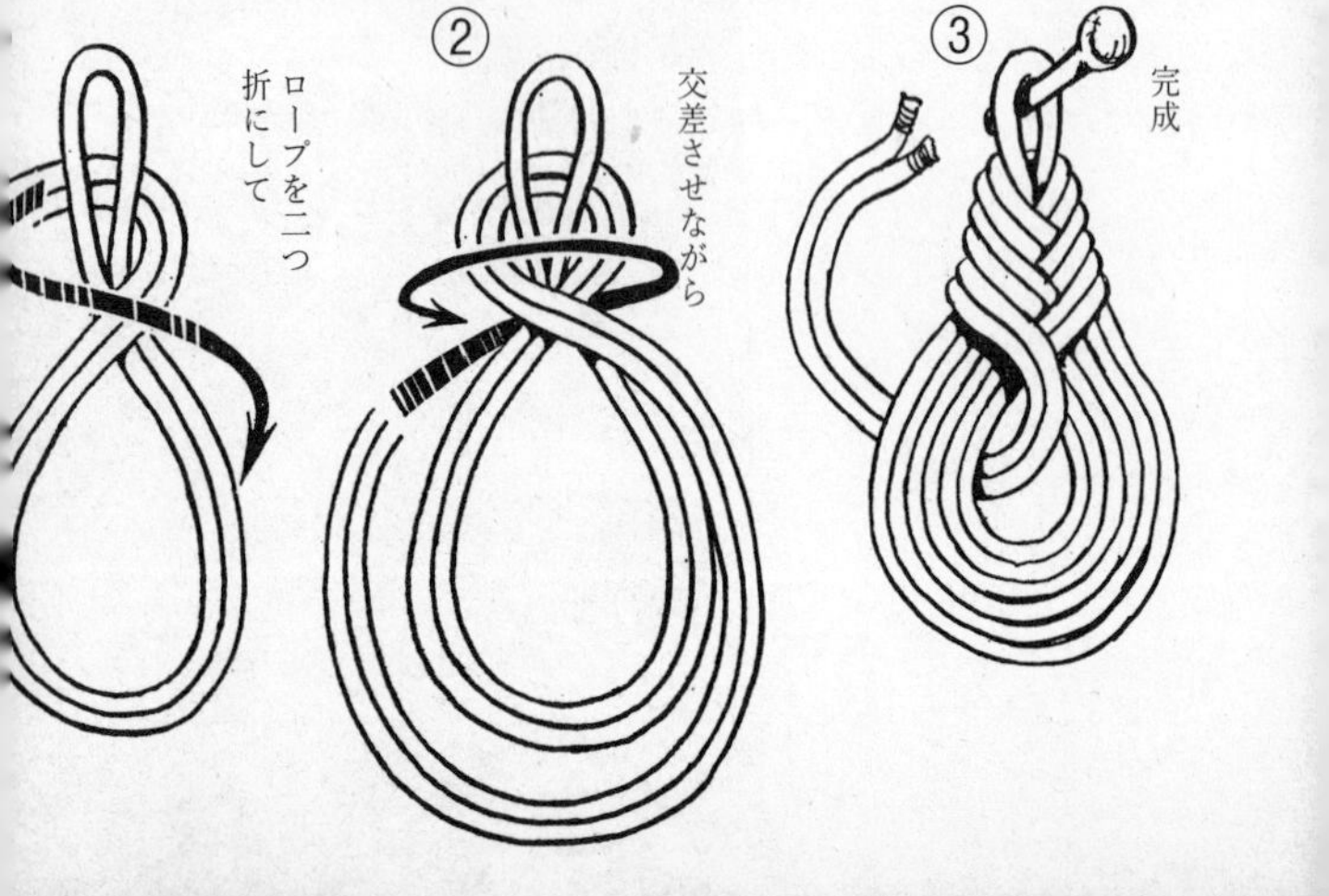
ロープを二つ折にして
②
交差させながら
③
完成

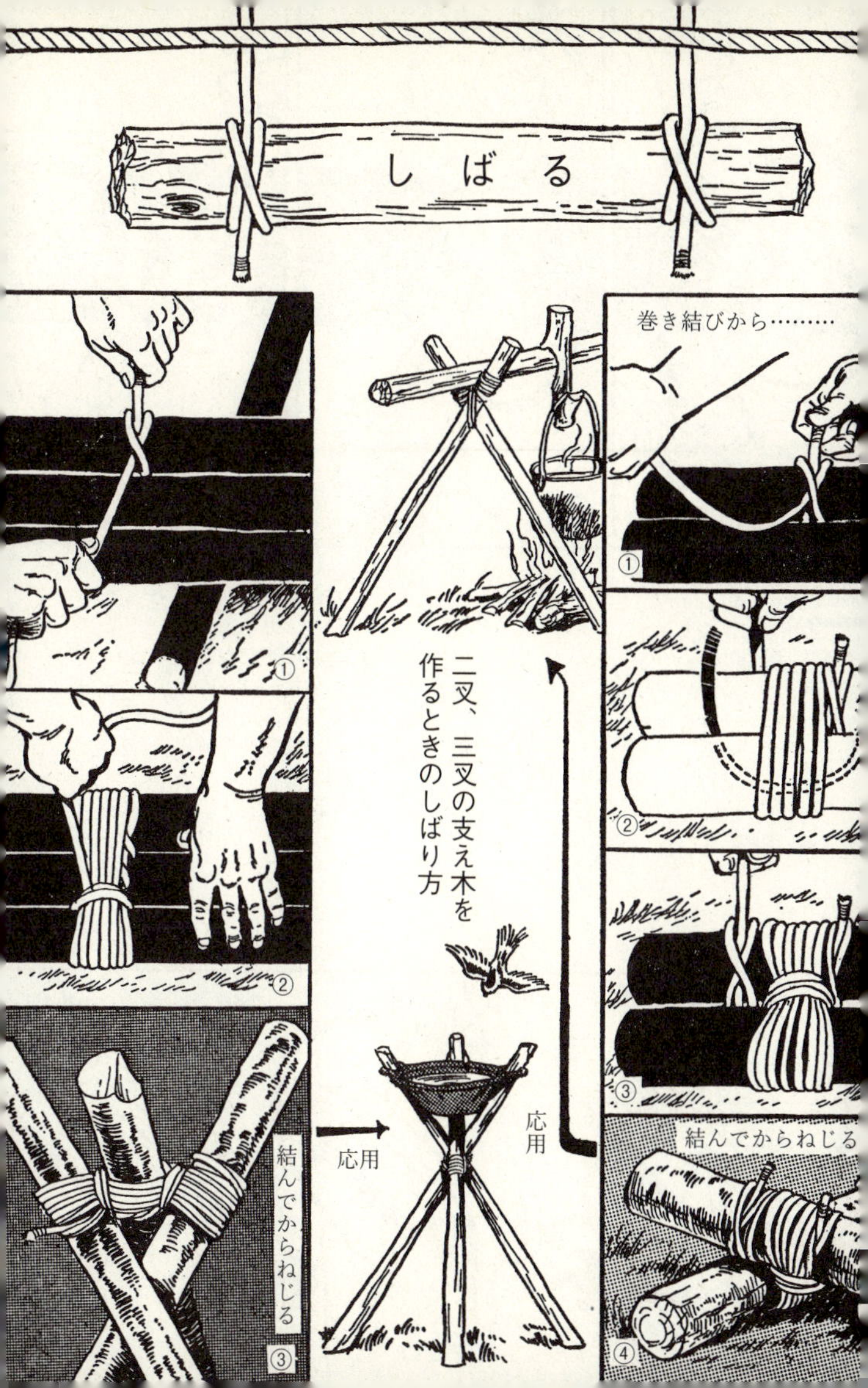
しばる
①
②
結んでからねじる
③
二叉、三叉の支え木を作るときのしばり方
応用
応用
巻き結びから………
①
②
③
結んでからねじる
④

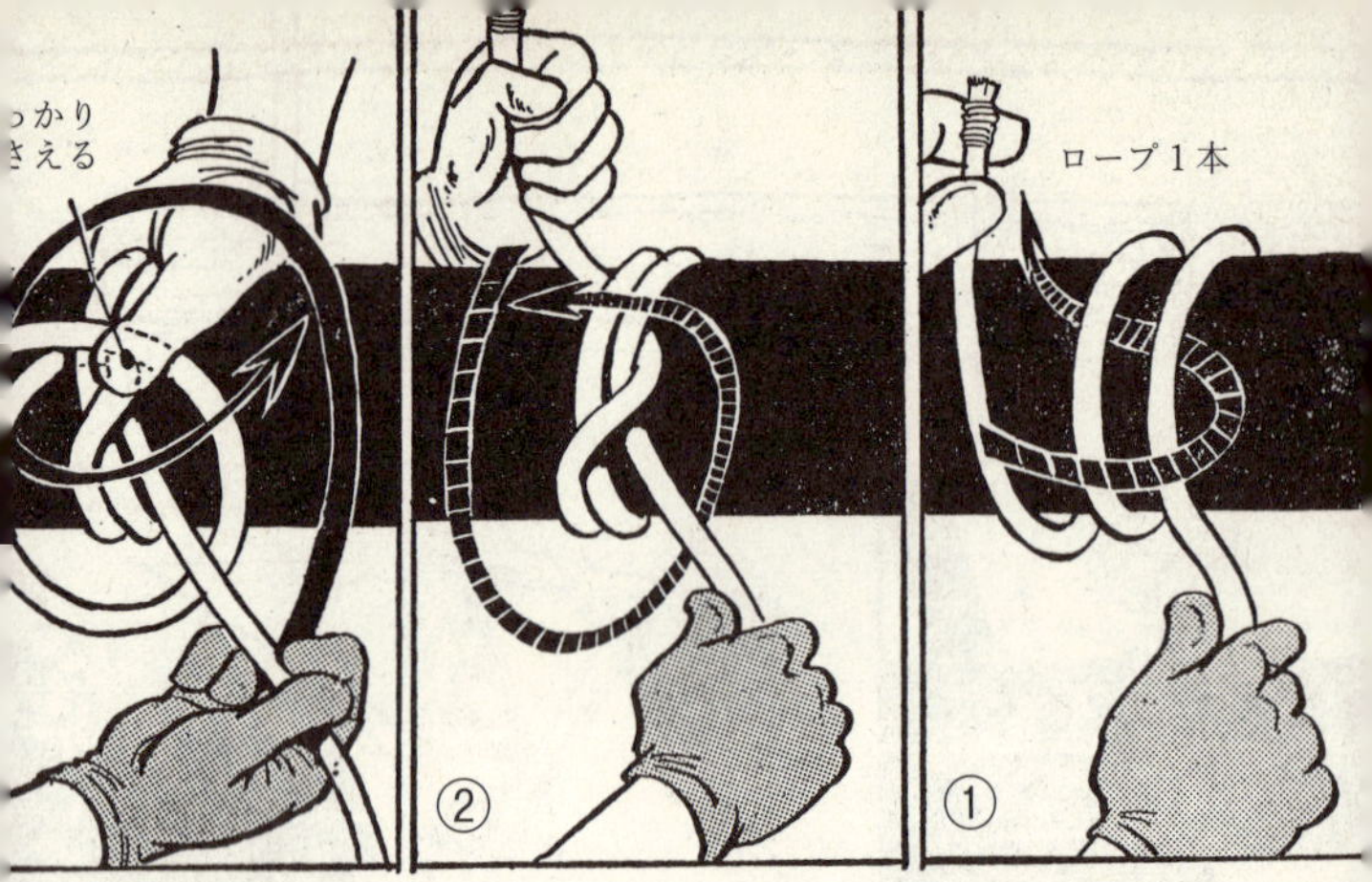

かきね結び

荷造りに便利な結び方で日本独特の結び方といわれている。垣根をとめるとき、橋をつくるとき、材木などをくくるときによく使う。

小包、引越し荷物などをしばるときは、角でしばりつけるとよくしまる。

あぶみしばり

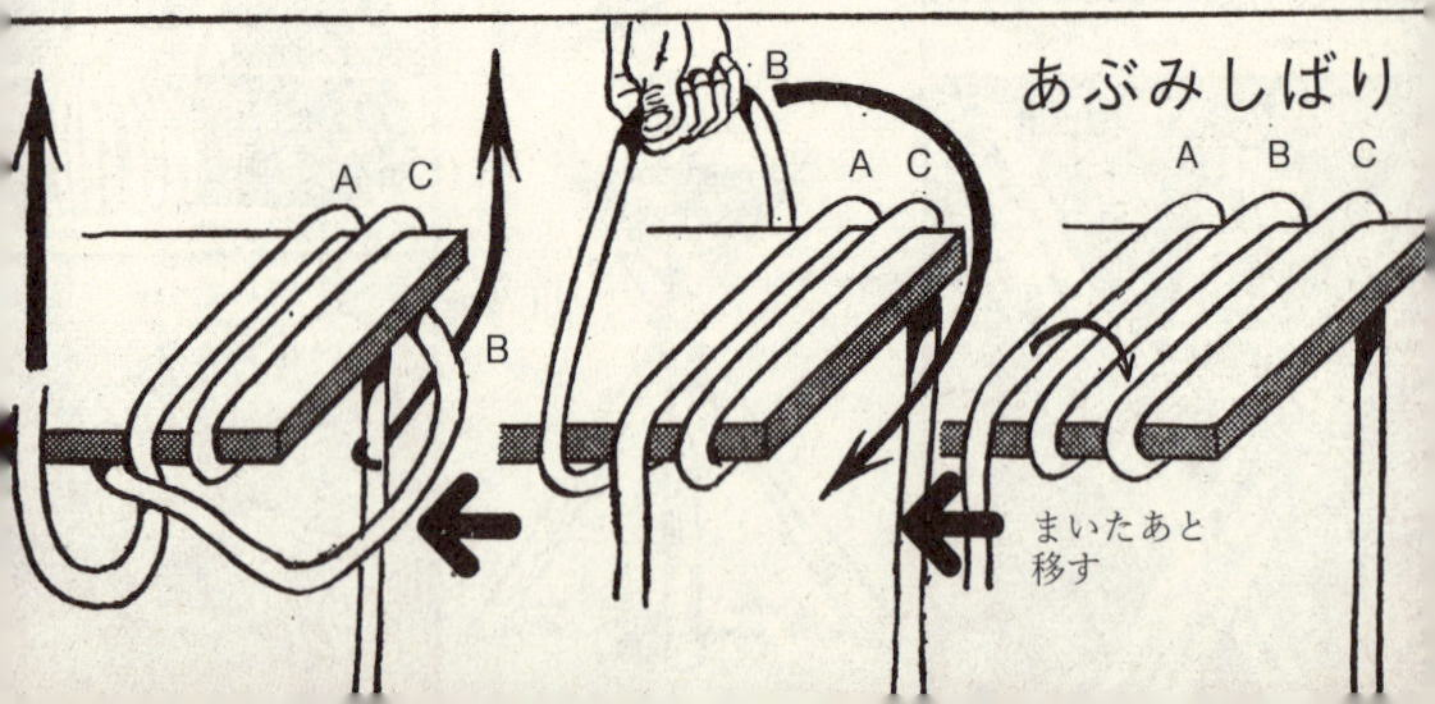

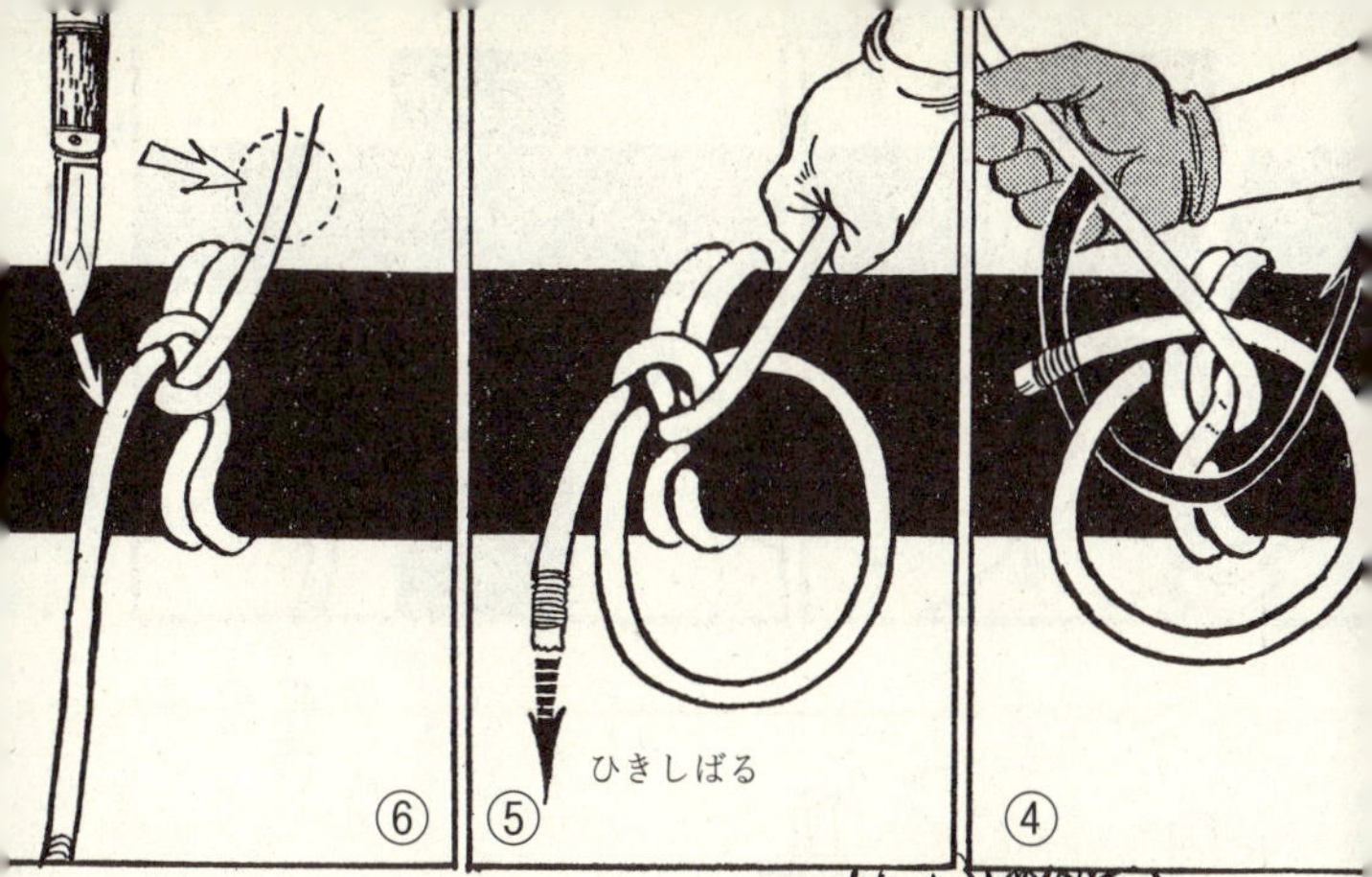

「もやい結び」にしてとめれば、ブランコやしゃれた棚づくりができる

十字架しばり

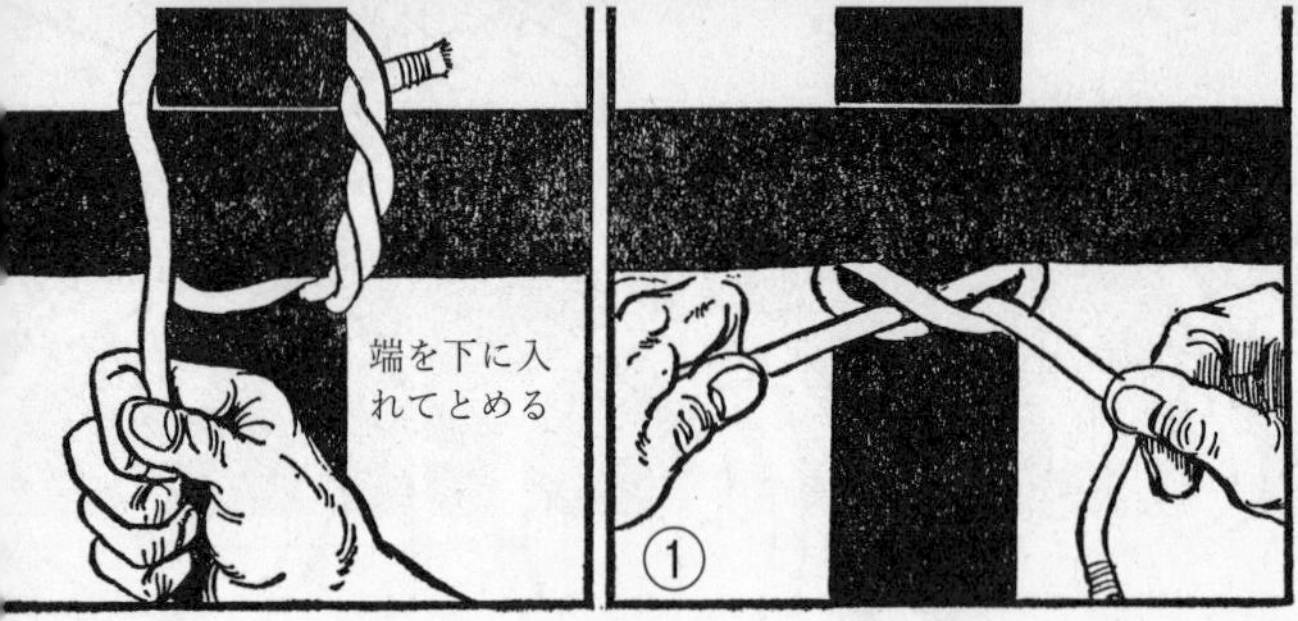
①
端を下に入れてとめる

このテクニックを駆使して豪華版のすみかをつくるようフントウドリョクセヨ

床しばり

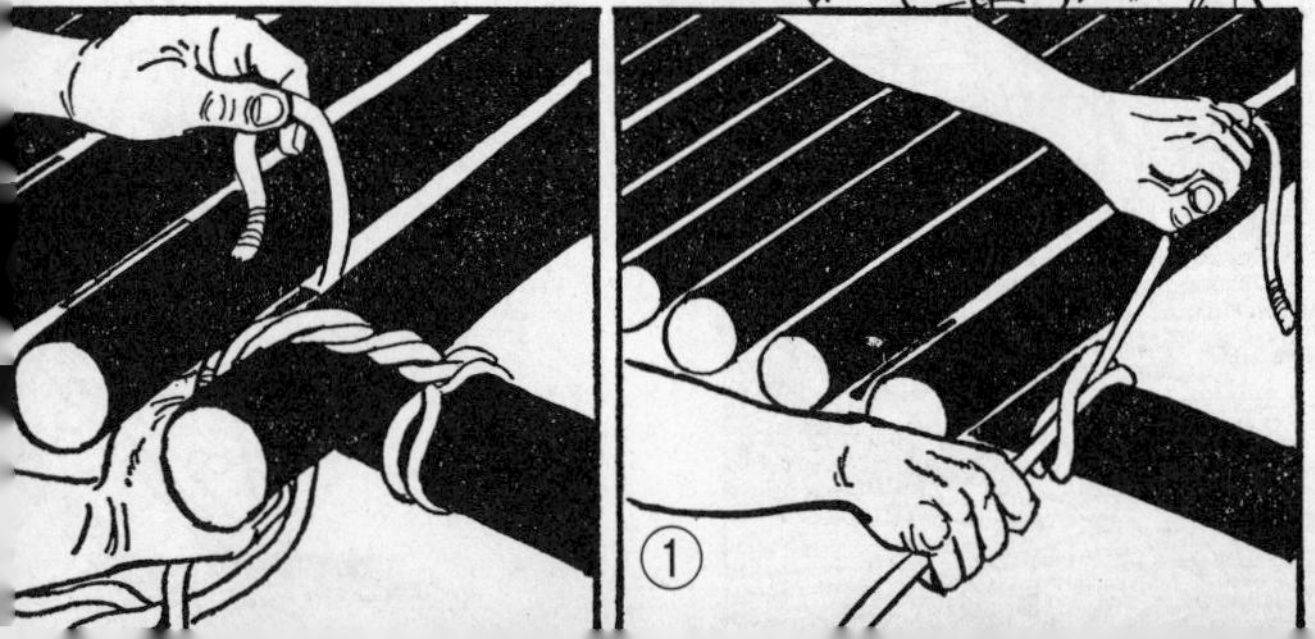
①

③
外側に巻い
ていく。
④
⑤
おっ！ 次のページからうまそうな匂いがするゾ
③
④

調理台
ロウソクたて
テントの補強
三角テーブル
トイレは次のページだよ……
あっ！便所つくるのわすれた

キャンプを楽しくさせる道具作り

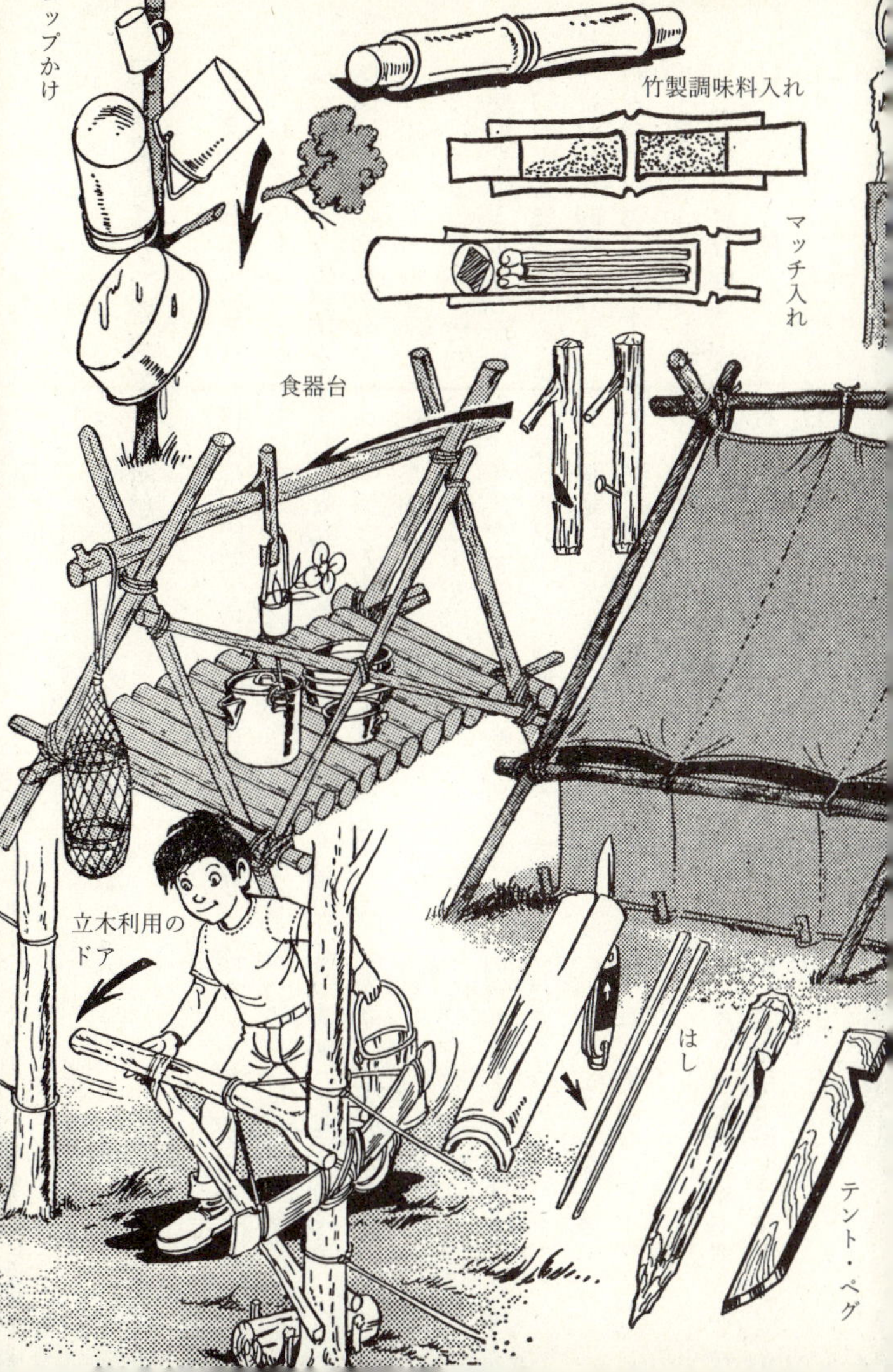
コップかけ
竹製調味料入れ
マッチ入れ
食器台
立木利用のドア
はし
テント・ペグ

「十字架しばり」で安全な便所が作れる

アラビア遊牧民のテント村には、便所というものがいっさいなく、かといってフンのあとはどこにもないという。どうしてだろう。答えは意外なところにある。スカラベ・サクレ（糞《ふん》ころがし）という虫が用をすましたとたんにやってきて、遠くへ運び土中に埋めてしまうからだ。住民は、このサバクの清掃係を「聖なる虫」として神聖視している。当然のことだ。こんな便利な虫がいたらわが家にも飼っておきたいくらいである。

ところが残念なことに、日本にはこの虫はいない。そこで、キャンプ生活をはじめたら、まず便所を作るよう心がけよう。イヌやネコでも土をかけておくくらいの跡始末をする。まして万物の霊長であるきみなら、左ページくらいの便所を作っておかなければならない。

目的が目的なだけに、丈夫な構造にしておかなければならないことはいうまでもない。木の組み合わせには、「十字架しばり」のテクニックを使えばよい。共同生活ならまわりにシーツでも張っておけばよいだろう。音とにおいは防げないが。

紙がない場合には、広葉樹やクズの葉で十分に代用できる。また、竹ベラやナワでも慣れれば、けっこう使えるものである。もっとも、アラビア遊牧民は、水でぬらした手と砂ですませるし、イヌイットはひりっぱなしだというが。

便所を作る

ドラムカンで作るイカダ

ドラムカンと丸太を組み合わせて手製のイカダを作ろう！ ここでおぼえた結びのテクニックをフルに使えば、クギやカナヅチは一切必要ない。

ドラムカン一本につきひとりは乗れる。このイカダなら十人はＯＫ

スタイルはきみの自由に。

さあ、大海原へ！

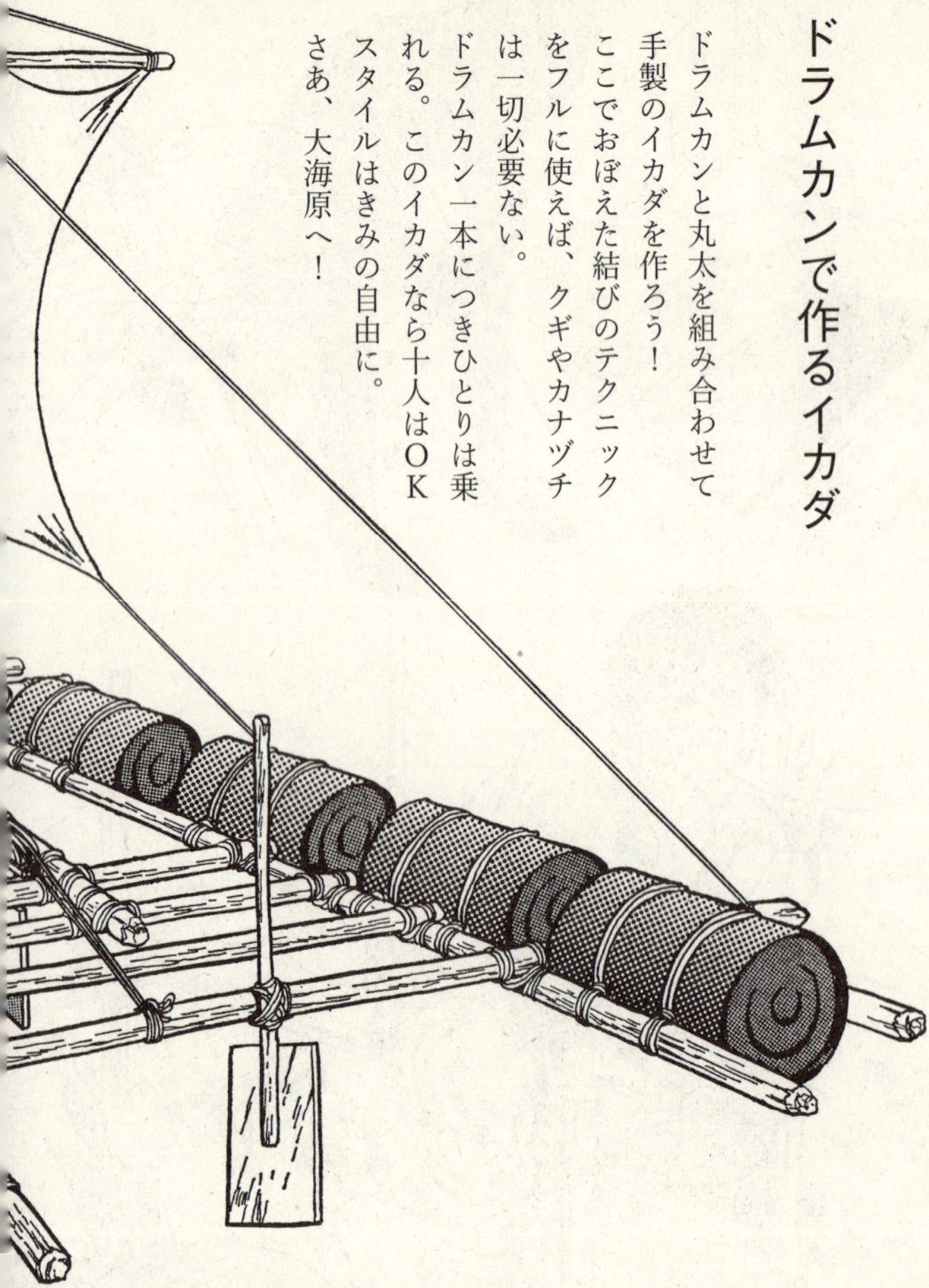

橋を作る

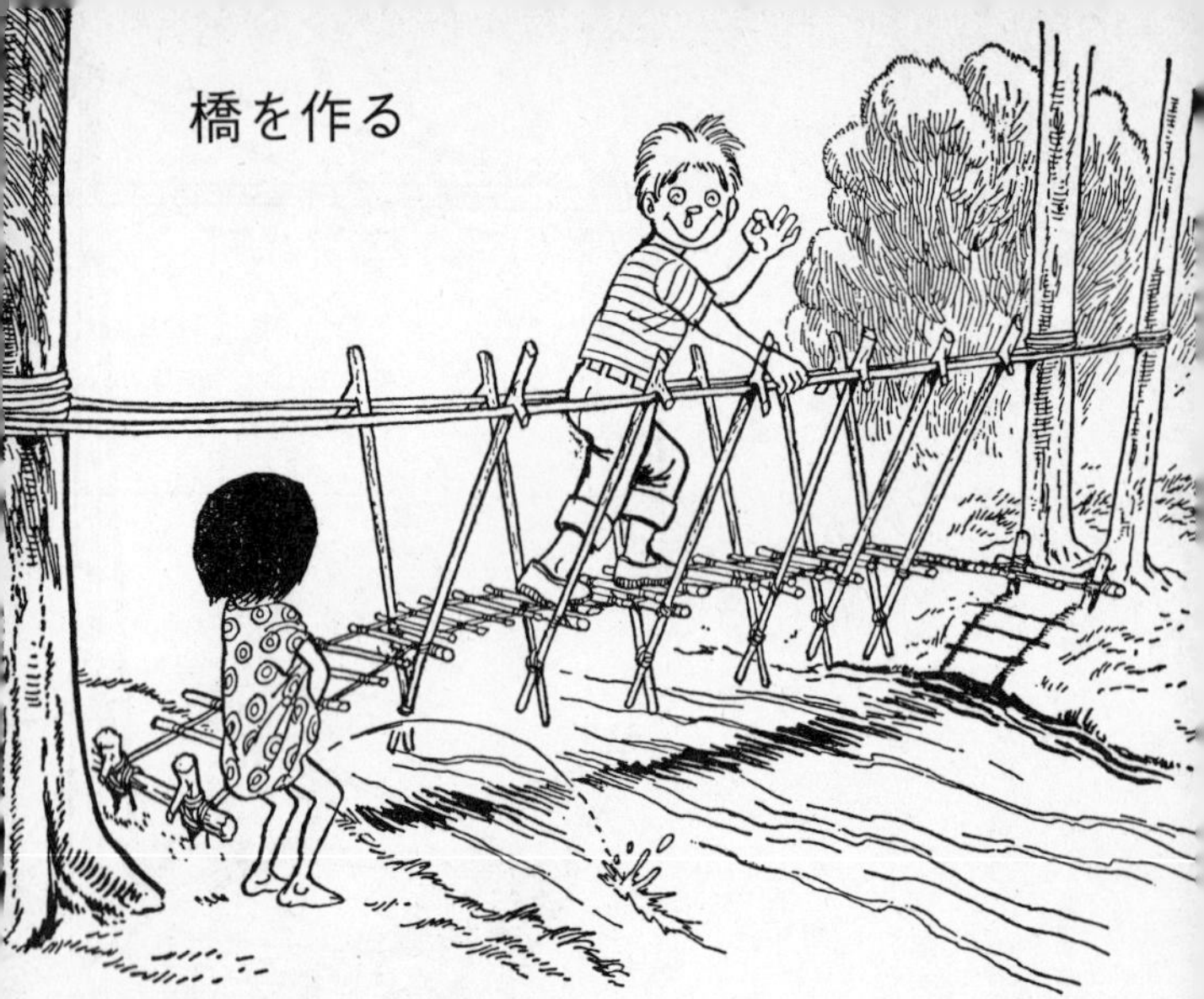

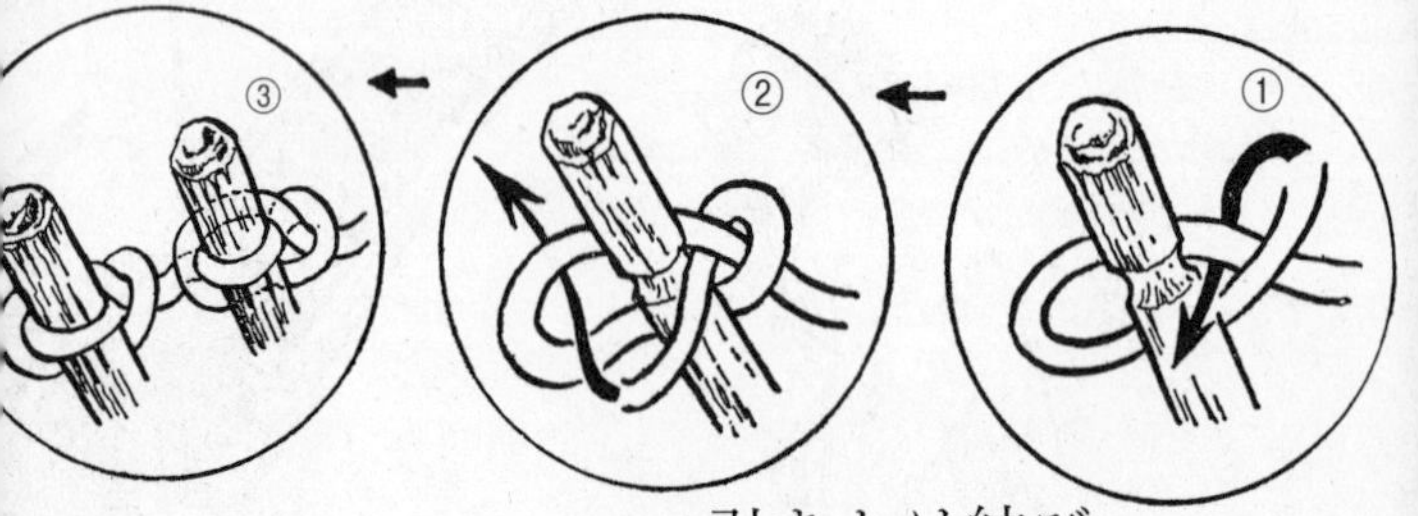
③
②
①

引きとけ結び

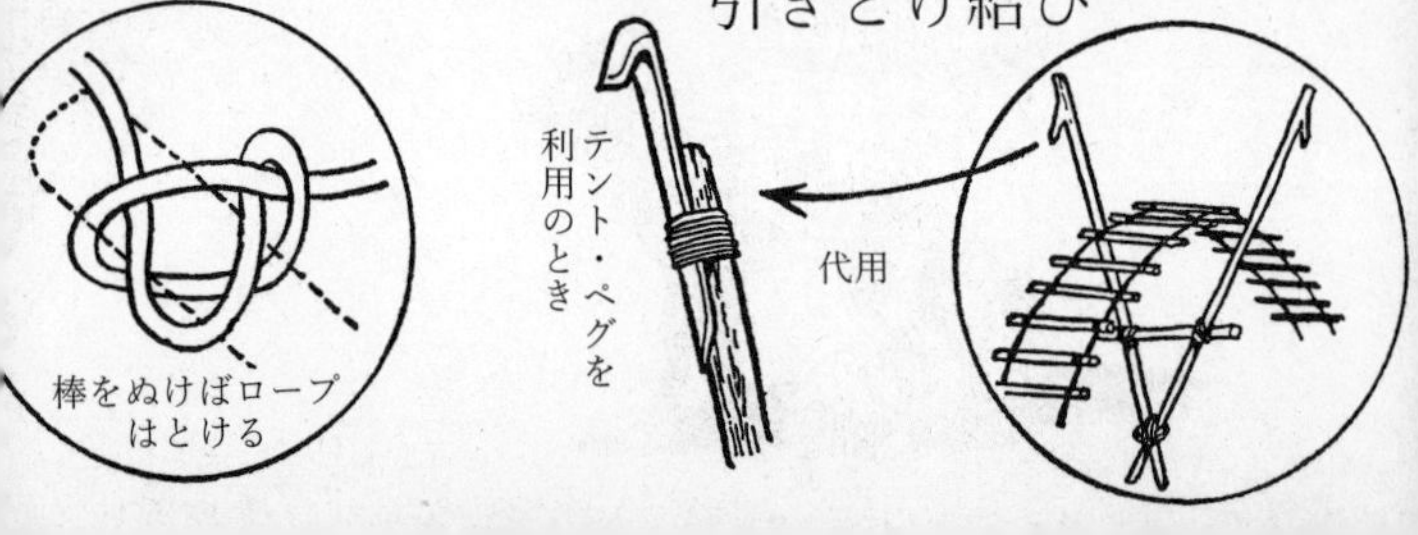
棒をぬけばロープ
はとける
テント・ペグを
利用のとき
代用

8 歩く

「歩く」のは、人間が物でない証拠である

いつかは、人間がまったく歩かなくなる日がくるだろうか。

SF小説などにあらわれる未来都市に「動く歩道」というのがある。エスカレーターをたいらにのばしたようなやつで、そこに乗っていさえすれば道のほうが動いて、きみを目的地まで運んでくれるのだ。これのミニチュアみたいなものは、東京・新宿のあるデパートの入口にもある。おもしろいことに、そこで見ていると、ほとんどの人がその上にじっと立ってなんかいない。動く歩道の上を、さらに自分の足で歩いているのだ。

こういう人たちは、何分の一秒でも早く目的の場所につきたくてそんなことをするのだろうか。そういう心理もあるにちがいないが、やはり「動く歩道」などというものは、人間の本性とどこかでくいちがっていると考えたほうが自然だと思う。賭けてもいいが、未来都市だろうと、全面的に「動く歩道」が張りめぐらされることなどないだろう。

人間がA地点からB地点へ移動するためにだけ歩くのだとしたら、散歩からはじまって遠足、山歩き、登山などというものが、広く人間の心をとらえるはずはない。

物理学で慣性の法則というのがある。静止している物体はいつまでもそこにとどまりたがり、ひとたび動きだしたらいつまでも動きつづけたがる性質があるということだ。つまり「はず

み」というやつだ。現代がいくらモノグサに なっているとはいえ、デーンとすわりこんだまま一歩たりとも自分の足で動かなくなってしまったら、人間を研究するのに心理学も生理学もいらなくなる。つまり、物理学だけに支配される「物体」そのものになってしまうということだ。

さいわい、ぼくたちはまだまだ歩かねばならない。エスカレーターや「動く歩道」に乗るにしても、最初の一歩は、やはり自分で踏み出さねばならない。ある評論家が、エスカレーターに乗ってさえ自分の足でステップをあがる人がいるのは、時間に追われつづける現代人の病的な反応だといったが、ぼくはそうは思わない。人間が「物体」ではない証拠のひとつなのだ。無論、きみは物体ではない。

さあ、もっと積極的に歩こう！

長道中は、内またで歩くと疲れない

二〇〇キロを十五時間で走る。といってもこれは私の経験談ではない。〝偉大なハイカー〟とよばれたアメリカインディアン、ホピ族の若者の記録である。疲労度も少なく、音もたてないといわれている彼らの歩きかたの秘密は、どこにあるのだろうか。

ためしにはだしで歩いてみよう。無意識のうちに内またになっているのに気づくはずだ。人間の足は、つま先がやや内向きのときに自由な状態でヒザの関節を十分に使うことができるからである。インディアン・スライドとよばれる彼らの歩きかたも、じつは内また的なのだ。ＷＡＬＫ《ウォーク》でなくてＳＬＩＤＥ《スライド》といわれるゆえんは、足だけで歩くのではなくて腰と腹筋を使うからである。つまり、右足を出すときは右腰を前に出し、左足を出すときには左腰を出すというふうに腰を入れて歩くわけだ。上体をこころもち前かがみにして、かかとから軽く足をおろし、つま先でけってすべるように前進すればよいのである。

インディアン・スライドをマスターしても、途中の休憩はやはり重要だ。休憩にも一定のリズムがたいせつで、ダラダラと休んでいると、足の筋肉がかたまって歩きだすのにひと苦労ということになる。約三十分ごとに三分から五分の休憩をとるのが理想的で、できれば岩や切り株に両足をのせて、血のめぐりをよくするように、こころがけよう。

さて、都会を歩くときに一定のルールがあるように、山や野原を歩くときも安全のためのいくつかのルールがある。一言でいうなら「足もとに注意！」ということである。舗装された道ではないから、木の切り株や岩がゴロゴロしている。ほんの冗談のつもりで岩の上をぴょんぴょん飛んでみたら、岩がころがって大ケガということがよくある。ころがっている障害物は、またいで通るようにこころがけよう。

また、どうしても川を渡らなければならないこともあるだろう。川底がコケでぬるぬるしていないか、足場はちゃんとあるか確かめてから川にはいることは当然だ。

アイヌにはベラモンコロという名まえを持つ人がいる。ベラモンコロというのは、急流を手をつないで渡る子どもたちの意味。数人で手をつなげば流される危険も少なくなる。昔の人の川渡りの知恵であった。ひとりのときは、川岸の木か岩にロープをしっかり結びつけ、それを握って川にはいること。万一急流に流されてしまっても、ロープをつたって岸にもどることができる。

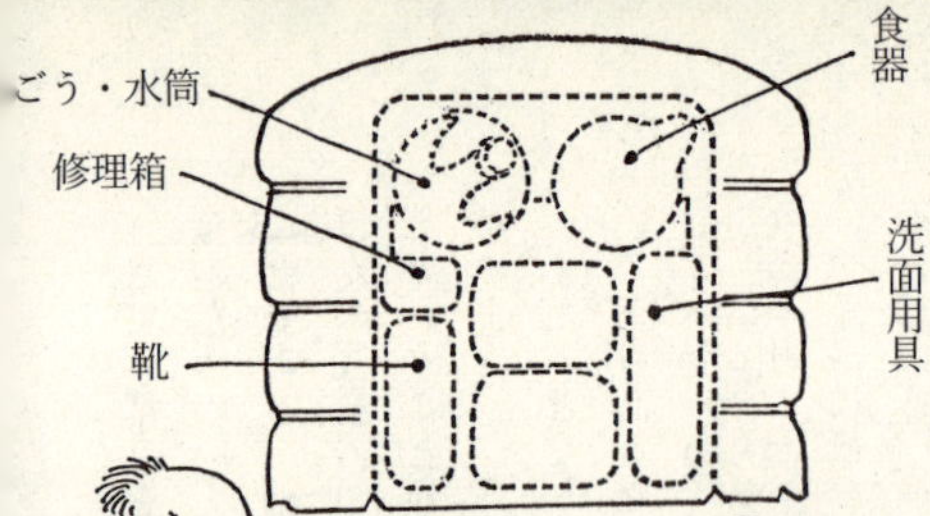

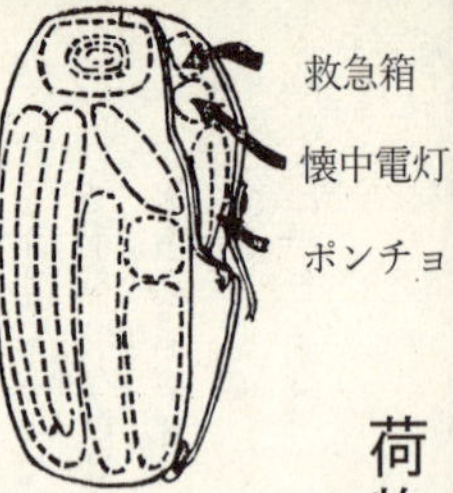

荷物のつめかた

リュックサックは体に密着させる

「歩く」といっても、手ぶらでのんびり散歩というわけではない。生きるための全財産を持って「歩く」のが、冒険の旅である。

ちょっと考えてみても必需品は多く、荷物がかさばることは明白だ。だが、そこでガッカリしていてもはじまらない。要はいかに快適に持ち運びできるように荷作りするかということである。この問題はボーイ・スカウトのとっている方法を学ぶことで解決できる。

荷物を種類ごとにわけて整理し、一袋につめてリュックサックにおさめるというやりかたである。こうすれば出し入れは便利だし、イザというとき、必要なものがどこかにまぎれ込んでしまって大あわてするという悲劇も

なくなる。

整理袋は、最近はナイロン製のものや、ジッパー付き、防水してあるものなど数多くそろっているが、日本手ぬぐいを二つ折りにしてぬいつけ、ヒモを通してしめるような形の袋を作ってもよい。整理袋はつねに同じ配置でリュックサックに入れ、中の品名をサインペンなどで記入しておくとわかりやすい。出発まえの荷物の点検も、忘れてはならないことである。リュックサックの背負いかたは、体にピッタリ密着させるのがコツ。自分の背なかの一部のように少しの違和感も感じないで背負えたら合格である。そのためには、荷物と荷物のあいだにすきまができないようにすること。また、背なかにあたる部分には、毛布などのようなやわらかいものを入れればよいのである。

汗は靴ずれの原因になる

快適に歩くためにはよい靴が必要だ。あたりまえのことだが、これがすべての基本である。しなやかな底で、自分の素足の形にフィットし、多少余裕のあるものがよい。とくに、つま先に十分の余裕が必要で、ふだんのサイズより一〜二センチくらい大きめのものを選ぶのが賢明。長時間の歩行のため足が充血してふくらむのと、厚手の靴下をはくからである。

同じようにたいせつなのが、足の健康。ちょっとしたハイキングでも、マメができた足をひきずって歩くのでは興ざめだ。靴ずれの大敵はなんといっても水分。湿りけは足にシワをつくるので、そのシワが歩くことによって刺激を受けて痛むのである。

靴ずれ対策のポイントは、足と靴をつねに乾いた状態に保つこと。外部からの水はもちろんのこと、汗をかいたら歩行中でもそのつど、靴下をとりかえるくらいの細心さがほしいものだ。道の途中で川や池を見つけたら、冷たい水で足を洗うのもさわやかなものである。そんなときは、よくふいて完全に乾燥させてから靴をはくこと。ただし長いこと水につけておくと逆効果。かえって疲労を増すから注意。足の皮がデリケートな人は、出発前夜、アルコールと塩の溶液やみょうばん水に足をひたしてから寝るとよい。足の皮が硬くなり、靴ずれしにくくなるわけだ。傷ついて泣くまえにまず自分の足を武装せよ。これが鉄則である。

足の疲れをとる方法

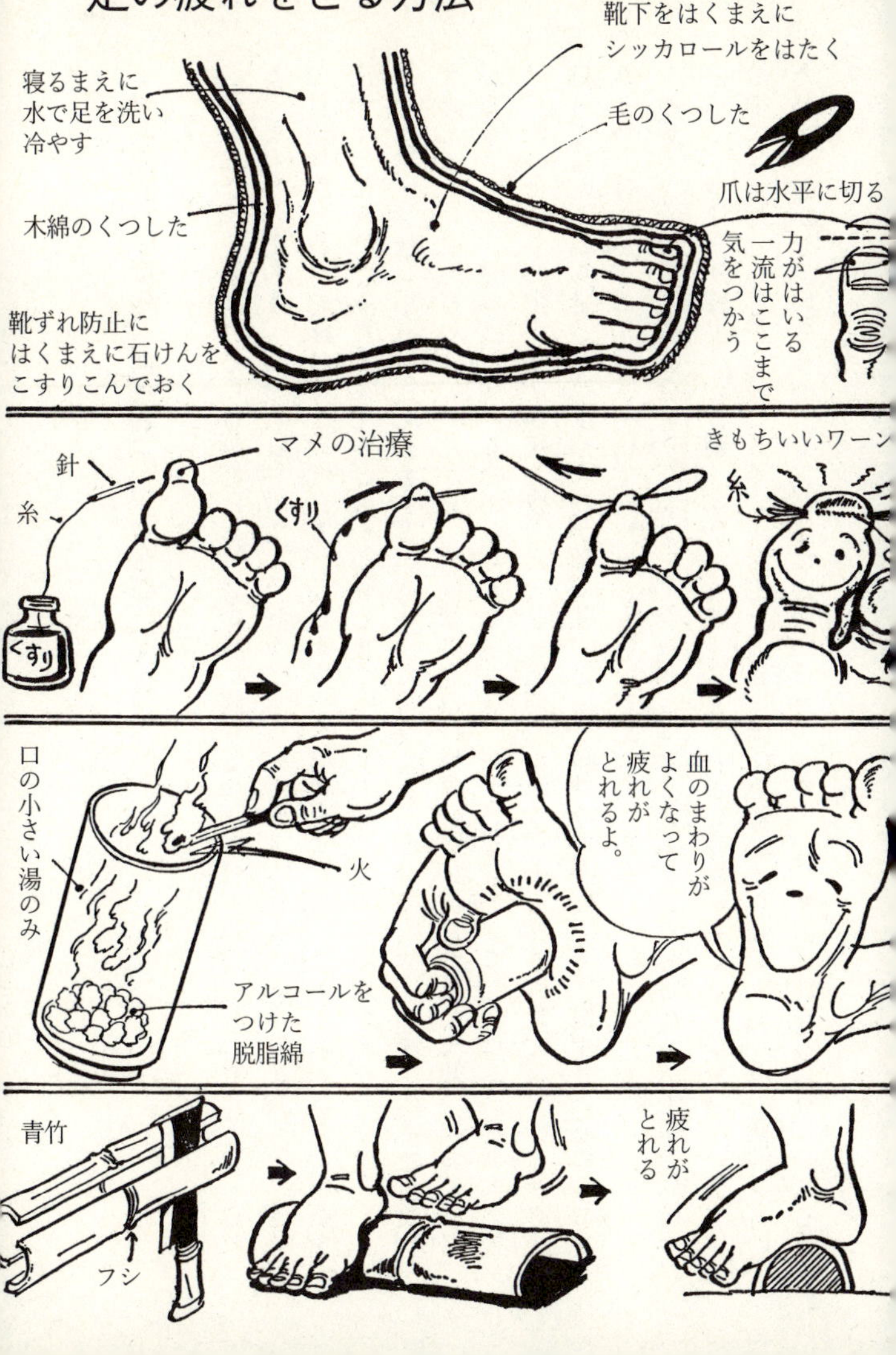

靴下をはくまえに
シッカロールをはたく
寝るまえに
水で足を洗い
冷やす
毛のくつした
爪は水平に切る
木綿のくつした
力がはいる
一流はここまで
気をつかう
靴ずれ防止に
はくまえに石けんを
こすりこんでおく
マメの治療
きもちいいワーン
針
糸
くすり
くすり
糸
口の小さい湯のみ
火
血のまわりが
よくなって
疲れが
とれるよ。
アルコールを
つけた
脱脂綿
青竹
フシ
疲れが
とれる

ノドがかわいたら、道ばたの小石を口に入れる

長いこと歩くと疲れるのは当然だし、夏の暑い陽ざしの下では、のどのかわきに苦しめられることも多いだろう。だからといって、チビチビ水を飲んだり、休んでおかしを食べたりするのは逆効果。疲労を深めるだけである。のどがカラカラになったら、ためしに道ばたの小石を洗って口に入れてみたまえ。のどのかわきをまぎらわすのに、とても効果がある。

ナポレオンは「軍隊は胃で行進する」といったそうだが、すべてのエネルギーのもとは食物であることにまちがいない。だから、冒険家のきみは疲労回復に役だつ食品を知っておく必要がある。まず、酸っぱい食べものから考えてみよう。梅干しやレモンに含まれているクエン酸は、他の食物を消化するとき残る疲労素をとり除いてくれる。また食酢に含まれているサク酸は、ごはんを腐らせる枯草菌やコレラ菌に強いという特性を持っている。梅干し入りのおにぎりという昔ながらの弁当は、科学的に見ても賢い方法なのである。

ハチミツも少量で疲れをとり、エネルギーのもとになる食品として有名だ。八十歳の危篤の老人が、ローヤルゼリーの注射一本で息を吹きかえしたという話もあるが、これは、ハチミツの中に含まれている多くのビタミンが老化を防ぎ、肉体を若がえらせるという例の極端なものだろう。しかし、いくらハチミツが体にいいからといって、なめすぎに注意しよう。なにしろ

みそ
にんにく
つくだ煮
梅干し
酢
クエン酸は筋肉の疲れをなおす

疲れたときによい食品

甘いので、水がほしくなるにきまっているからだ。

みそやみそ漬けも体によい。栄養価はそれほど高くないが、原料に麹《こうじ》を使うため酵母が体の中で有効に働く。たとえばたん白質を分解し吸収されやすい形に変えたり、腸内の異常発酵をおさえ便通を整える役割をはたす。体の中にはいったエネルギーを十分に燃やすためになくてはならない潤滑油なのだ。

また俗説めいているが、松葉をかむと元気が出るという人がいる。中国の古い古典に、秦の宮女が山にはいり松葉、松の実だけを食べて漢の武帝のときまで二百年あまり生きていたという話がある。実際に効くかどうかは定かではないが、愛用している人もいるのだから毒にはなるまい。疲れたとき、ちょっと目先が変わって気分転換ぐらいにはなるだろう。

雪のなかを歩くときは、「同じ深さにもぐる」ように

冬山で深い雪のなかを歩くときは、わかんじきをはくのを忘れてはならない。わかんじきにはいく種類かあり、状況に応じて使いわければよい。平らな雪原や、やわらかい雪には信越国境地方ですかりとよばれている根曲がり竹の輪に麻なわを張った大型のものが効果的。のぼり坂ですべりやすい地形のときには小まわりのきかない大型は避けて、あしくら型、細野型とよばれる爪のついた小型のものが便利だろう。

わかんじきの効果は、「もぐらない」ことよりも「同じ深さにもぐる」ことにある。雪のなかを歩いていて、急に片足が深くもぐってしまってすごく疲れてしまったという経験はだれでもあるだろう。わかんじきをつけていると、これが防げる。腰まで雪に埋まっても、一歩一歩が同じ深さでもぐるから、体のバランスや呼吸のペースを乱すことがないのである。どっちみち雪に埋まるのだから、わ

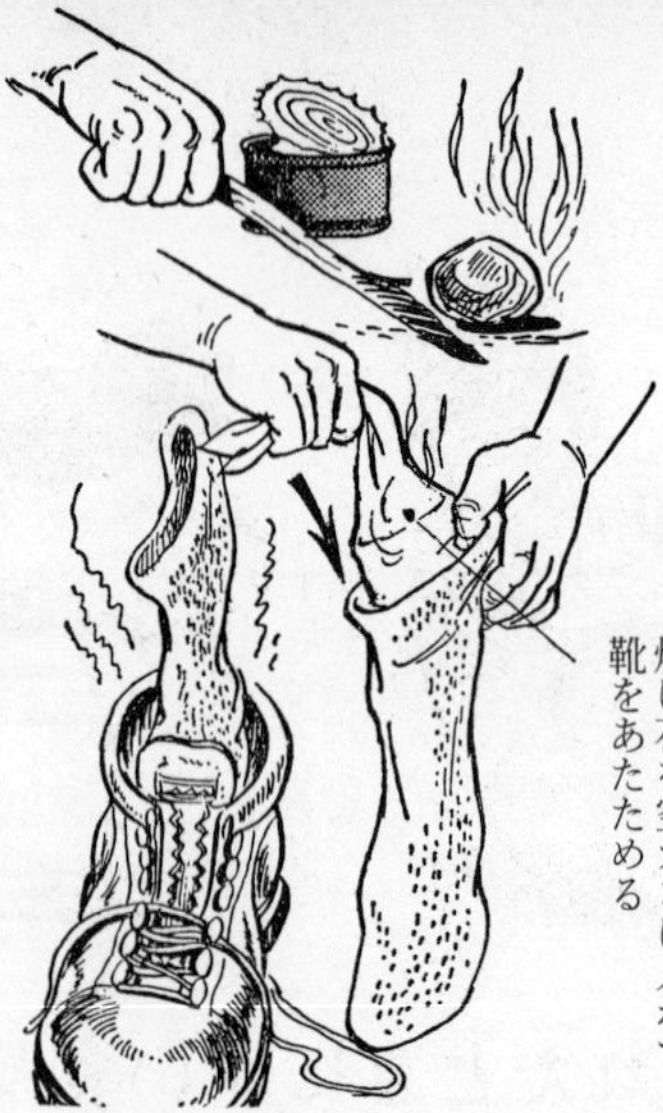

焼け石を空カンに入れて靴をあたためる

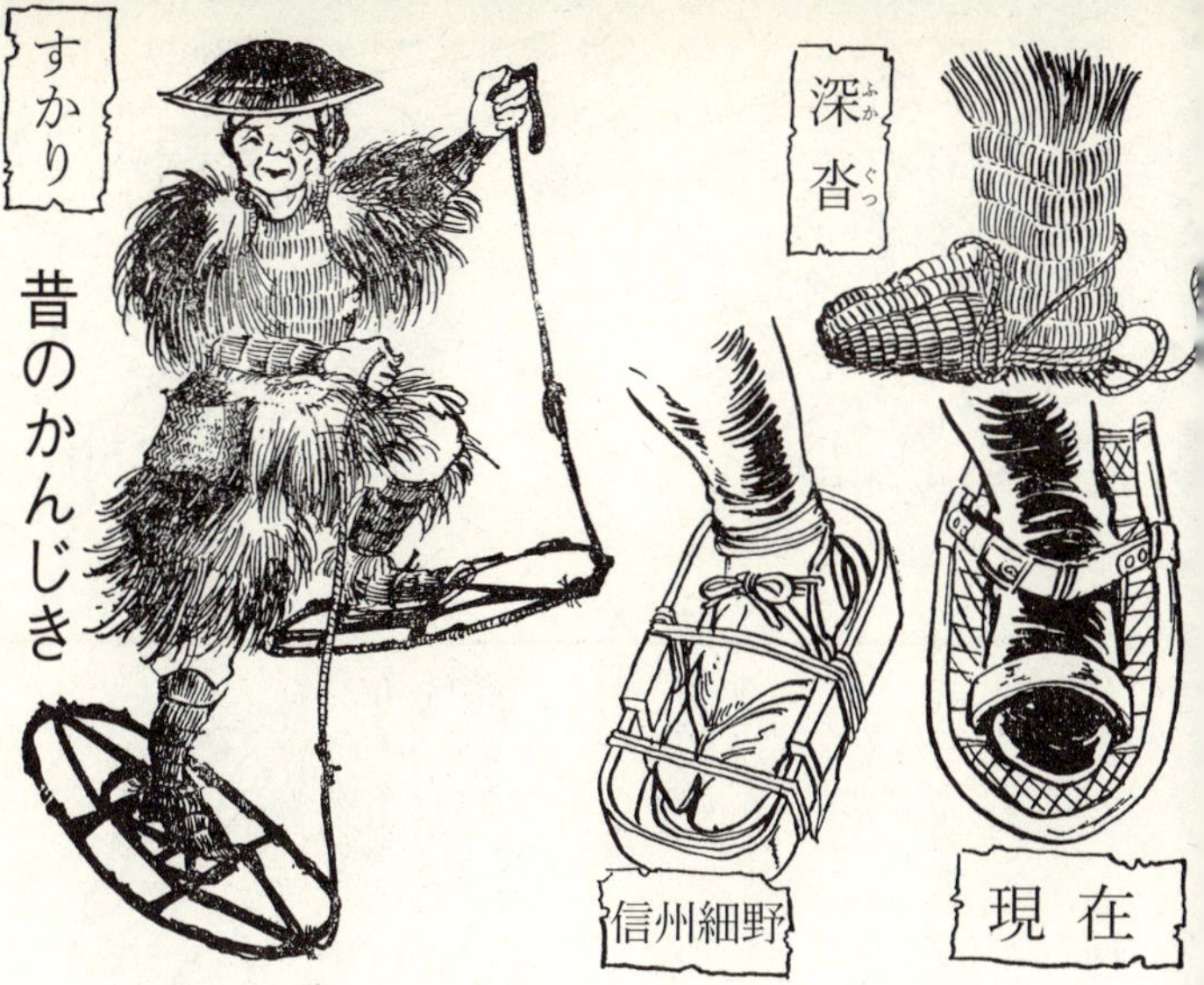

かんじきなど必要ない、などというたわごとは、自然を恐れぬ愚か者の言葉である。

わかんじきをつけたときは、ガニ股《また》で歩くことだ。いつもの調子で歩いていると、輪を踏んで転倒してしまう。足は膝《ひざ》から下をうしろに蹴り出すような感じで、外側をまわして前へ体重をかけて踏み込むとよい。したがって体はふつうのときより大きく左右に揺れ、全身を使って歩くことになるわけだ。

わかんじきとならぶ強力な武器に、雪ベラがある。一枚の板を舟のカイとシャベルの中間ぐらいの形に切ったもので、東北の豪雪地帯の人びとの生活必需品だ。これで左右に掃くような調子で雪をはらいのけていけばよい。杖やソリとしても使える万能の道具だ。必要なときは木を削って作り、いらなくなったら薪《まき》がわりに燃やしてしまってもよい。

山で雨にあうと
どうなるのか？
くそっ！
ヤッケ着てるのに！

キャンプにはポンチョ
荷物がぬれない
一人テントにもなる
ビニールズボン

大雨のとき歩く注意

①風が熱をうばい
②冷えると筋肉がつる
③すぐ歩けなくなる
④ベテランでも同じだ

山でふかれりゃよーっ
一かんのおわりよーっ
イヒヒヒヒ――ッ

9 伝える

冒険者はすべて共通の通信方法を持っている

もし、きみが広い砂漠を行く旅人やジャングルのなかを進む探検家だとしよう。それも、同行者はだれもいなくて、きみひとりなら……。こんなとき、ひとの足跡やたき火のあとなど、人間が残したとわかるものを見つけたらどうだろう。

きみはなつかしさと楽しさで声をあげるかもしれない。声を出さないにしても、人間が残して行ったものを見つければ、うれしくなるはずだ。はずかしがることはない。探検をする者やひとりで旅をする人間には、あたりまえのことだし、どんなベテランの人でもこのうれしさは感じるといっている。ただベテランときみたちと違うところは、残されたものから残して行った人びとのことをはっきりと知るか、見すごしてしまうかの違いだ。きみたちも映画で、老練な道案内人が足跡やたき火のあとに手を触れ、「かれらは一時間まえ、ここを通った」というのを見たことがあるだろう。これは映画の世界だけのことではなく、じっさい、ベテランの人びとにとっては可能なことなのだ。

でも、このようになにげなく残したものから行動を読みとることはたいへんむずかしい。なにか通信法があれば、もっと便利なのにと思うことだろう。とくに、自分が危険な目にあいそうなときには、あらかじめ自分の足跡を他人に伝えておく方法を知っておけば安全だ。

ノロシ

昔の人びともそう考えて、いろいろな通信法をつくった。たとえば、「ノロシ」もそのひとつである。これを打ちあげれば声のとどかぬ遠方へでも通信ができるので、戦争などで多く使われてきた。江戸時代にはいろいろな軍学の流派が独特の「ノロシ」をつくり、佃島《つくだじま》（東京湾の小島）で実験したという記録が残っている。でも、このときの「ノロシ」は、花火とロケットのアイノコのようなもので、大きな音を出したそうである。

自分の行動や現在位置をあとから来る人に知らせる方法は、ぜひおぼえておいてほしい。

それは、きみが仲間からはぐれたり、道に迷ったりしたときにたいへん役立つし、逆の場合ではきみの通信を見た人を勇気づけることになる。通信法で、きみは、すべての冒険をする人びととひとつにつながるのだ。

仲間が離れていても、話はできる

月の表面からあざやかなテレビ映像が送られて来るほど通信技術が進歩した現代だ。しかしいまきみたちに必要なものは、このような最新の技術ではない。目や耳を使って受信し、手や足を使って送信するといった原始的方法である。このほうがきみたちの冒険生活にはぴったりなのだ。

モールス信号は、トン・ツー・トン・ツーという短い音と長い音を組み合わせて、文字や文を送る通信法である。これは百年以上もまえにアメリカのサムエル・モールスという画家が発明したものだが、現在でも通信には欠かせぬものとして最新式の機械にも使われている。

きみたちの場合は、笛やラッパ、大きな音のするブザーや自動車のクラクションなど使ってもいいし、夜ならば、懐中電灯や自動車のライトを使って通信することができる。このときの注意点としては、ツー（長音）はトン（短音）の長さの三倍、トンとツーの間はトンの長さだけ休み、文字と文字との間はツーの長さだけ休みをとることだ。

懐中電灯やライトがないときは、たき火を利用してもいいし、昼間なら鏡に光を反射させても通信できる。この方法は、インディアンも利用していたそうである。

インディアンの通信方法として代表的なものにノロシがある。これは、たき火の上にぬれた

毛布や毛皮をかぶせ、煙をためてからそれをとって、煙を空にあげ、煙の長さや数で通信するのだ。インディアンのあいだでは、オオカミの糞を火の中に入れると煙がまっすぐあがるといわれているが、それはきみたちには不可能だ。なぜなら、日本のオオカミは絶滅しているからである。

だからきみたちは、生木など煙のよく出るものを燃やすようにしよう。

最後に、きみたちにぜひおぼえてほしい通信方法に、手旗信号がある。これは、明治十年に釜屋《かまや》忠道《ただみち》、道本《みちもと》誉声《よせい》というふたりの海軍の人によってつくられたもの。右手に赤旗、左手に白旗を持ち、左右の旗の上げ下げの組み合わせで通信する方法だ。現在でも海上に出たとき、肉眼のとどく範囲の通信方法として欠くことのできぬものだ。

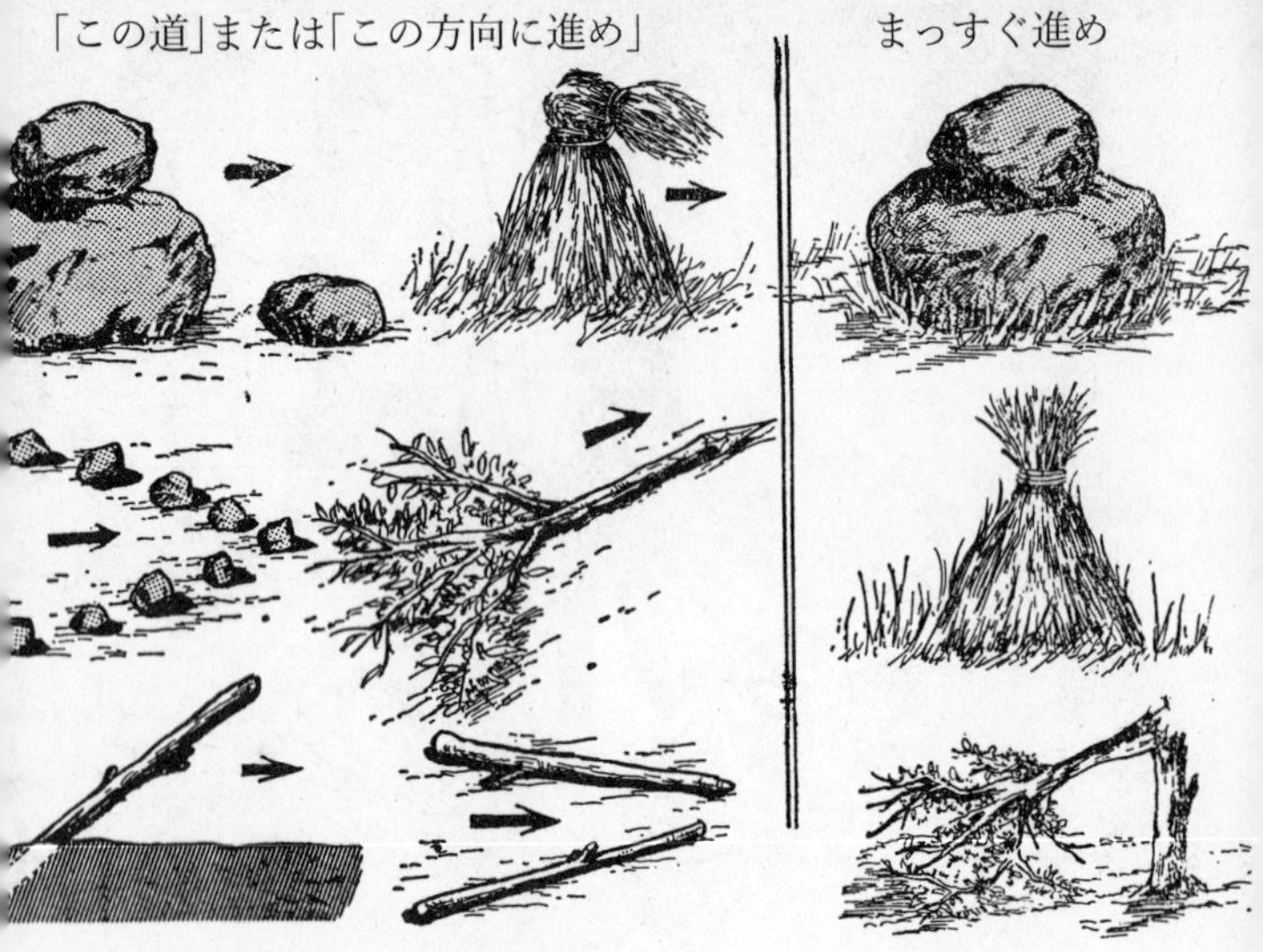

「この道」または「この方向に進め」
まっすぐ進め

小石と木の枝で通信は可能

草原を走るインディアン少年ひとり。かれはしばらく走り、小石を重ねると走り去っていった。

かれは何をしたのだろう?

あとから来る仲間に自分の行く先を知らせるサインを残したのだ。このように、インディアンたちは小石を重ねたり、一定の方向に置いたり、草で小さな房を結んだり、棒切れを地面にさしたり、または、簡単な絵をかいたりして、仲間に自分の行く先を知らせる追跡サインを使っている。あの「子連れ狼」の拝一刀《おがみいっとう》も、依頼人にたいして小石を並べて通信した。きみも、こんな便利なサインを知りたいとは思わないか。

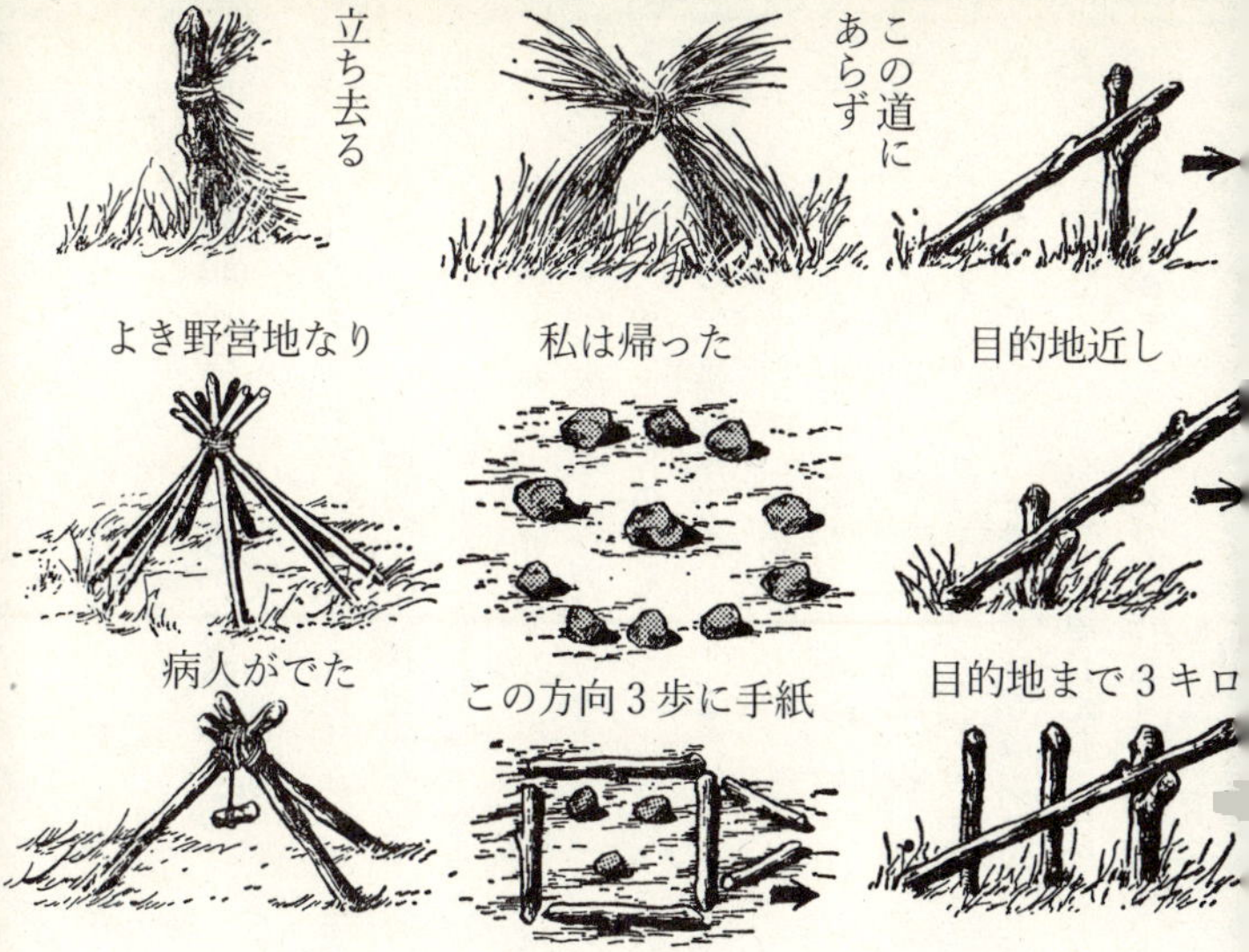
立ち去る
この道にあらず
よき野営地なり
私は帰った
目的地近し
病人がでた
この方向3歩に手紙
目的地まで3キロ

上の図は、ボーイ・スカウトが使う追跡サインである。

このサインはあとから来る人のためにつけるのだから、わかりにくい道では間隔をせばめてつける。その他、注意事項としては――・通行者に踏まれたり消されたりしない場所につける。・他の自然物とまじったりしないように、サインの周囲は不要物を取りのぞく。・風雨にさらされてもくずれぬようにする。・木の枝を使用するときは、切れるナイフで切り口がはっきりわかるように切る。

いっぽう、サインをたどって行く人は――・サインの種類、数、所要時間を記録する。・途中でわからなくなったら、斥候《せっこう》を出して少し先までさがしてみる。・最後の人は、サインを全部消して元通りの自然の状態にもどしておく。

三回叫べば、SOSの意味になる

大きな波に木の葉のようにゆれる船、必死にSOSを打電する通信士。そして、救助の船がやって来る。映画ならば、感動的なシーンだろう。

しかし、きみがこのような立場になったらどうだろう。船に乗っている場合は、通信士がSOSを打ってくれるからいい。そうではなく、きみひとりの場合、たとえば山で道に迷ったり、遭難したときのことを考えてみよう。このとき、きみが第一にしなくてはならぬことは何か？

船の通信士がSOSを打ったように、きみの遭難と居場所を知らせることである。それには、世界共通の遭難信号がある。これは、ある種の信号（なんでもいい）を続けて三回ずつ、一定の間隔をおいて、ひんぱんに行なうことだ。たとえば、三回大声でよぶとか、笛を三回吹くとか、煙を三本立てるなどである。

この遭難信号を見つけた人は、オーケーの合図として、大声や笛や銃声をそれぞれ二回発して、「わかった」ことを知らせてくれる。この信号を応用して、きみのそばにころがっている石ころや棒切れ、雑草などでも遭難を知らせることができる。

図のように、石を三つ重ねたり、棒切れを三本立てたり、草をタバにしたのを三つ作れば、「タスケテー」の遭難信号になるわけだ。

助けをもとめるサイン

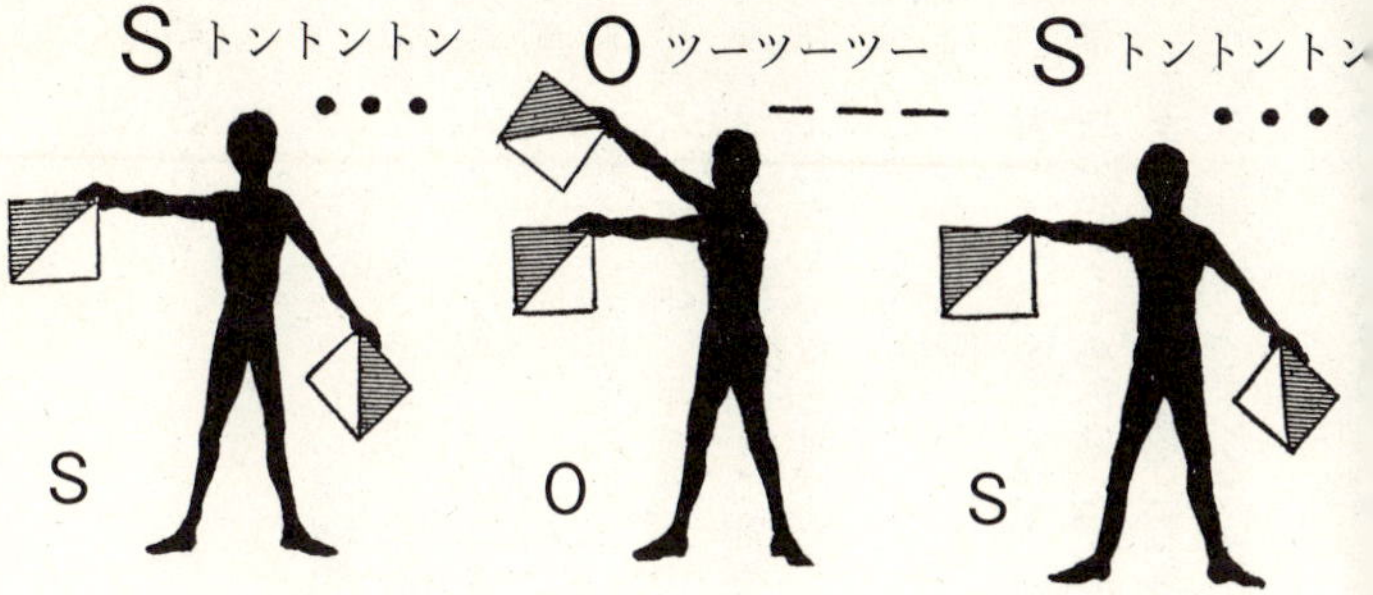
S トントントン
O ツーツーツー
S トントントン
S
O
S

　このような遭難信号を送ったら、きみのほうから仲間を見つけようとするのではなく、だれかがきみの信号を見つけて、助けに来てくれることを信じ、ゆっくりじっくりと待つことがたいせつなのだ。

　もし、日が暮れても救助隊が来ないようなら、一晩じゅう燃やすだけのたき木を集め、シェルター（120ページ参照）を作ろう。

　まえにも話したが、シェルターの条件としては見はらしがよく、風や雨が防げる場所を探すことだ。小高い丘の岩かげやガケのくぼみなどが見つかれば最高。木の枝で骨組みを作り、常緑樹の葉の多い小枝をかぶせ、枯れた葉や草を積んでその中で寝よう。

　しかし、いずれにしても、道に迷うことのないように道を見つける技術を身につけることがまずたいせつなことだ。

足跡で動物は見わけられる

ハイキングやキャンプに行ったとき、きみたちはいろいろな動物の足跡を見つけることができるはず。もし、見たことがないというのなら、それはきみたちの注意力が足りないからだ。注意して周囲を見てごらん！　かならず見つかるから……。

発見したら、追跡してみよう。

追跡開始のまえに、足跡がどんな動物のものか知ることがたいせつだ。左の図はきみたちが、野山で見つける代表的な足跡の例。足跡が薄く、はっきりしないときは、逆光線で見ると、デコボコに影が出て見やすくなる。こまかく観察しよう。そうすれば、足跡がどれくらいまえにつけられたかも、自然にわかってくるはずだ。たとえば、草の種や木の葉が吹きつけられていれば、強風の日のまえと考えればいいわけだ。

いよいよ追跡開始だ。ここで必要になってくるのが接近技術だ。動物は自分を守るために鋭い嗅覚、聴覚や視力を持っているから、音を立てないように風下から近づくのが原則である。風の方向を知るには、口で指をしめらせて、ヒンヤリ感じた方向が風上である。

木、木の根、岩、大きな草など身を隠せるものは最大限に利用しよう。隠れているものに密着し、その影と自分の影を重ね、できるだけ姿勢を低くするのがコツである。自分を自然物と

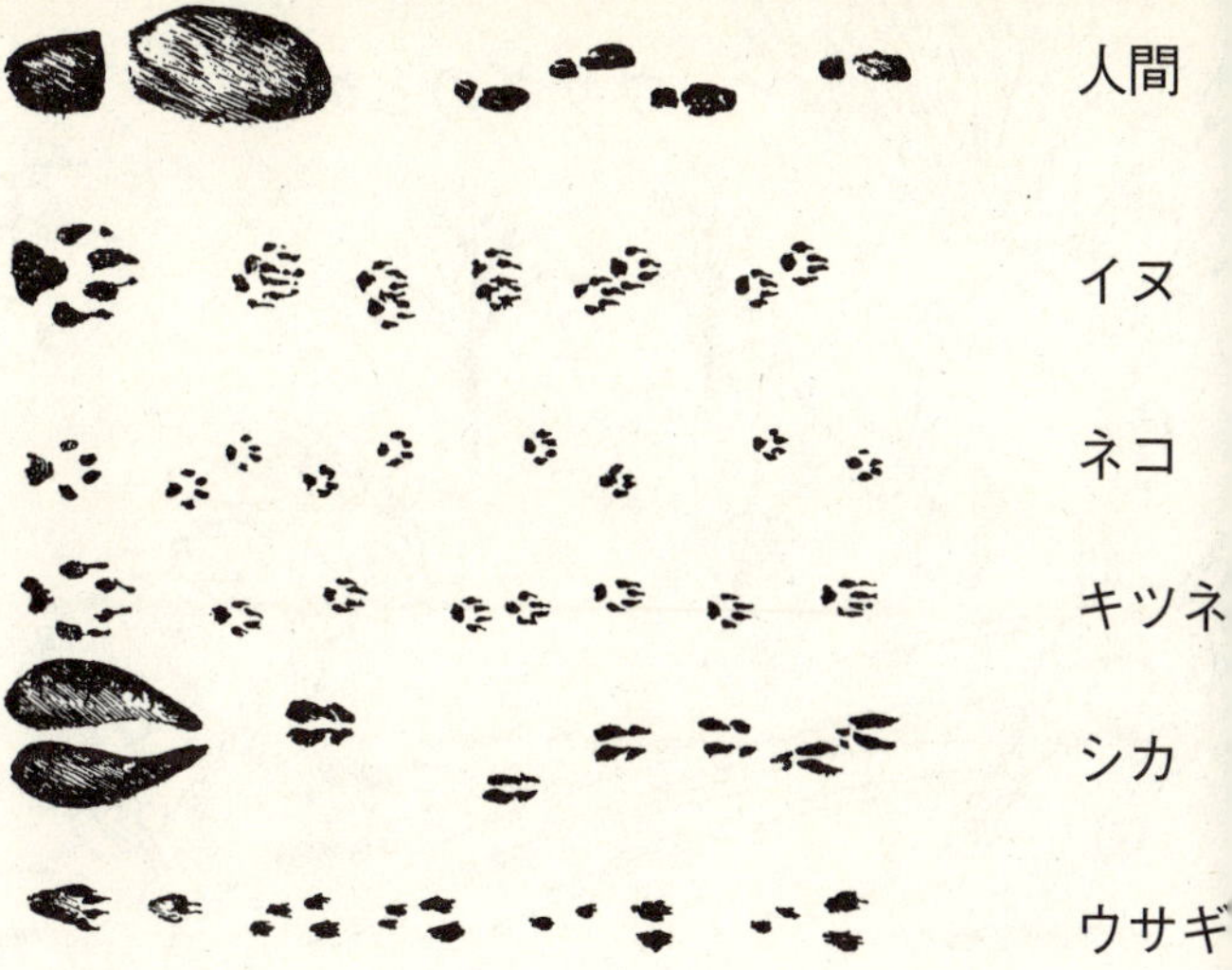

一体化するという考えが必要なのだ。だから、洋服もヤブや草にまぎれる色がいい。ボーイ・スカウトのユニホームがそうである。とくに注意してほしいのは、空をバックにするときだ。きみの姿はくっきり浮かびあがるから、尾根を横切るときは姿勢を低く。

いくら注意しても、動物に発見されることがある。そのときは、きみの動きを一瞬「凍結」させてしまうのだ。忍法では「気を絶つ」というが、すべての動きをとめ、人間の形をした石になると思えばよい。これはむずかしいことだ。不自然な姿勢でじっとしているのは、よほどガマン強くなければならない。

もし、足跡を見失ったら木切れかハンカチで最後の足跡に印をつけ、ラセン形を描きながら足跡を見つけるまで歩きまわり、「ぼくが動物なら、どうするか」と考えることだ。

ウサギのとめ足

ウサギは行方をくらます名人

どんなすぐれた猟犬でも動物を見失うことがある。それは追われる動物が追跡者をまく術《すべ》を知っているからだ。

その代表的なのが「ウサギのとめ足」である。イヌに追われたウサギは見とおしのきかないヤブの中に逃げ込み、その中をあちこち迷路のように走りまわる。イヌは、この迷路で時間をくってしまう。そのあいだにウサギはヤブを出て、ある程度走ると、もとにもどり、また少し走って、犬の通りすぎるのを待つ。犬が通ると、大きくジャンプしてその場に身をうずめてしまう。犬は突然ウサギのにおいが消えたので、とまどってしまうという寸法だ。

10

測《はか》る

幾何学を知らなくても、距離を測れた加藤清正

幾何学のことを英語でジオメトリーというのはご存じだろう。このことばには「地面を測る」という意味がある。

大昔のエジプトでは、毎年、ナイル川が氾濫《はんらん》して、両岸を水びたしにした。このため、上流からよく肥えた土が運ばれてきて作物が豊かにみのる、たいへんありがたい自然のめぐみだったのだが、洪水のたびに畑のさかいがわからなくなって困った。そこで、たとえさかいの線が消えてしまっても、また正確に同じ線を引く必要から、「地面を測る」方法、つまり幾何学の芽ばえが、まずエジプトにあらわれたのだという。よくいわれることだが「必要は発明の母」だったのだ。ぼくたちは、こういった学問の背景や歴史などとはまったく切り離された、抽象的な結果だけを学校で教えられる。おもしろくないのはあたりまえで、ちっとも身につかないのは必要がないからだ。

トラ退治で名高い加藤清正が、川のむこう岸にいる敵兵までの距離を測った話をご紹介しよう。当時、すでに鉄砲はあったから、正確な射撃のためにその必要があったのだろう。清正は部下を川に沿って走らせ、その部下の姿がちょうど対岸の敵兵と同じ大きさに見えるようになったところで止まらせて、そこまでの距離を測ったのだ。これは、必要にせまられれば人間に

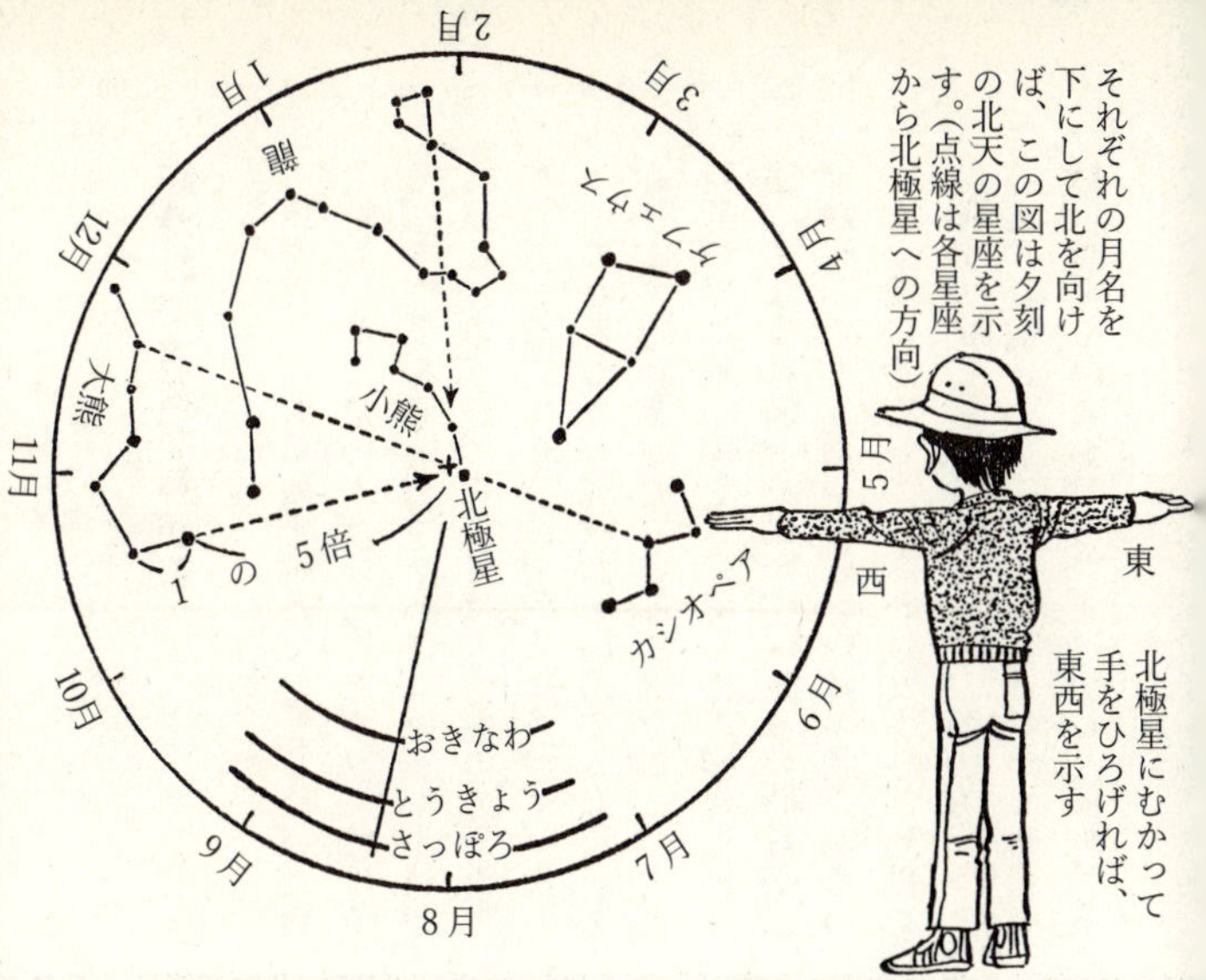
2月
3月
4月
5月
6月
7月
8月
9月
10月
11月
12月
1月
龍
ケフェウス
小熊
大熊
北極星
1
の
5倍
カシオペア
おきなわ
とうきょう
さっぽろ
東
西
北極星にむかって手をひろげれば、東西を示す

それぞれの月名を下にして北を向けば、この図は夕刻の北天の星座を示す。(点線は各星座から北極星への方向)

はすばらしい知恵が出ることを教えてくれる。清正は、無論いまのぼくたちが学校でやるような幾何学などは知らなかったのだが、「距離を測る」という問題を出されて、りっぱな解答を出したのである。

楽譜を読めなくても歌は歌える。文法の点はわるくても文章を書くことはできる。ぼくたちは、ともすればまず知識があって、それの「応用」として実地があるように考えがちだが、あらゆる知識や学問は、エジプトの幾何学や加藤清正の測量のように、まず必要があって、それを満たすために考え出されたことがだんだん整理されてできあがったものだ。だから、「測る」ことにかぎらず、ただの知識としておぼえておこうというのではなく、少なくとも実際に確かめてみていただきたい。

腕時計で方角がわかる

川を渡り、大草原を越えてたどりついた別天地も、ここはいったいどこだろう、では困る。もちろんきみはコンパス（磁石）を持っているだろうが、ここでは大自然の力を借りて方位を測定する方法を教えよう。

そのひとつに、腕時計を利用する方法がある。まず時計を地面に平らに置くこと。次に時計の端に細い棒を立てて、棒の影が短針と重なるように時計を動かす。きみの時計が二十四時間めもりだったら、短針の動きがそのまま太陽に対応しているわけだから、短針を太陽の方向に合わせれば、十二時の方向がそのまま真南ということになる。しかし普通の時計は十二時にわけられ、一日に二回転する

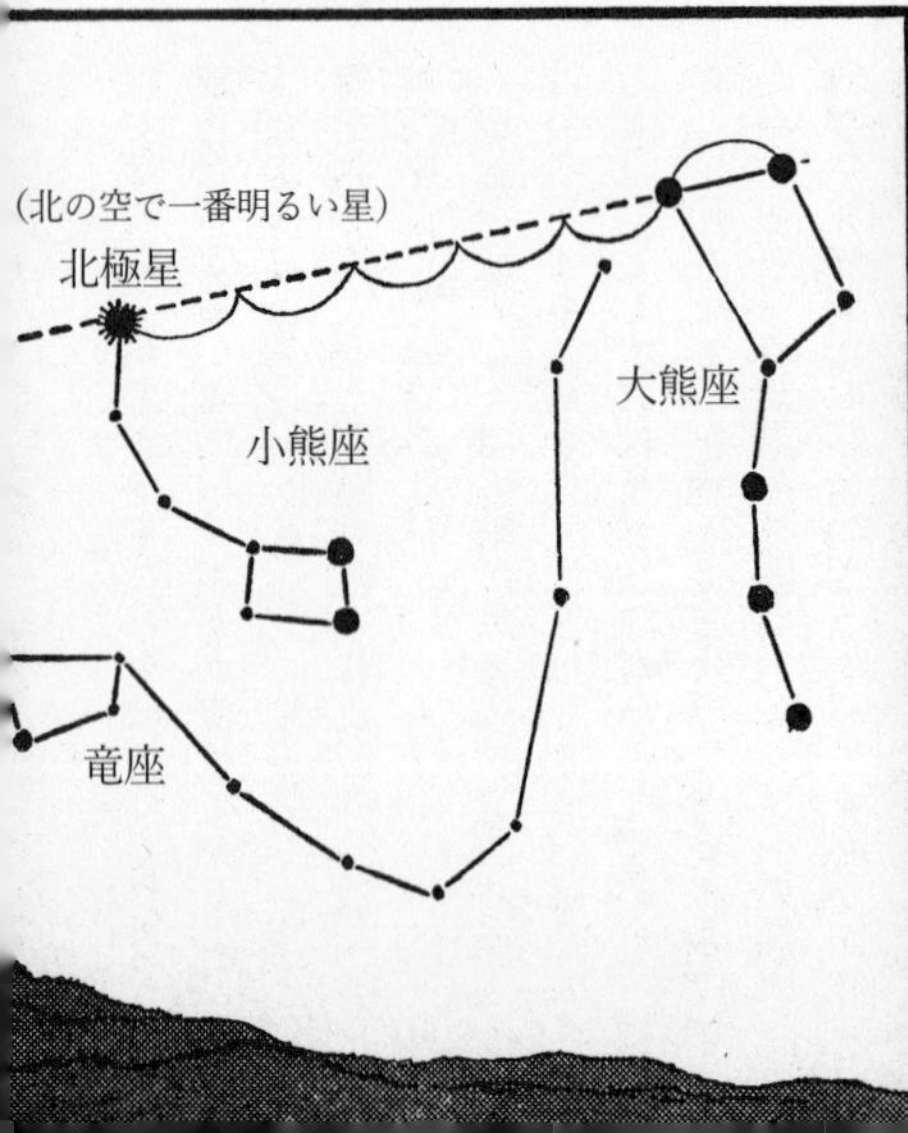

から、短針を太陽に合わせたとき、十二時のめもりと短針との中間点が南である。

時計がないときは、つえを用いる方法もある。地面につえを一本立てて、朝そのつえを中心にしてつえの影の長さを半径とする円をかくこと。つぎに影の先端と円との接点に短い棒を立てて、午後まで待とう。太陽が高くなるにつれて影はだんだん短くなり、午後ふたたび長くなって円に接したとき、その地点に短い棒を立てる。この棒と朝立てた棒との中間点が真北である。正確に北を知るには、「北極星を地上におろす」方法がよい。下の図のように、長い棒を地面に垂直に立て、短い棒を垂直に持ち、その下端を地面につけたまま動かして、二本の棒の上端と北極星が一直線になるようにする。この棒の間に線を引けば、それが南北の線である。

北極星で北をさがす方法

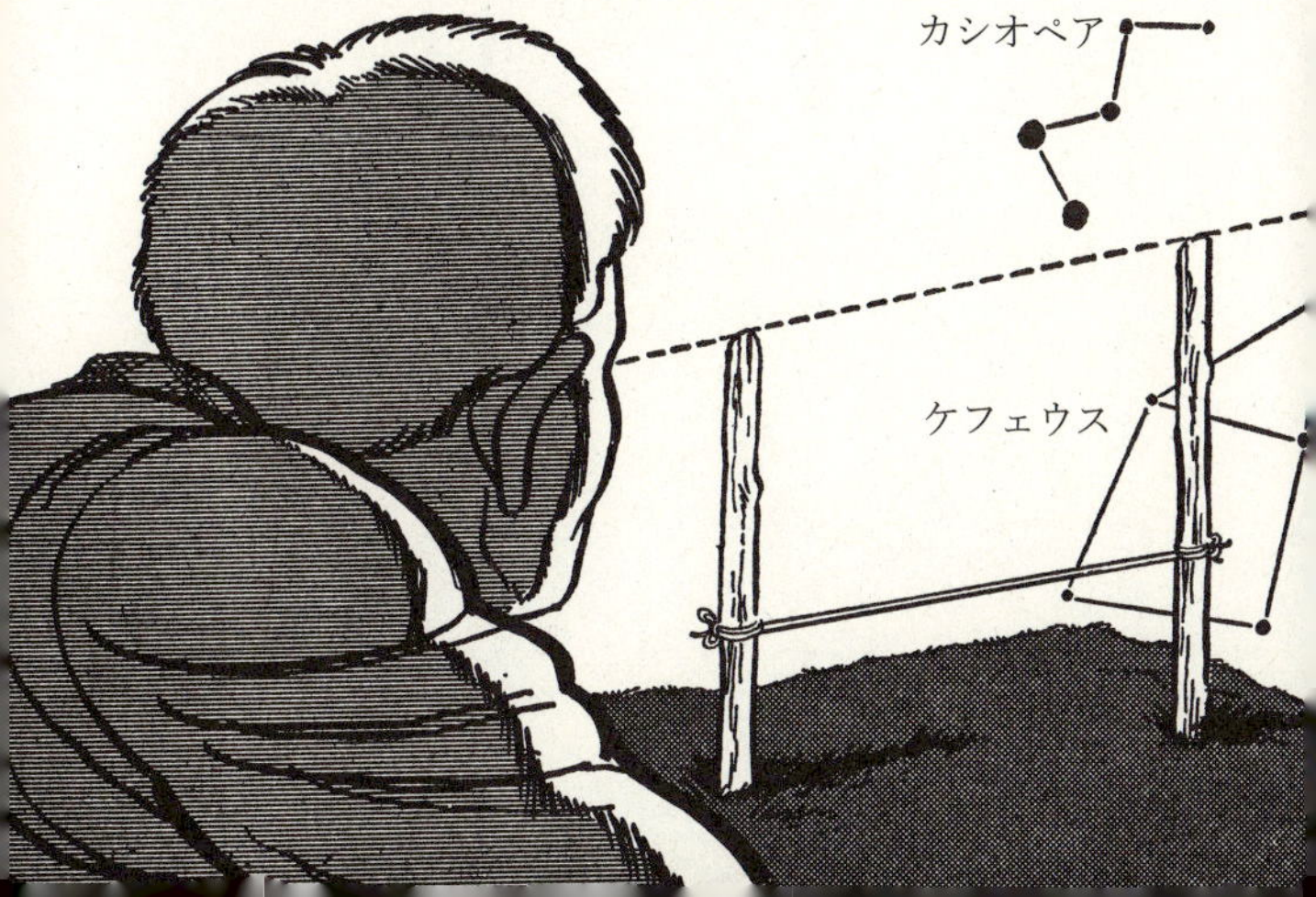

動植物に気をつけていれば、天気が予報できる

一日の行動をおこそうとするとき、まず気になるのがきょうの天気だ。こんなとき、雲や風のおくってくれるサインで、ある程度まで天候を予知することができる。この方法を観天望気術といって、山歩きのベテランたちが体験した多くの空模様と天候との密接な関連を、科学的にも裏づけたものである。なかでも雲の形や流れは、そのときの天気の状態を忠実に表現しているので、いろいろな雲の形と天気変化にたいする役割をおぼえておこう。

上層の雲　すじ雲、うろこ雲（いわし雲）、うす雲は早くから天気の変化を教えてくれる。すじ雲は朝やけには最初に染まり、夕やけには最後に色づく。うろこ雲は太陽の近くにあるとき五色の彩雲に色づくことがある。うす雲が太陽や月をおおうと笠《かさ》がかかる。これらの雲は上層の空気が流されるので、西〜西南西になると悪天の前ぶれ、西〜西北西になると好天になる。

中層の雲　羊雲、おぼろ雲は上層の雲より悪天域に近く、天気変化をかなり正確に教えてくれる。羊雲は太陽を横切るとき色づき、光冠があらわれることもある。おぼろ雲は厚いベール状で悪天のきざし。せいぜい数時間先の悪天予想にしか使えない。

下層の雲　雨雲、うね雲、きり雲に包まれたら、山岳地方ではすでに雨、雪、霧に襲われていることが多い。雨雲はすでに低気圧の中心であり、低い山ですら、すっぽりおおわれてしま

って、視界がひじょうに悪い。

垂直に発達する雲　入道雲のように垂直に発達する雲は、夏にはあるリズムを持って発達消滅をくり返し、このリズムの乱れが天気変化のめやすとなる。天気が安定しているときは発達が弱く、不安定なときは大いに発達し、天気はくずれやすい。

また、「アマガエルが鳴くと雨が近い」「夕方クモを見たらあしたは晴天である」といった諺が、昔から数多く言い伝えられていることはきみも知っているだろう。気象学がなかった時代、人々は天候の変化に微妙に反応する植物や動物の生態から、経験的に明日の天気を知ったのである。もちろん、なかには非科学的な迷信めいたものもあるが、科学的に分析してみると信ぴょう性のあるものが多い。たとえば、

「星がキラキラすると雨」を考えてみよう。星のまたたきは、大気中の温暖な空気と寒冷な空気の中を、星の光が通ってくるとき見られるもので、密度の違う空気層による光の屈折の変化からくるものである。つまり、大気中の空気の流れが異常になっているわけで、雨のきざしということである。参考までに、信用できるものをいくつかあげておこう。

「ヒツジの毛が湿ってくれば雨か曇りになる」「ミツバチが飛び散るのは、連日晴れのきざし」「山が近く見えるときは雨が近い」「山の緑がしたたるように見えると雨」「大きい雪片が降ると暖気が来る」「霜柱の立つ日は天気がよい」「夜露が深いのは翌日晴れ」「夕霧が山に横たわるのは雨」。

観天望気の法
星がキラキラすると雨
北風
西風
風
東風
南風
南風は馬鹿で吹きやむことを知らず
冬、昼空がまっ青だと霜がおりる
東風は天気が悪くなる
朝の虹は雨
朝やけは天気が悪くなる
遠い鐘の音、汽笛の音が、はっきり聞こえるのは雨のきざし
東へなびくのは晴
積雪をふんでキュッキュッと音がすると寒くなる

月が笠をかぶると雨
日笠は天気が悪くな
月
太陽
空が高いと降らない
綿雲は晴のきざし
羽雲は雨のきさ
羊雲は雨のきざし
夕方の虹は晴
夕やけは晴のきざし
煙がまっすぐ
のぼるのは晴
西へなびくのは雨

やさしい幾何学で川はばが測れる

きみの行く手に大きな川が横たわっていたとする。さあ、どうする？　予定を変えてまわり道を探すか、それともこんな川へっちゃらだとばかり、勇敢に渡ってしまうだろうか。もし渡るほうを選ぶなら、やみくもに川にはいるのだけは避けるべきだ。思っていたより川はばが広く、しかも流れが急だったりしたら命を落とすことにもなりかねない。そんなわけで、まず川はばを測ってみよう。これは、二等辺三角形の原理を応用すれば、簡単に測れるのである。図の説明にあるナポレオン法と同じ原理を使ったアイ・スティック法を紹介しよう。

まず目を閉じ、棒の先を鼻のさきにつけて手を棒に沿ってまっすぐ前に伸ばし、伸ばしきったところで棒をにぎる。つぎに、川の向こう側とこちら側にそれぞれ目標になるもののある一点を選ぶ、手を伸ばして握った棒を水平にして、棒が二点間の距離に重なるまで川岸に沿ってさがる。その地点から、はじめ立っていた点までの距離が川はばに等しいのである。

距離を測るときは歩はばを使うとよい。そのためにはあらかじめ自分の歩はばを一定にする練習をしておこう。たとえば、六メートルのヒモを作って、六十メートルの距離を測る。そこを歩数を数えながら何度も歩くのである。百歩で歩けるように訓練すれば、歩はばは六十センチということだ。ヒマを見て練習しよう。

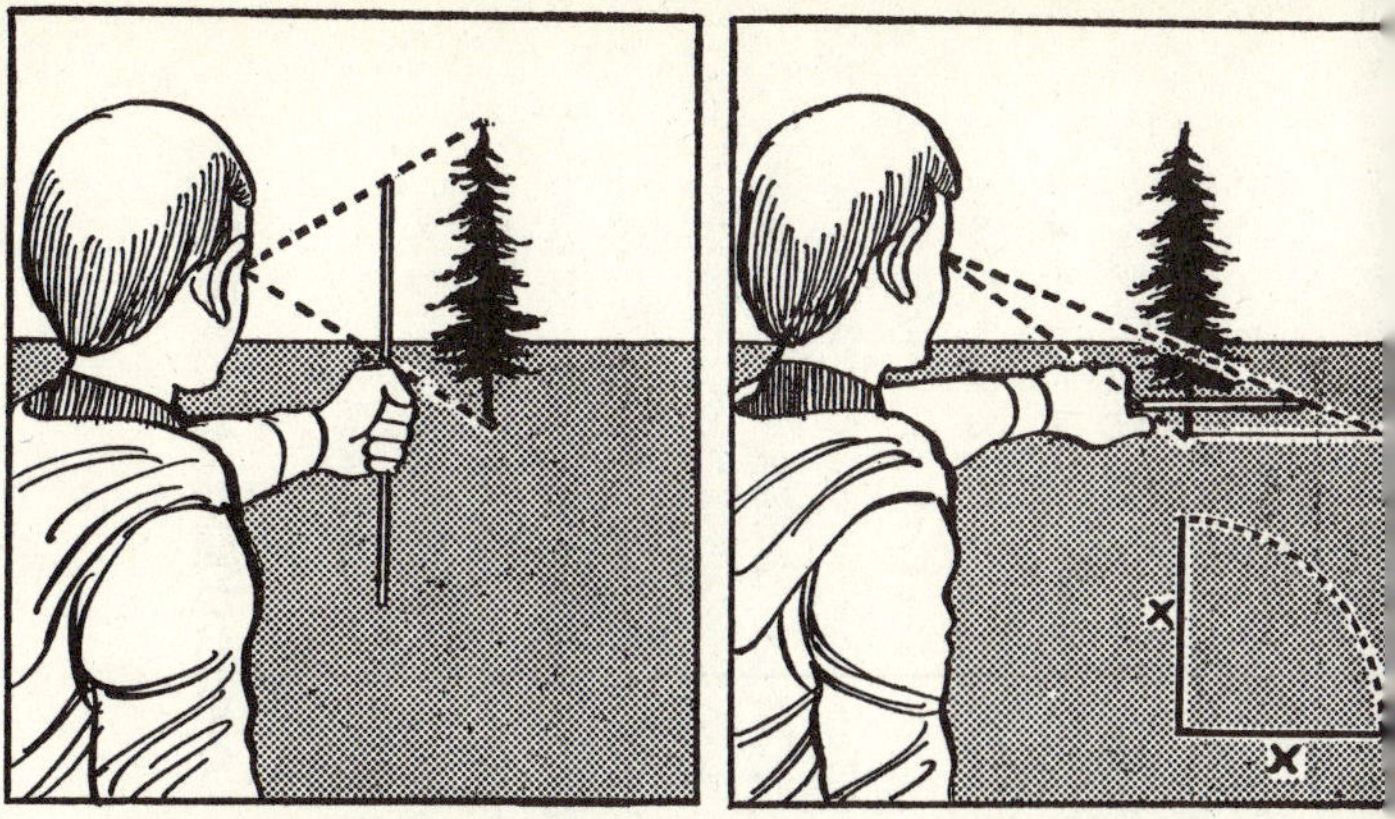

木倒し法――棒を垂直に持ち、木に向かって手をのばす。棒の上端が木のてっぺんに、親指の先が木の根元にぴったり合うまで、ゆっくり後へさがる。ぴったり合ったら、棒を地面と平行になるように横に90度倒し、棒の先端に当たる場所の地上の一点を注意しておぼえる。この一点から根元までの距離を測れば、木の高さがわかる。

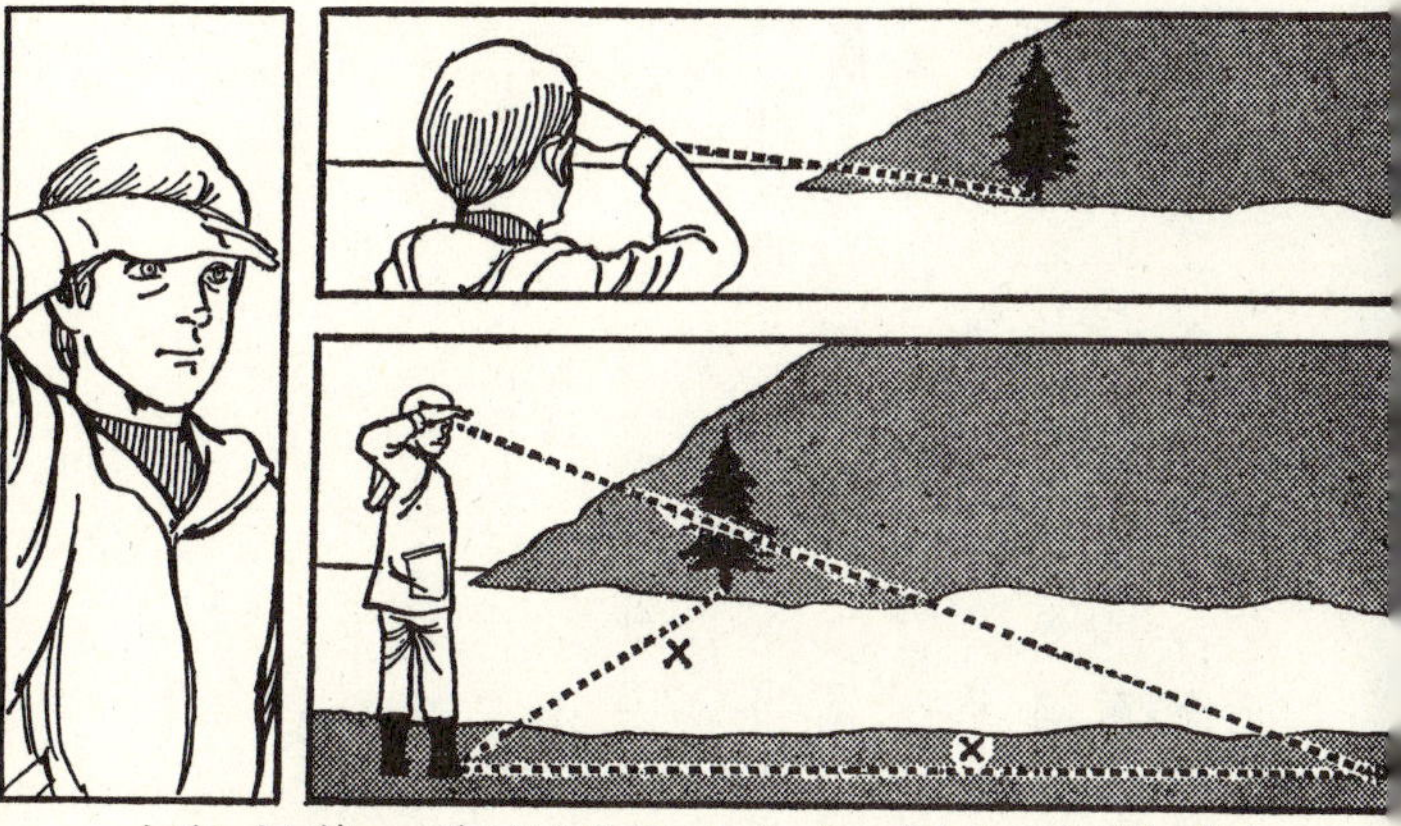

ナポレオン法――手のひらを下にして、その手をまゆ毛の所に置く。手の外側の端が、向う岸に接するように見えるまで手を傾ける。その視距離を、そのまま水面を横切らせて90度回転し、きみが立っている側の川岸へ移す。きみの手の内側の端が接する地点に目印をつければ、その地点までの距離が川の幅である。

太陽の動きで時間がわかる

「あっ、また遅刻だ」

あわててとび起きてみると、きょうは日曜日。そんな経験は、だれもが持っているはず。べつに時計とにらめっこしているわけではないのに、毎日きまった時間になると目がさめ、空腹を感じ、そしてまた眠くなる。習慣というのは、恐ろしいものである。

だが逆に、そんな人間の習性を利用して、時計なしでもおおよその時間を知ることができる。いわゆる〝腹時計〟というのがこれである。自分の〝腹時計〟を正確にするには、一にも二にも規則正しい訓練だ。起床時間、三度の食事時間、就寝時間をきちんときめて、生活のリズムを一定にしてみたまえ。一カ月もすれば、きみの腹時計は立派に使えるようになる。

習慣なんてアテにならない、もっと科学的に時間を知りたい。そんなきみには、日時計の作りかたを教えよう。日時計は、じつに西暦まえ数百年の昔から使われているもので、旧約聖書イザヤ書にすでに日時計についての記述が見られる。毎日東からのぼり、一定の速さで西へ沈む太陽の特性を利用して時間を知る方法である。空にめもりをつけるかわりに、太陽の影で時間を計るわけである。ただし、日時計の時刻は観測地の経度に準じた時刻で、日本標準時（東経一三五度の地点での時刻）と多少の誤差があることを忘れないようにしよう。

水平日時計の作り方

まん中に立てる三角形の板と同じ三角形を描く。Bの角度は自分の土地の緯度にあわせる。Cの角度は直角。A' B' をA Bに等しくとり（ここに三角形の板が立つ）、A' C' をA Cに等しくとり、C' を中心に半径A' C' の円を書き15度ずつに等分する。この線とA' Hとの交点をB' と結ぶともとめる目もりの線が得られる。またF GをA Bに等しくとり、Fを中心に15度ずつの線をひき、E Dとの交点をB' と結ぶと目もりの線が得られる。

（東京は北緯35度40分）

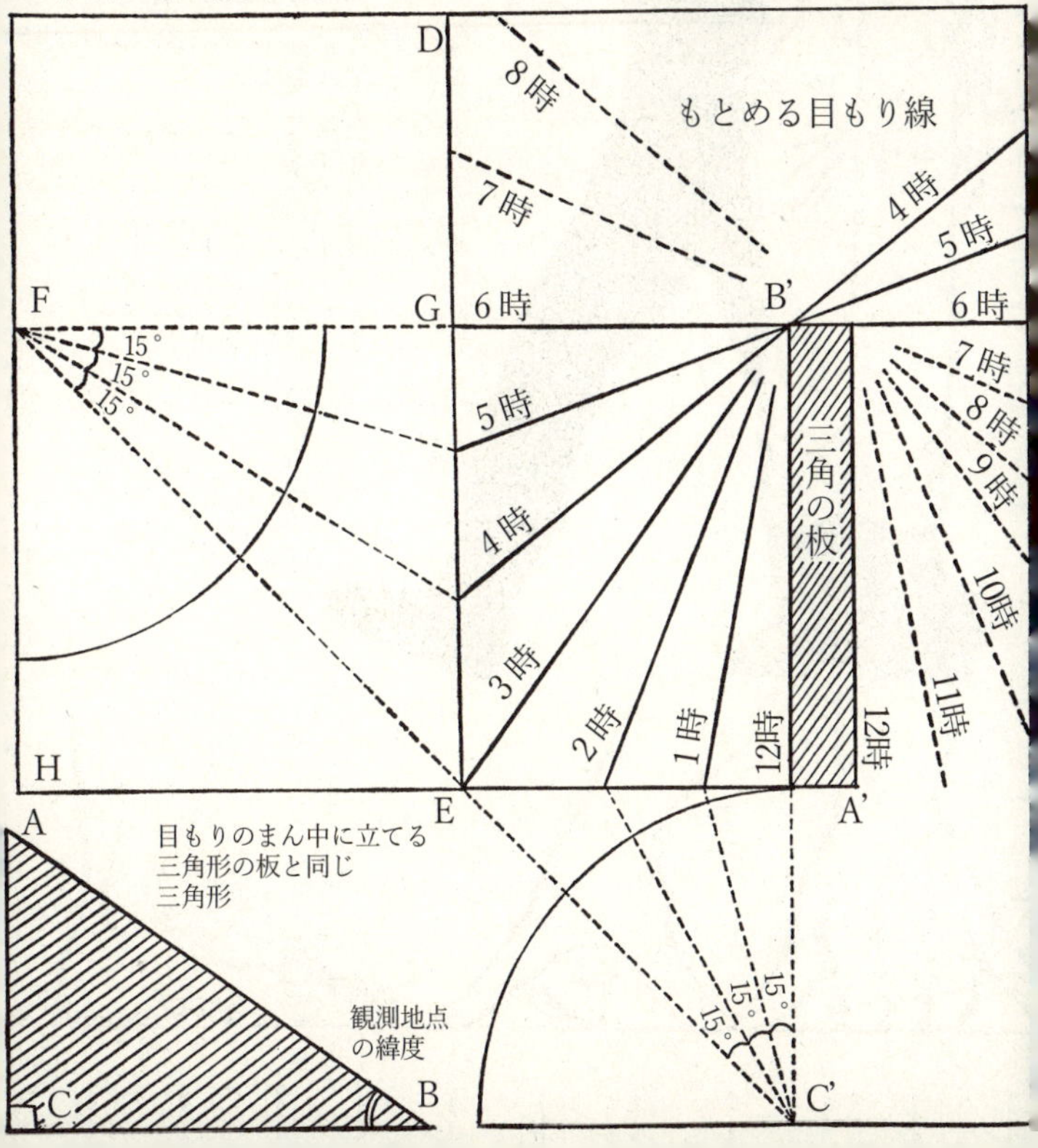

きみの体の寸法

……月……日現在

歩幅……………………センチ

背高……………………センチ

地面から目まで
の高さ……………………センチ

足の長さ……………………センチ

広げた手の親指
から小指まで……………………センチ

きっかり1センチは

…………から…………まで

きっかり10センチは

…………から…………まで

きっかり1メートルは

…………から…………まで

(きみの体のメモを書きこんでおこう)

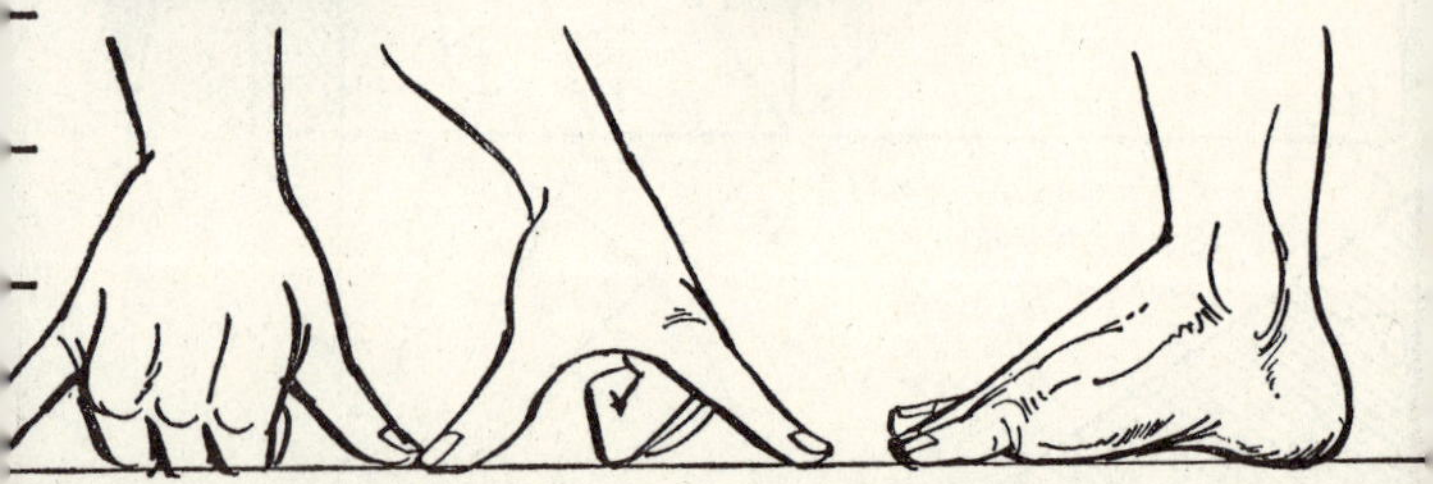

11

遊ぶ

・きみ自身の遊びを工夫しよう

レジャー、レジャーとはやしたてられて、現代こそ遊びの時代、これこそぼくたち現代人が昔の人にいばれるただひとつの領域のように思われる。ホイジンガーという外国のえらい社会学者は、現代人はホモ・サピエンス（かしこい人）ではなくてホモ・ルーデンス（遊ぶ人）だといっている。

ところで、きみはどんな遊びをやっているだろうか。プラモ作りからはじまって、ボウリング、サイクリング、まさかボンド遊びなんかはしないだろうが、まあそのへんが人気のあるところだろう。こういう遊びも、無論悪くはない。子犬が自分のシッポとジャレたり、子ネコが毛糸の玉にチョッカイを出したりすることはあっても、人間以外の動物はボウリングやサイクリングなどはしない。人間がホモ・ルーデンスであるというのは、ただブラブラと遊んでいるという意味ではなく、人間にしかできない高級な精神活動としての「遊び」を持っているということだろう。自転車のハンドルですら「遊び」がないとだめだという。機械でもそうなのだから、ぼくたちは大いに遊ぶべきだ。

しかし、プラモにしろボウリングにしろサイクリングにしろ、キットを買ってきたりレーンへいったり、自転車を買ったりしなくては遊べない。ブラック・ボックスの時代は、まさに遊

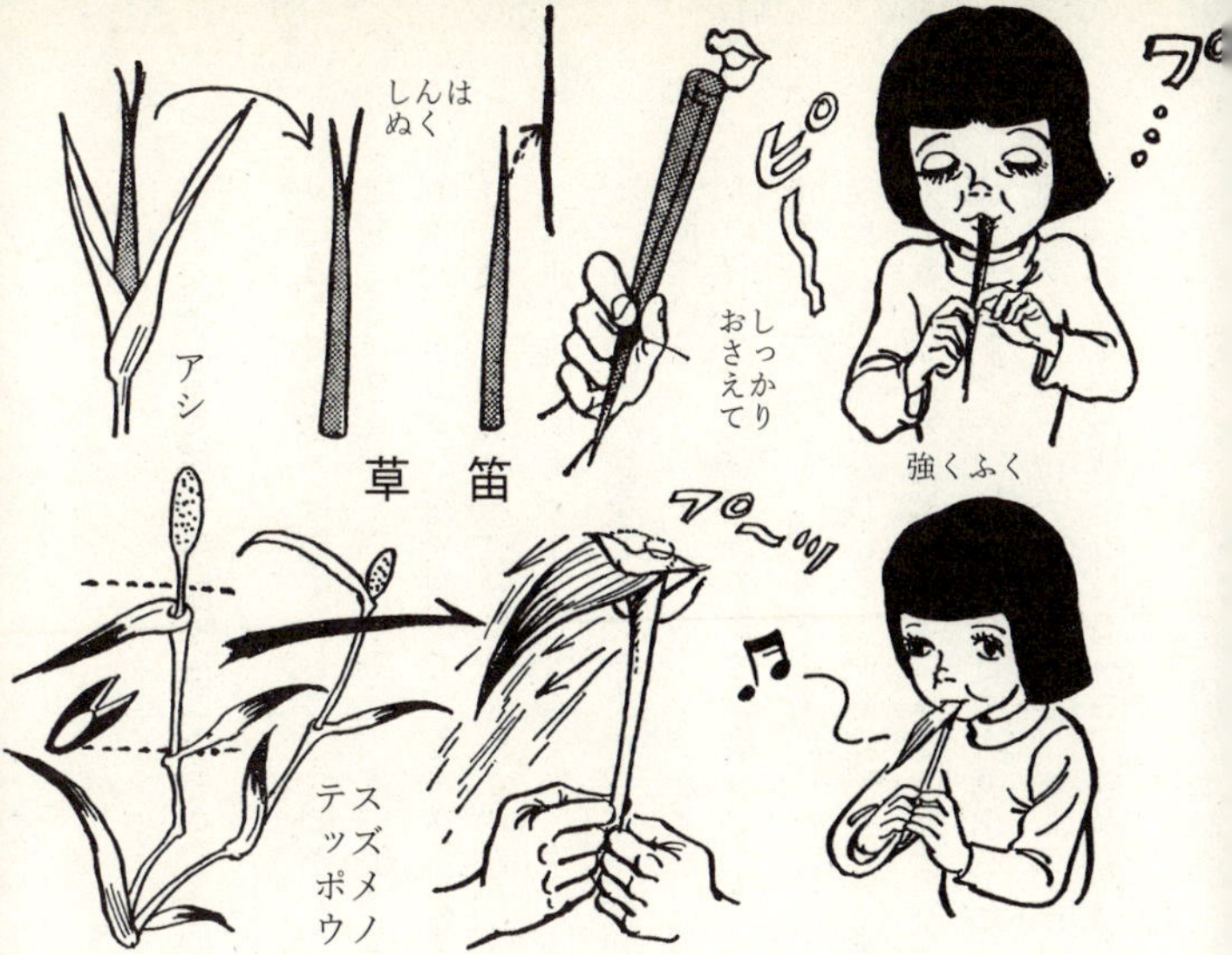

アシ
しんはぬく
しっかりおさえて
強くふく
ピ〜
プ
草笛
スズメノテッポウ
プ〜

びにまで及んでいるわけだ。ブームになるような遊びは、たいてい道具や材料といったものを買わされるシカケになっている。ただ流行だからというのでこういった遊びにとびつくようでは、自分のシッポにジャレる小犬とあまり変わらないだろう。

うんとちいさい子どもは、むしろ遊びの天才だ。高価なオモチャだからといって、けっしてそれだけで喜んだりしない。それどころか、どこかから見つけてきたガラクタか何かでじょうずに遊んでいる。だんだん大きくなるにつれて、だれかがおしつけた「魔法の箱」なしでは遊べなくなってしまうのは残念だ。キャンプに文明の利器を持ち込むのも悪くはないが、自然のふところにいだかれたときくらいは自然の中でしかできないような、きみ自身の遊びを工夫してみたらどうだろう。

ひとりのときは、手製楽器で遊ぶのがいちばん

ひとりで遊ぶのはむずかしい。仲間がいないと何をやってもすぐ飽きてしまう。ひとり遊びでも、もっとも長もちするのは、音で遊ぶことだ。ひとりで勉強部屋にこもっているとき、きみだってラジオの深夜放送で気をまぎらしているだろう。あの一匹狼の木枯し紋次郎だって長い楊枝をヒューッと鳴らして遊んでいるではないか。ひとり遊びはまず音からはじめよう。

孤独な民族アイヌは、「ムックリ」という竹の楽器をかき鳴らす。左手につかんだ糸でおさえ、弁についた糸を右手でひくと、弁が振動してかすかにブーンとうなる。なぜ口をあけて唇の間でやるかというと、ブーンがかすかなので、口の中で共鳴させて大きくするためだ。口や舌の形を変えれば、音の高さも違ってくる。うまい人が鳴らすと、ちょうど弦楽器の琵琶《びわ》の音色に似た音がする。アイヌの若い人は、このムックリを愛の告白のとき、利用するそうだ。きみも、大好きなかわいこちゃんに愛を打ち明ける準備に、たっぷり練習しておこう。

これと似た楽器はニューギニアの原住民も持っている。名まえを「ビギギ」という。原理はほとんど同じだ。そこで、ぼくも簡単な楽器を考案した。名づけて、「クシクシ」。由来は図を見ていただければわかるだろう。おしろい花や草の葉っぱなど鳴らせるものは多い。この機会にいろんな植物でためしてみて、きみ独自の楽器を作ってみよう。

ムックリ（アイヌ）

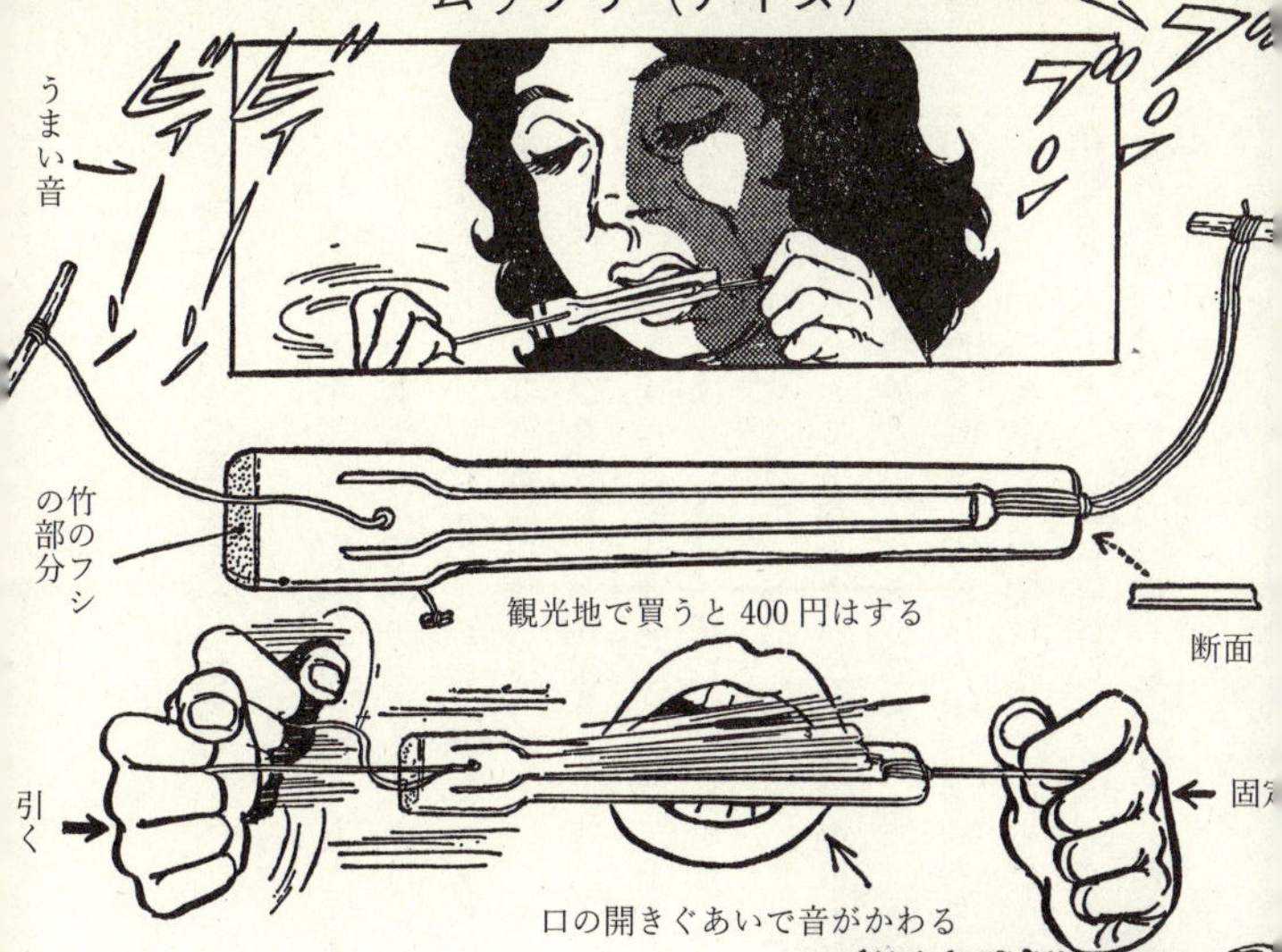
へたな音
うまい音
竹のフシの部分
観光地で買うと 400 円はする
断面
引く
口の開きぐあいで音がかわる

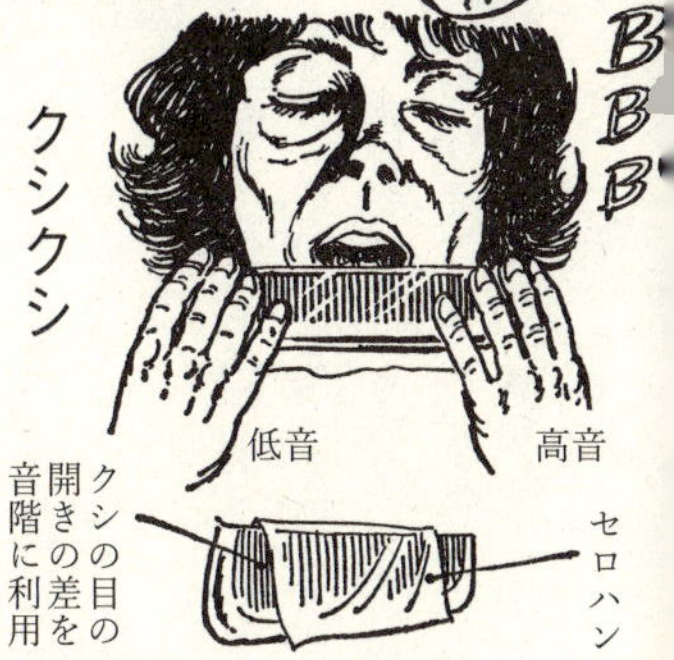
クシクシ
BBB
低音
高音
クシの目の開きの差を音階に利用
セロハン

ビギギ（ニューギニア）

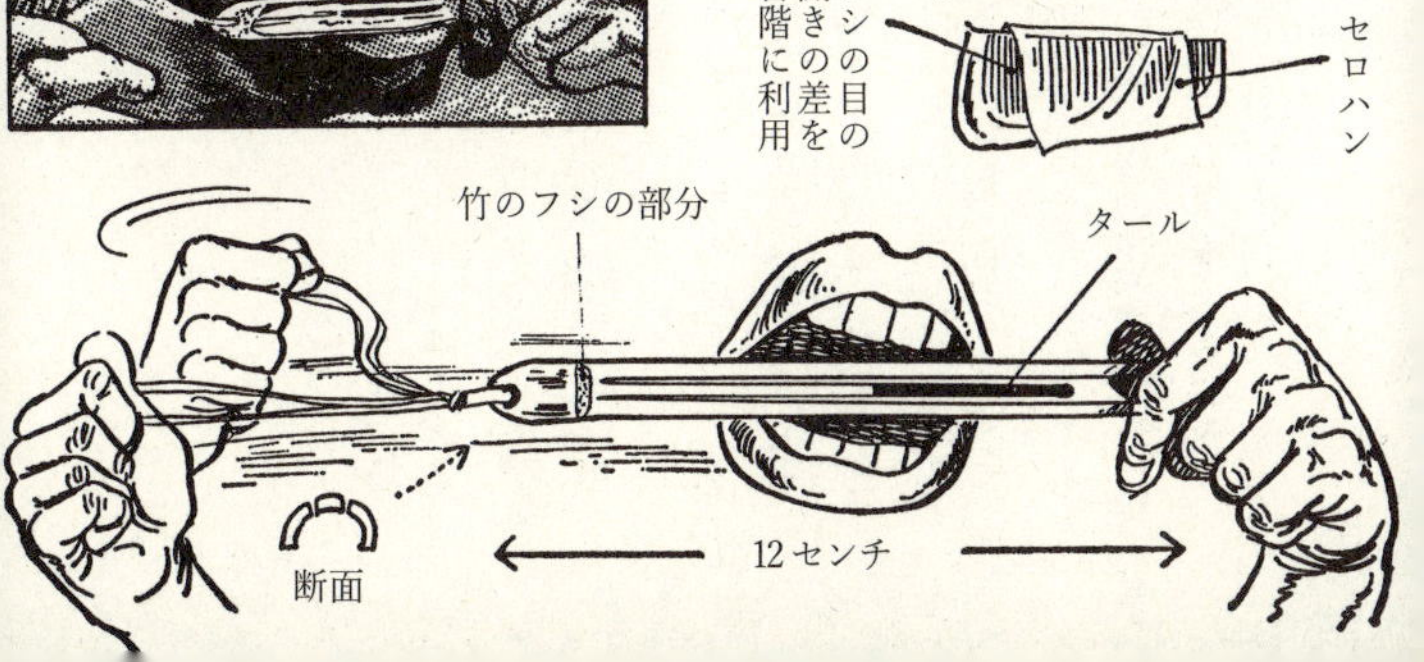
竹のフシの部分
タール
断面
12 センチ

どこにでもある草を使った遊び

ハイキングなどで、広い草原にいったとしよう。寝ころがって青空をながめたり、草いきれの中を走りまわるのにもあきたとき、きみはどうするか。バレーボールやソフトボールなどもわるくはないが、そんなものは、公園でも校庭でもできる。せっかく草原にいったのなら、草原でしかできない遊びをするほうがよい。そんなときのために、周囲にいくらでもはえている草を使った遊びを、いくつか紹介してみよう。

まずロマンチックなところから、スミレの花ずもう。花と花をからませて、ひっぱりっこをし、ちぎれたほうが負け。同じようなすもうは、松葉やオオバコの花の茎をからみ合わせてもできる。とくに、オオバコは、文字どおり「草」ずもうの横綱。小さい子どもなど、体じゅうでひっぱり合ってもなかなか切れない場合もあるほどだ。

つぎは、松葉と松ヤニを使った競艇《きょうてい》。松葉の一部分に松ヤニを塗り、水の上に浮かべると、松葉は猛烈なスピードで走りだす。図にあるように、草の実を使った飛び道具を作るのもおもしろい。図では八ツ手の実になっているが、この弾《たま》は、ヤマブキの茎の芯、杉の花などでも代用できる。ただし、口径と弾のサイズが合わないと、まったく飛ばない。あたりまえの話だが、この鉄砲、どこに当たっても危険はないから、友だちと大いに撃ち合ってほしい。

草でできる遊び

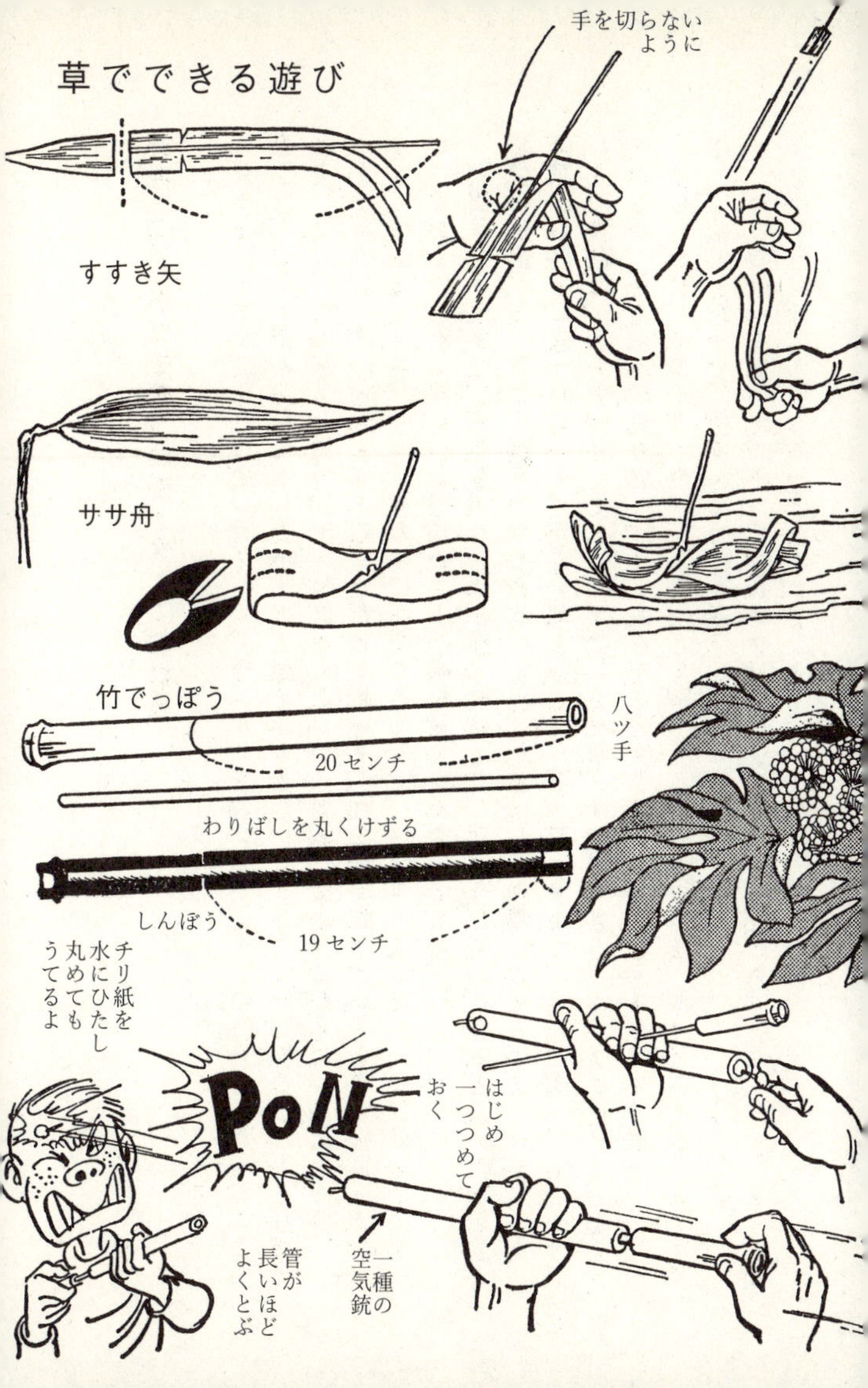

手を切らないように
すすき矢
ササ舟
竹でっぽう
20センチ
わりばしを丸くけずる
しんぼう
19センチ
八ツ手
チリ紙を水にひたし丸めてもうてるよ
PoN
はじめ一つつめておく
一種の空気銃
管が長いほどよくとぶ

きみもけんかグモのプロモーターになれる

クモを使って決闘をやらせ、ボクシングやプロレスのプロモーターの気分を味わってみよう。選手は、けんかグモともよばれるホンチ。巣を作らないハエトリグモで、性質はかなり狂暴である。まず、この選手を見つけ出さねばならないが、垣根に使われる柾木《まさき》にいることが多い。つかまえ方は、図のとおりである。ただし、朝早く、葉の裏で眠っているときでないとムズカシイ。つかまえたら、マッチ箱の中に仕切りを作って、一匹ずつ入れておく。二匹をいっしょにしておくと、すぐけんかをはじめて、相手を殺しかねないからだ。

決闘させるときは、二匹をいっしょの部分に移して、外側をたたいてやるとよい。その音と振動に興奮して、激しく闘うはずである。また、わりばしの両端にのせるのも、いい方法だ。両側から徐々に近づいていき、相手を刺し殺して、下へ落とすまで、必死に闘う。このわりばし上の決闘は、ホンチでなくても、軒下にいる女郎グモでもできる。ホンチに比べると迫力に欠けるが、どちらかが負けて、尻から糸を出してブラーンとぶら下がるまでやり抜く。

このほかに、クワガタ、カブトムシなども闘わせることができる。尻を指先でひっかいてやると、猛然と怒って、相手をひっくり返すまでやり合う。

これらの選手を集めて、ホンチジム、クワガタジムを作り、友だち同士で、チャンピオン大会をやり合えば、きみもりっぱなプロモーター。

けんかグモ（ホンチ）

まみじろはえとり

体長♂7ミリ
♀8ミリ。♂
は頭部、さわ
り足の先に白
い毛がめだつ

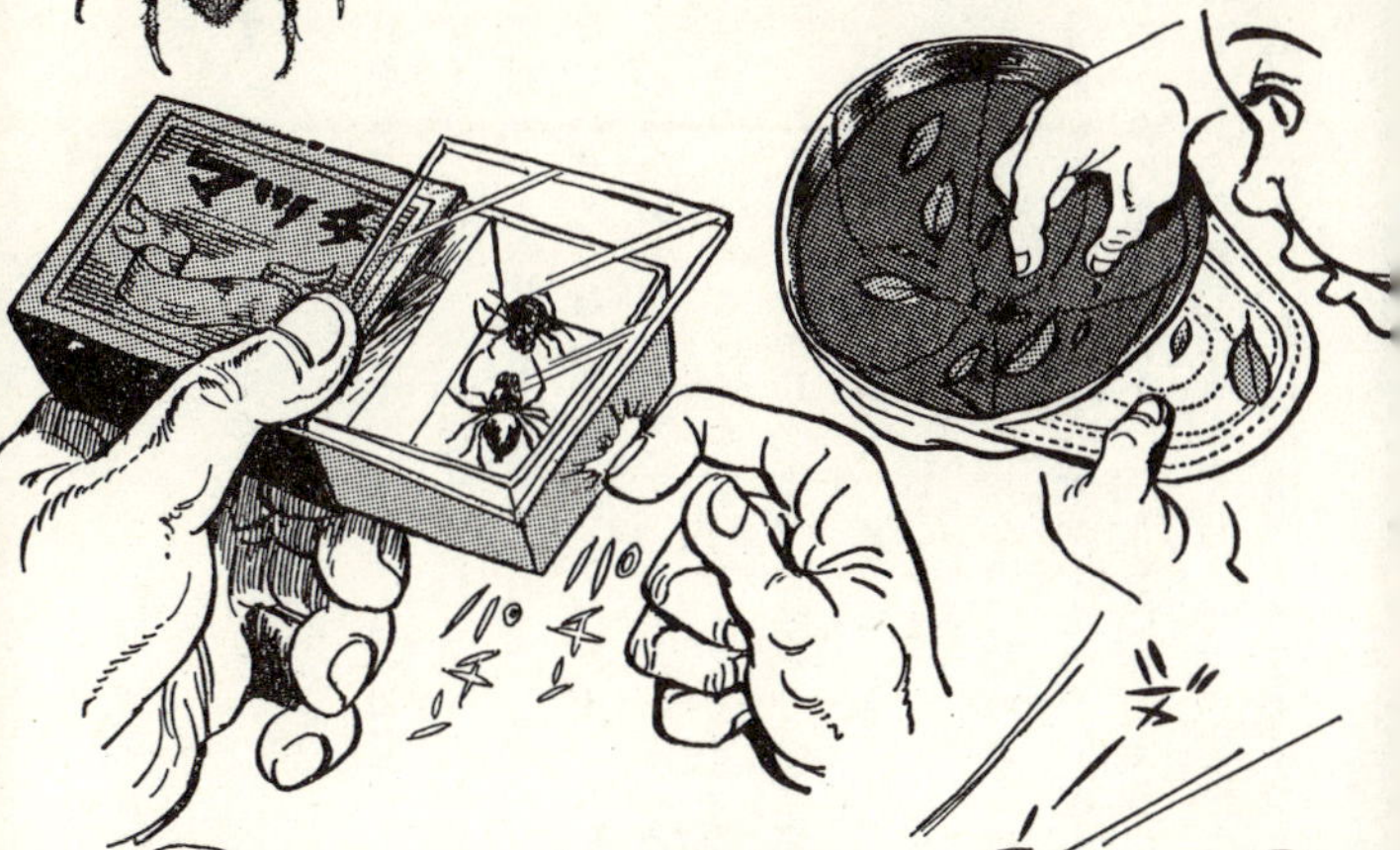

女郎グモわりばしの決闘

女郎グモ

体長♀30ミリ♂10ミリ。
秋に成熟する。
巣をはるのは朝早く

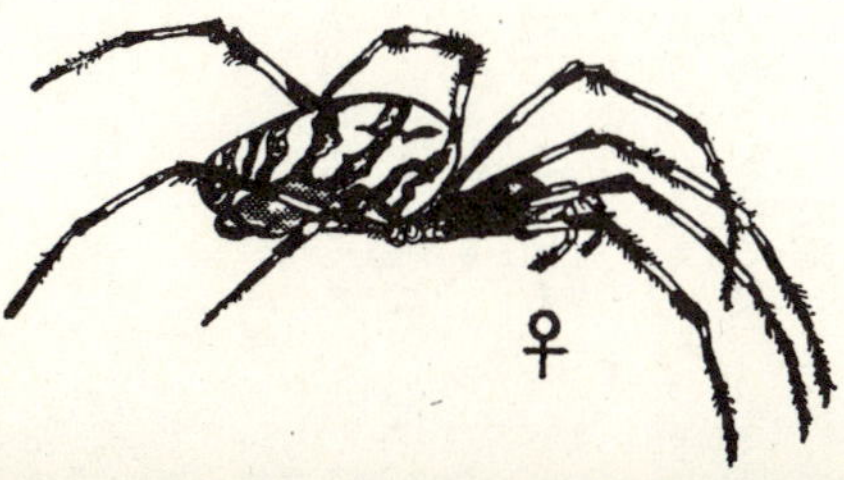

♀

メスをおとりにして、オスのヤンマをとる

大きな翅を夕陽に輝かせて飛ぶオニヤンマを、きみは見たことがあるか。きみがすでにそれを見ていれば、いわずもがなだが、その雄姿には、あらがいがたい魅力がある。なんとしてでも、とらえたくなるのだ。「トンボ釣り、きょうはどこまで行ったやら」、千代女《ちよじょ》の句どおり、どこまででも追いかけていきたくなる。しかし、ただ追っていただけでは、絶対につかまえることはできない。むろん捕虫網でもとれるが、もっとおもしろい方法をさがしてみよう。

夕方、カ(オニヤンマの大好物)を追うオニヤンマを見ることがあったら、こうしたまえ。まず小石を銀紙で包む。これを二つ作り、その間を糸でつなぐ。これをオニヤンマめがけて投げつけるのだ。周囲は暗い。オニヤンマは、銀色を目あてに、「食料だ!」とばかり、飛びついてくる。すると糸がからみつくというわけだ。

メスをおとりに使う方法は、もっとおもしろい。図のようにメスの胴を糸でしばり、グルグルまわしていると、オスが寄ってきて、なぜかからみ合い離れなくなる。そこで糸をたぐり寄せて、やすやすと手づかみにする。メスは、死んでも使えるからふしぎだ。メスが手にはいらない場合は、トウモロコシを代用しても、やはりオスが寄ってくる。ただし、この場合は、からみ合わないから、近づいてきたときに捕虫網やトリモチでとるとよい。

トンボとり

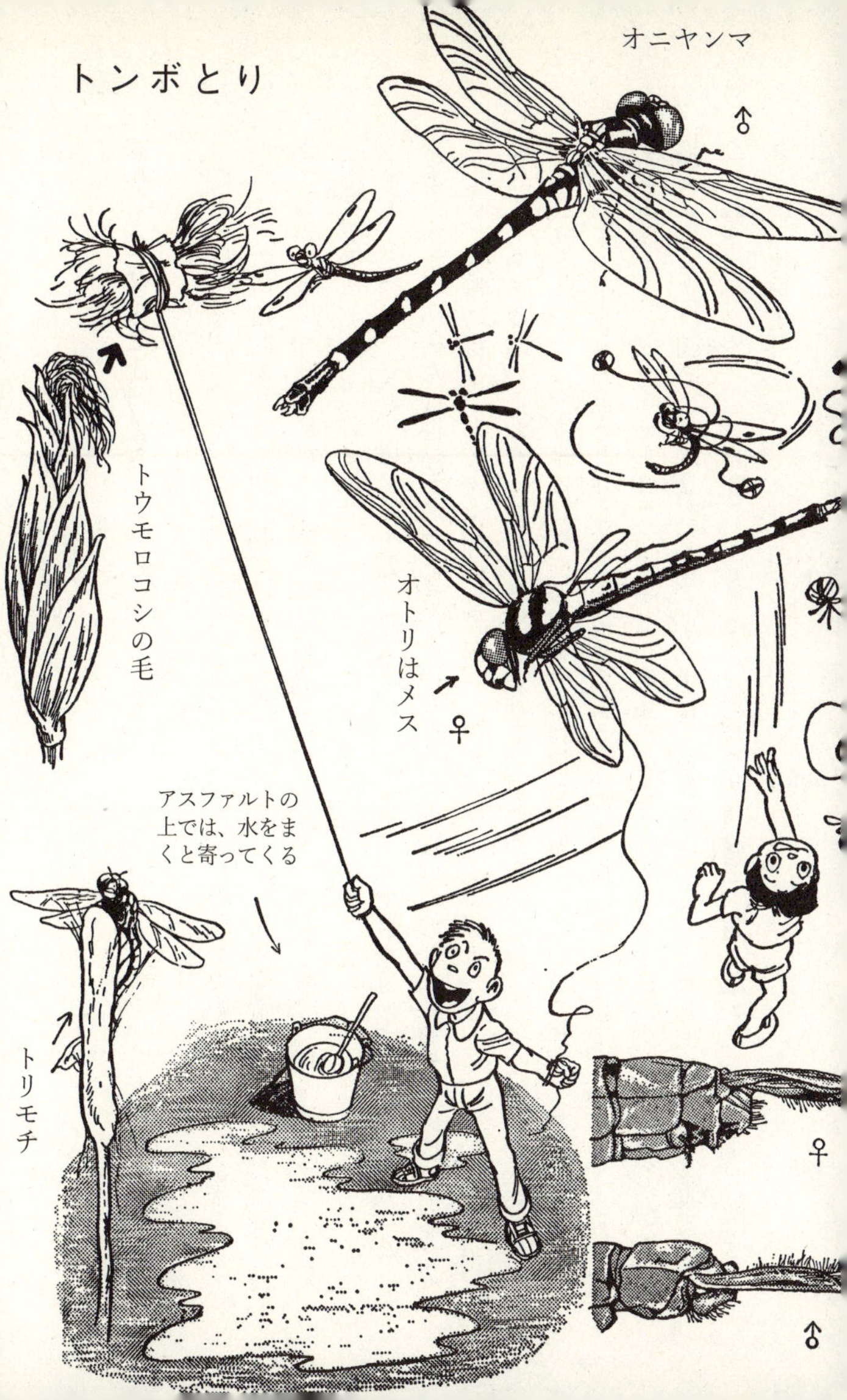
オニヤンマ
♂
トウモロコシの毛
オトリはメス
♀
アスファルトの
上では、水をま
くと寄ってくる
トリモチ
♀
♂

手作りのたこを上げよう

たこの歴史は古い。中国では二千年以上もまえに、すでに作られていたという記録がある。当時は、軍事目的のために使われていたようだ。現在でいえば、軍事衛星並みの新鋭兵器だったにちがいない。日本には、平安時代に輸入されているが、やはり最初は軍事用であり、遊びとして普及したのは、江戸時代にはいってからである。

さて、このたこだが、ぼくの子どものころは、おもちゃ屋で買うものではなく、自分で作るものだった。いろんな種類があったが、そのなかでもいちばん簡単な長崎だこの作り方を紹介しよう。材料は竹ひごと丈夫な和紙。竹ひご一本をロウソクの炎にかざして、図のような形に曲げる。あとは図のとおりにして、紙片でとめる。これが乾いたら、たこに模様を入れる。

これに糸目をつけて上げるわけだが、その糸目のつけ方で、上がり方が違うから注意すること。糸目の中心が、重心より心もち上にくるようにする。重心を見つけるには、コーラなどのビンを使う。ビンの口の上にたこを載せ、安定したところが重心である。なお、糸目は、風の強弱によって、図のように調整する。シッポは、糸目がきちんとつけられていれば必要ないが、はずれやすいので、上げながら、長くしたり短くしたりする。図の遊びのほかにも、いろいろくふうしてほしい。

たこ

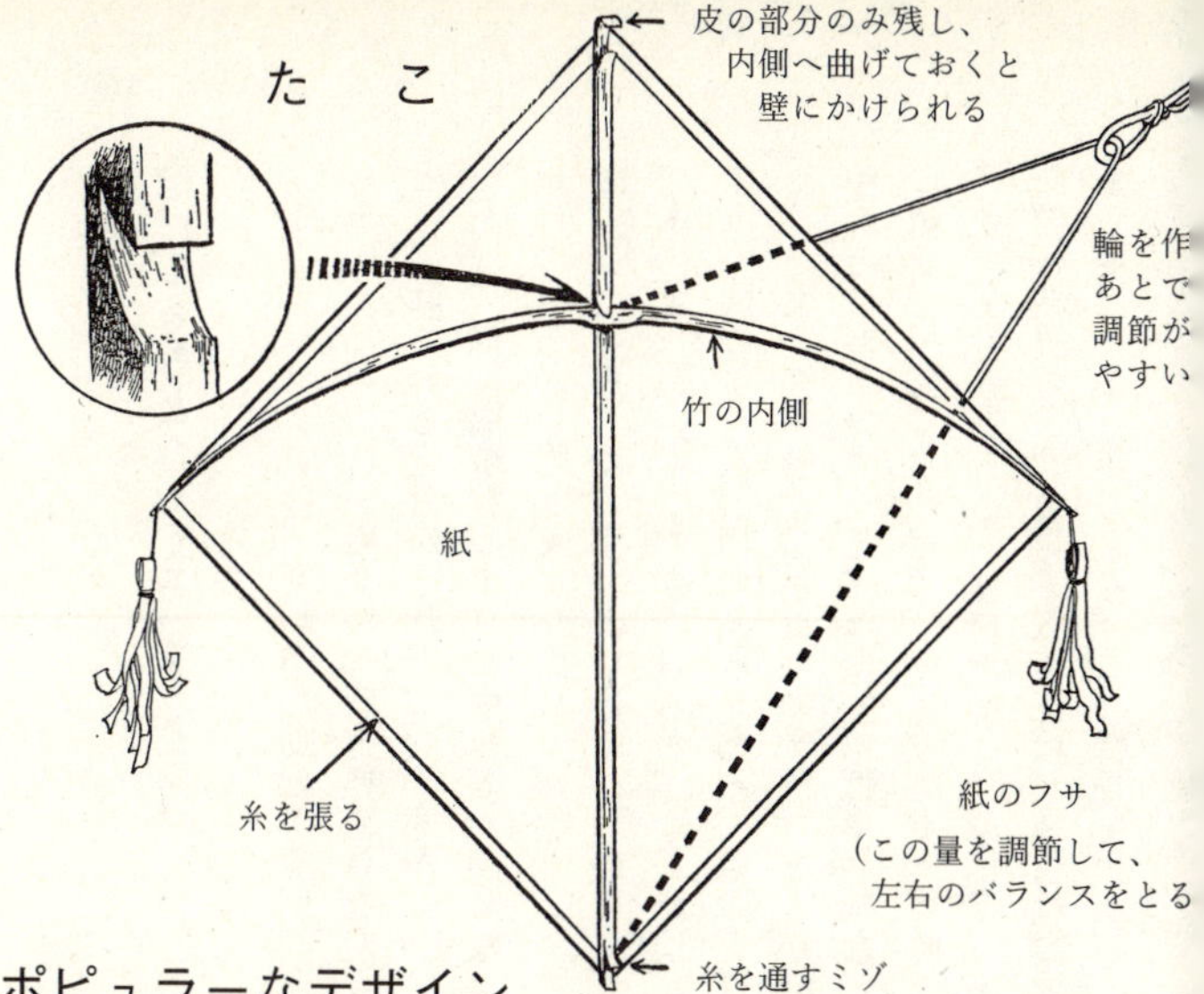
皮の部分のみ残し、
内側へ曲げておくと
壁にかけられる
輪を作
あとで
調節が
やすい
竹の内側
紙
糸を張る
紙のフサ
(この量を調節して、
左右のバランスをとる
糸を通すミゾ

ポピュラーなデザイン

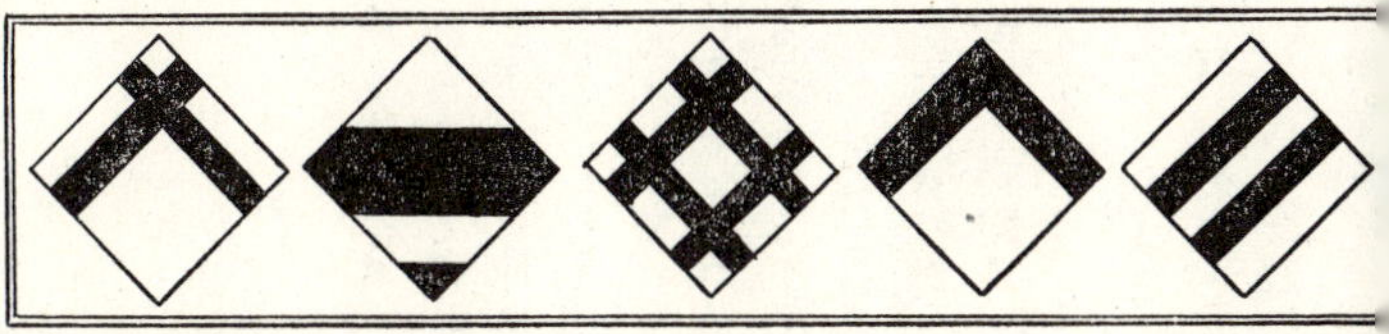

糸の調節

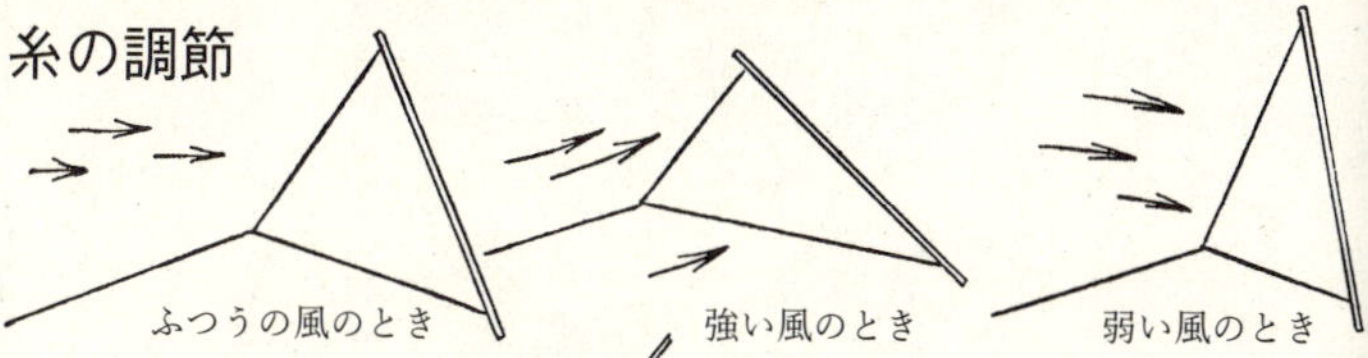
ふつうの風のとき
強い風のとき
弱い風のとき

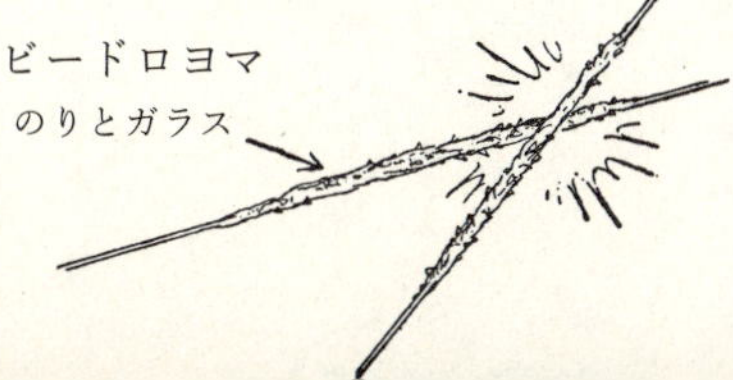
ビードロヨマ
のりとガラス

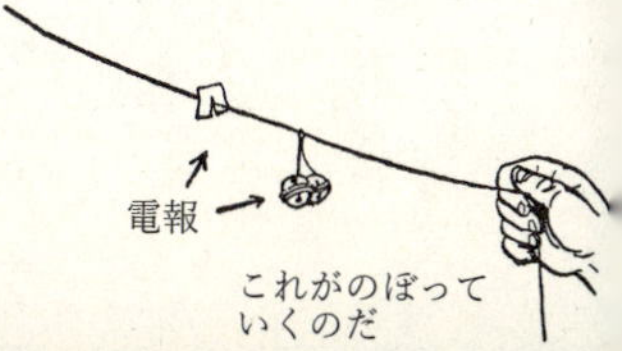
電報
これがのぼって
いくのだ

投げてももどってくるブーメラン

オーストラリアは、変わった動物が多いことで有名だが、オーストラリアの原住民も、それらを捕えるために一風変わった狩猟道具を使う。使っている部族の名にちなんで、ブーメランと呼ばれている道具がそれだ。七〇度から一二〇度ぐらいに曲がった「く」の字型をしており、断面は、飛行機の翼のように中ほどが高くなっている。これを回転させながら、獲物めがけて投げつけるわけだが、命中しない場合は、クルクルまわって、手もとにもどってくる。ただし、命中したのち、カンガルーなどをひっかけて、もどってくるわけではない。

本物は、堅い木でできているが、ここでは、発泡スチロールで、同じようなものを作ってみよう。図のような形に切り取ったら、重みをつけるために、この上に電気工事用のビニールテープをグルグル巻く。手首のスナップをきかせ、回転させながら飛ばせば、大きな円を描いて手もとにもどってくる。なお、厚紙や名刺などで作っても同じ効果はある。マッチ箱などの上に載せ、指先ではじけば、やはりもどってくるだろう。

さて、もうひとつ、純日本製の「投げる」遊びを紹介しよう。「雁殺し《がんころ》」と呼ばれる、簡単な投石装置だ。図を見てもらえば、多言は要すまい。これを使えば、手投げの二～三倍の距離まで飛ばすことができる。この特長を生かして、いろいろな遊びを考えてみよう。

雁殺し
回転
一方をはなす
ガラーン
ガラーン
大あたり
イ〜〜〜ッ

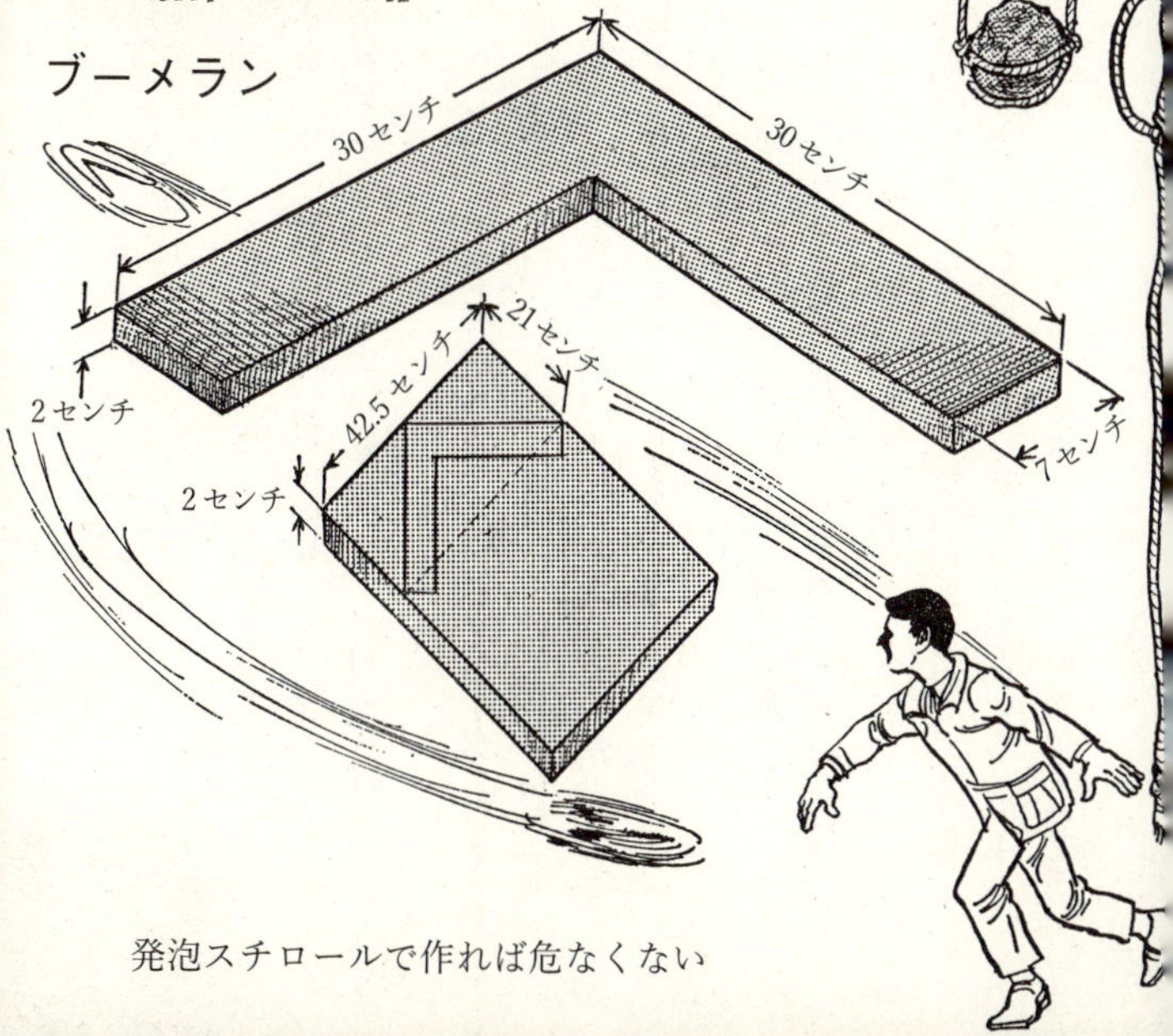
ブーメラン
30センチ
30センチ
2センチ
7センチ
21センチ
42.5センチ
2センチ

発泡スチロールで作れば危なくない

廃物を利用して遊ぶ

むかしから、永久運動に関する発明は多い。永久運動機関は、科学的にいえば絶対にできないことになっているが、現在でもこれに挑戦する人がときどきいるという。不可能に挑むわけだから、なかなか愉快な発明が多い。

たとえば、一八八〇年、アメリカで特許をとった永久水力原動機。まずタンクに水を満たし、そこから落下する水流で水車をまわす。回転する水車は、一方で製粉機械を動かしながら、他方で歯車をまわす。この歯車が、カムをまわし、その動きがレバーに伝えられる。レバーの上下でポンプを動かし、下に落ちた水を、ふたたびタンクに汲み上げるというしかけ。あとは、これらのくりかえしで、いつまでも動くはずだと発明者はいっている……。

ここに紹介するのは、それほど非科学的なものではない。いずれも、りっぱに動くおもちゃである。紙ヒコーキはやさしい、ほかはいささか説明を要するだろう。まず、ブン。材料は、いらなくなった大きめのボタンと糸。図のようなものを作り、両手の親指をひっかけ、グルグルまわして糸をよじる。あとは、両手の間隔を広くしたりせまくしてこの糸のほどける力を利用すれば、連続的にボタンがまわりだす。一カ所に切れ目を入れ、友だちと糸を切りっこするとおもしろい。ブルドーザーは図のように作り、ゴムをまいてやれば、かなりの坂でも登る。

紙ヒコーキ

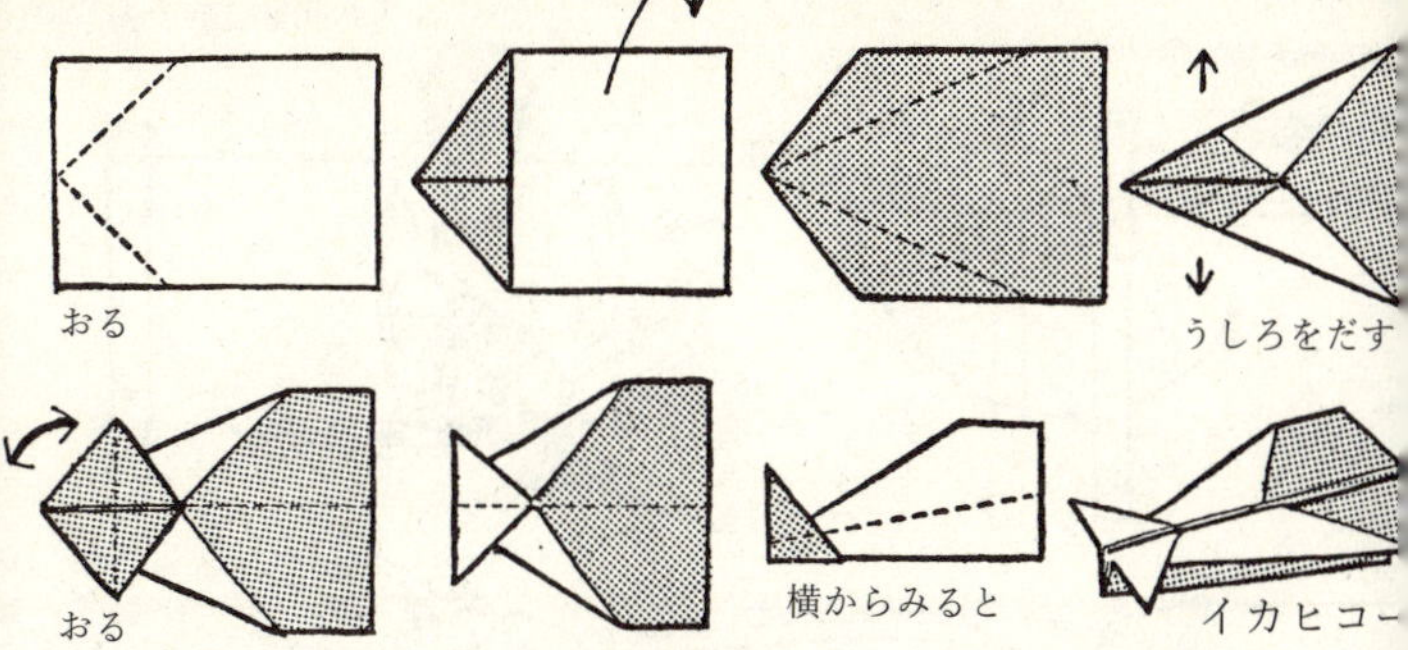
うらがえす
おる
うしろをだす
おる
横からみると
イカヒコー

ブン

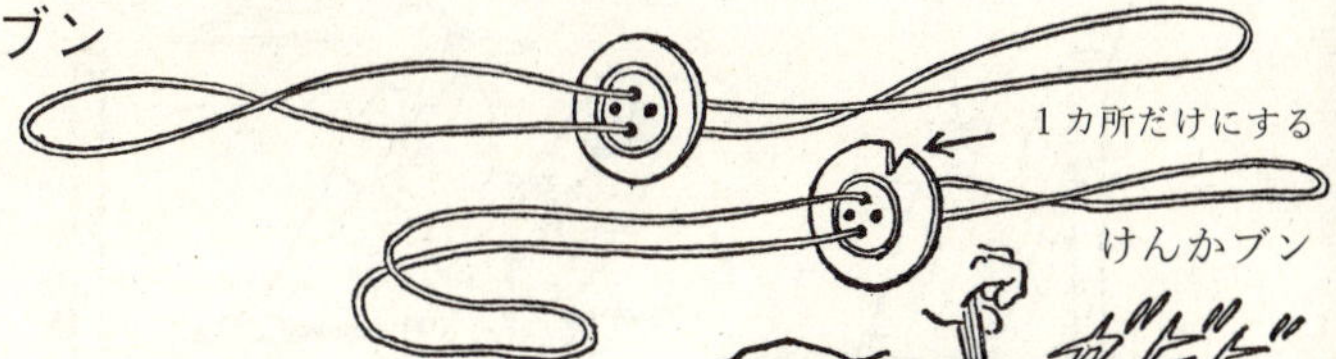
1カ所だけにする
けんかブン

ブルドーザー

ガビビー
円形のあつがみ
ゴム
ゴムドメ
わりばし
ゴムをまく
糸まき
どちらが勝つか！

消火ゲーム

キャンプ能力テスト（組にわかれて時間で競争）

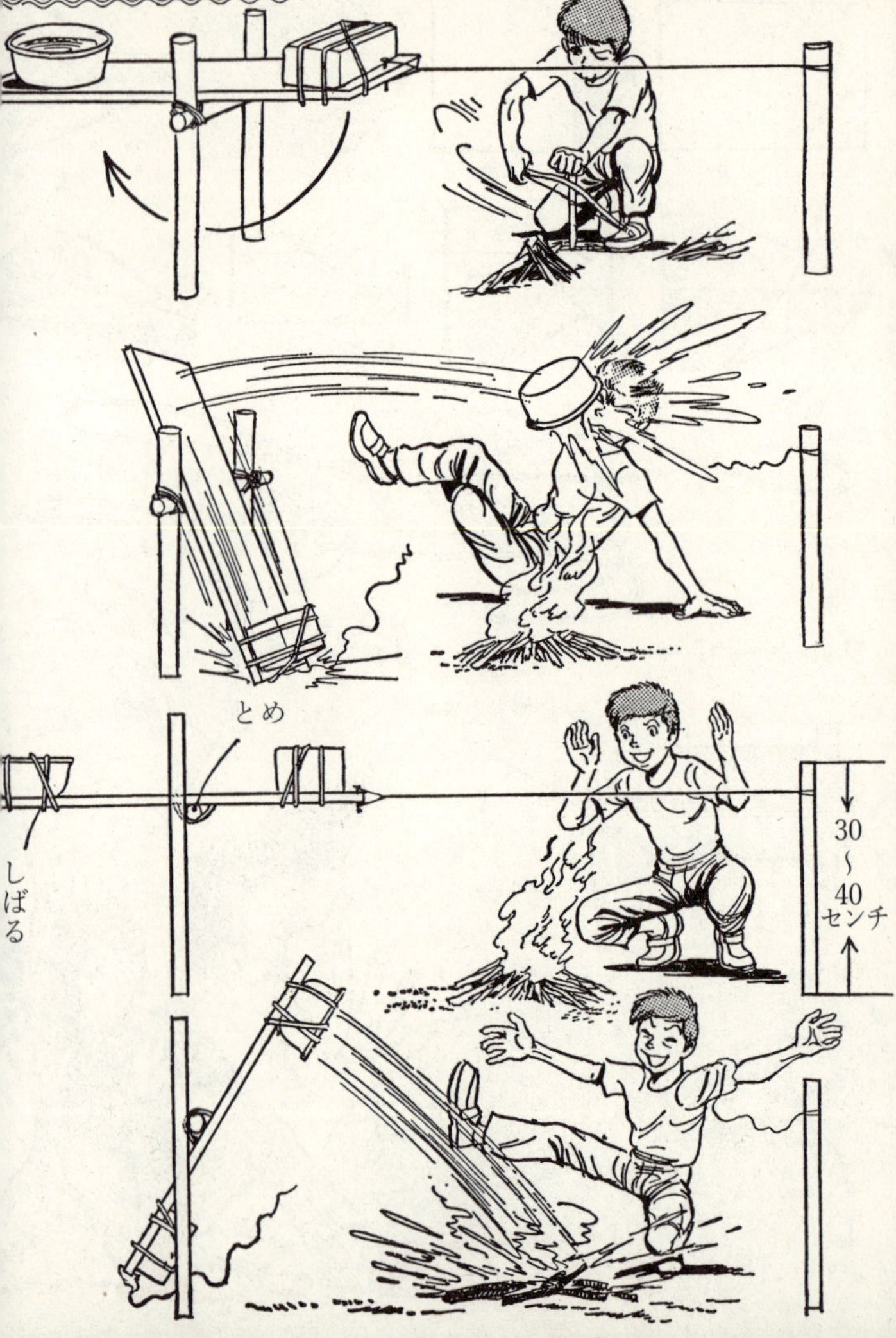

12

救う

医者きどりで、手当てをしてはいけない

この本がすすめる「冒険」とは、むやみに危険をおかすことではないが、キャンプにしろ水泳にしろ、事故は覚悟しておいたほうがいい。そのときにあわてないためには、ひととおりの救急法の心得はぜひ必要だ。ただし、「ナマ兵法《びょうほう》は大ケガのもと」。これは救急法の場合にもあてはまる。手当てをしたつもりで、逆に容態を悪くしてしまうことも十分考えられるのだから、ウロオボエの救急法では役に立たぬどころか有害でさえある。

たとえば、同じようにおなかが痛くなったとしても、寝冷えなら温めなければならないし、盲腸炎なら冷やさねばならない。こういう診断は、専門家である医者でさえまちがえることがあるのだから、シロウトがアヤフヤな処置をほどこすのは考えものだ。しめあげる止血法などにしても、これは動脈が切れて多量の出血があり、ほうっておけば死んでしまうといった重大な事態のときにはじめて行なうもので、大したこともない出血にこんなことをしたら、止血したためにエソを起こして腕を切断しなければならなくなることもおこりうるのだ。

動脈からの出血は、あざやかな血がいきおいよく吹き出し、静脈からの出血ならドス黒い色の血が湧き出すように出る。にじみ出すような出血は末端の毛細管が切れたときにおこる。血が出ただけで大アワテするのは早計というもので、ちいさな出血ならば止血などよりも傷口の

救助犬 セントバーナード

スイス・セントバーナード僧院の飼いイヌバリー号は、39人の人命を救い40人めにオオカミとまちがわれて射殺された。遺骸はベルリンの博物館に剝製《はくせい》となっているという。救助犬として有名なセントバーナードはこのバリー号に由来している。

消毒がまず第一だ。

救急法のことは、英語ではファースト・エイドという。最初の手当てという意味だ。最初の手当てということは、第二の、つまり医者の本格的な手当てを前提としているわけで、救急法は、けっして医者のマネゴトではないということをおぼえておこう。

だから、止血や人工呼吸のやり方といったことも大事だが、事故にあった人に、そばにいるきみでなければできないことをしてあげることがいちばん大事だといっていい。

きみでなければできないことは何だろう？　それは、きみがあわててしまったりしないこと。なんといっても、事故にあった人というのは、体の傷にもまして大きな心理的ショックを受けている。きみがしっかりしていることこそ救急法の第一歩なのだ。

骨折患者は動かさない

きき腕を折ってしまい、なれない吊り包帯に顔をしかめながら左手で必死にノートをとる——いたずら好きのきみなら、きっと、こんな経験があるだろう。ここでは、骨折事故の応急手当て法と必要な道具を紹介しよう。骨折は初期の手当てのしかたで結果がずいぶん変わるから、よくおぼえて活用しよう。

骨折の手当てでたいせつなことは、むやみに患者を動かさないことだ。応急手当てもしていない人を、救急車のつもりで自動車に乗せれば、骨は肉にくいこみ、症状をいっそう重くしてしまう。現場で寝かせて、毛布、コートなどをかけて医者を待つのが最善の策である。少しでも患者を動かすときは、図のよ

すねの骨折

もも中央からかかとのさきまでそえ木2本をあて、すくなくとも四カ所をしばる

大たい骨の骨折

かかとからわきの下までのそえ木と、かかとからまたまでのそえ木各1本を用意し足四カ所、腰二カ所をしばる

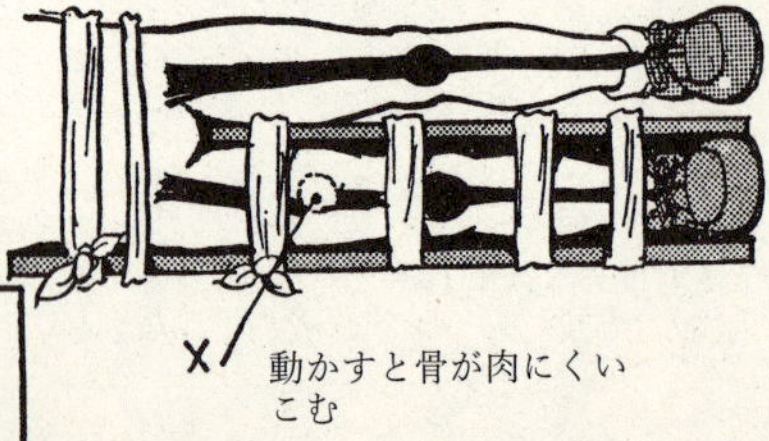

動かすと骨が肉にくいこむ

これらはすべて応急処置である。患者は動かずに寝て救援を待つべきである

うなそえ木、当て布をかならずすること。

骨を折ると多かれ少なかれ嘔《は》き気、貧血などのショック症状があらわれる。こんなとき興奮剤や鎮痛剤をあたえることは禁物だ。骨折に内服薬は必要ない。できるだけ早く医者にみせることだけを心がけよう。

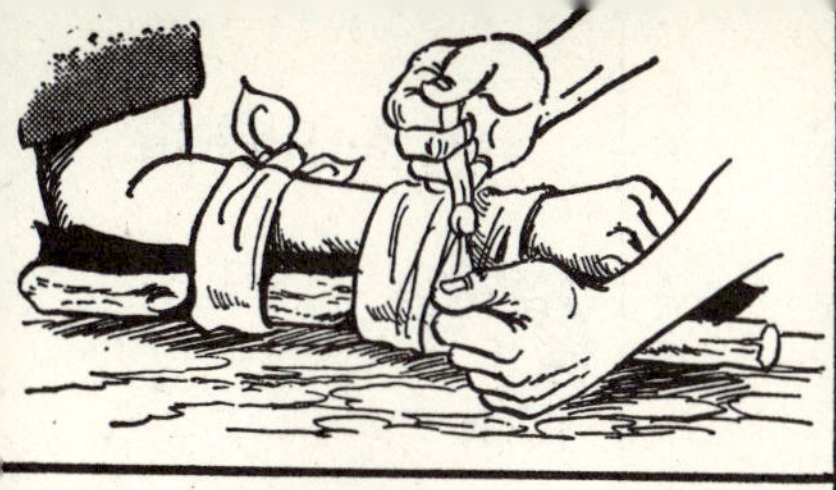

前腕の骨折

当て布を必ず当て、包帯の結び目は図のように

そえ木になるもの

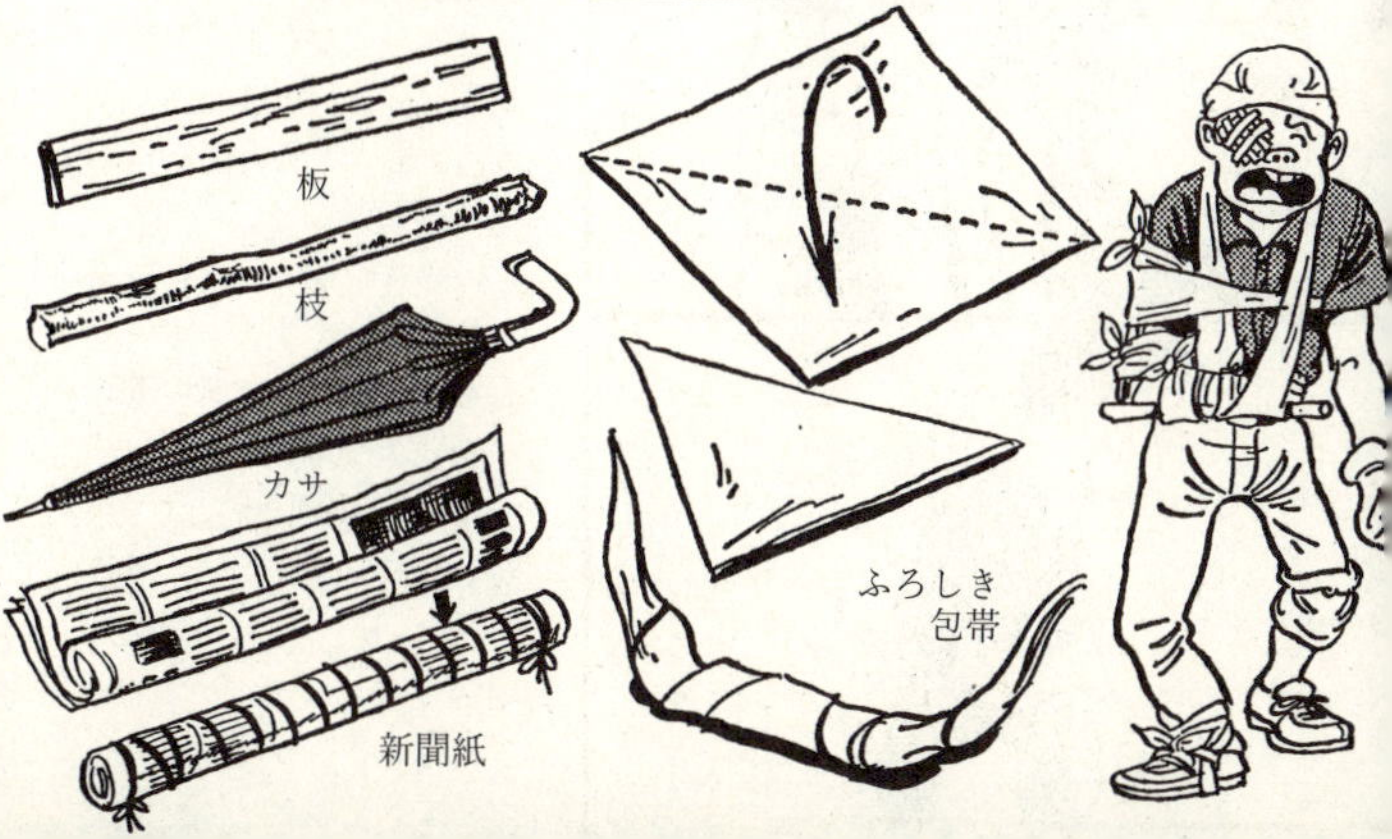

鎖骨の骨折

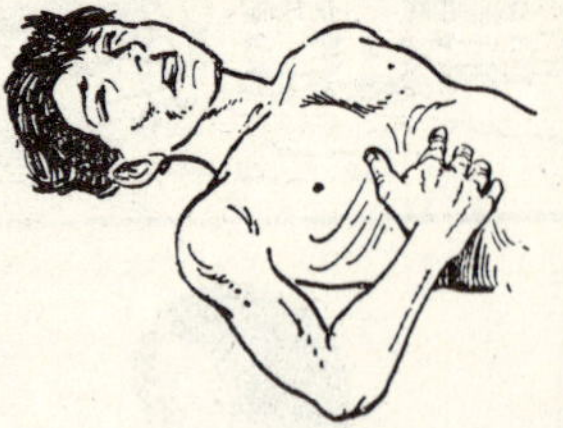

のどの下を起点にして、腕のつけ根まで、軽くＳ字に曲ってのびている骨が鎖骨である。

鎖骨は、肋骨《ろっこつ》とともに、胸から肩の骨格を支えており、腕の動作にも欠くことのできない骨だ。

ところが、この鎖骨は重要な働きをするわりに、きゃしゃな骨で、わずかな衝撃ですぐ折れてしまう。

不幸にして鎖骨を折ったときは、まず図のように三角巾で腕をつる。このとき、手がひじよりも、５センチほど高くなるようにすると、骨折箇所にふたんをかけない。

つぎに、幅のひろい布で、腕と体をガッチリと固定する。ただし、しめすぎて血の流れを止めないように。

なお、鎖骨骨折では、そえ木は、けっしてしないこと。

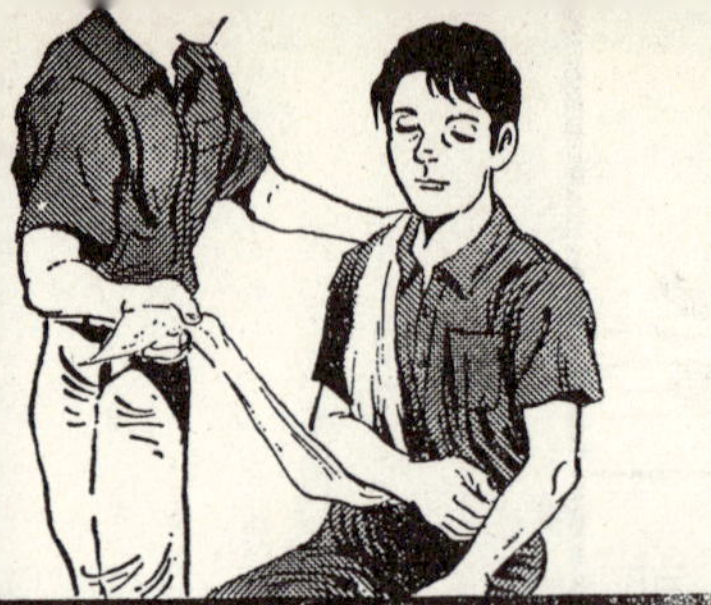

① そえ木は必要ない

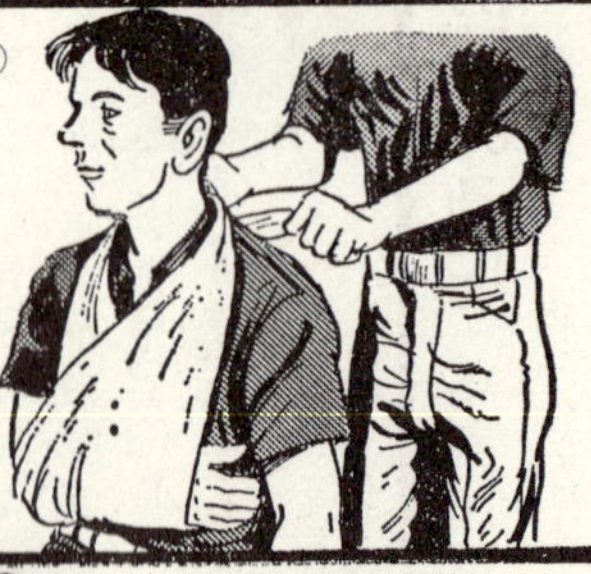

② 包帯より三角巾が使いやすい

③ 手をひじより高くする

④ ここまで応急手当てをしてすぐ医者へ

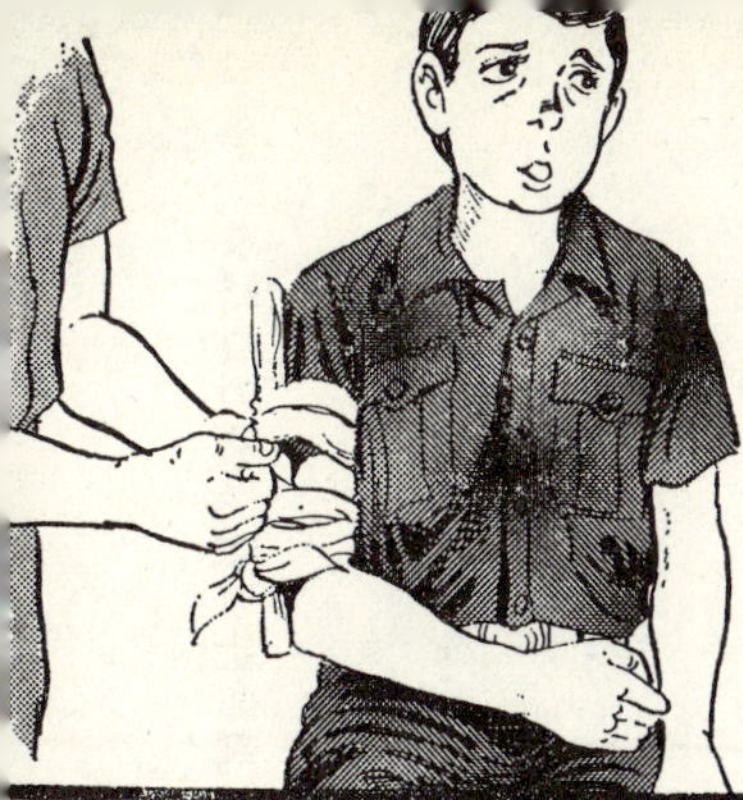

①そえ木は必ず外側に

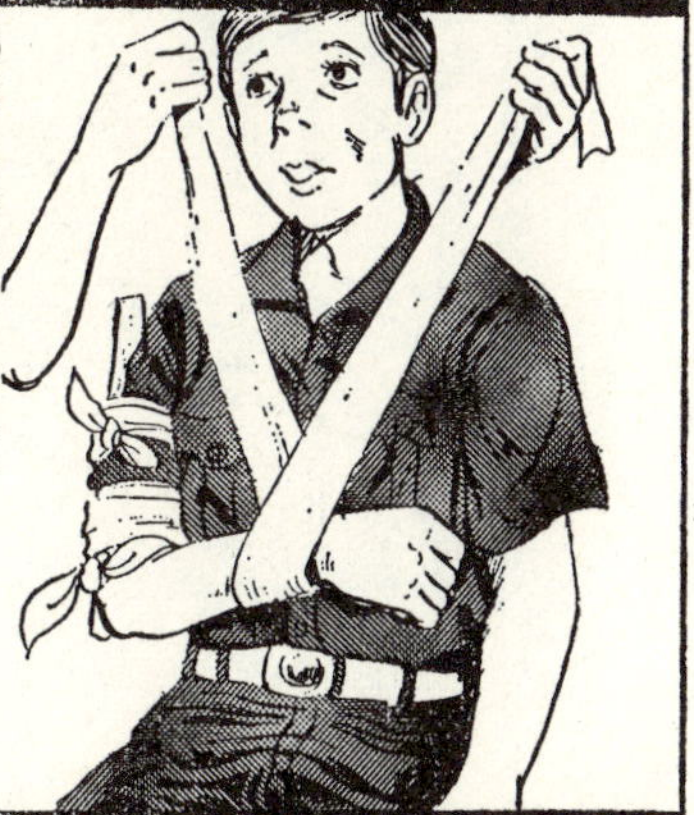

②吊り包帯はクロスさせて首のうしろで結ぶ

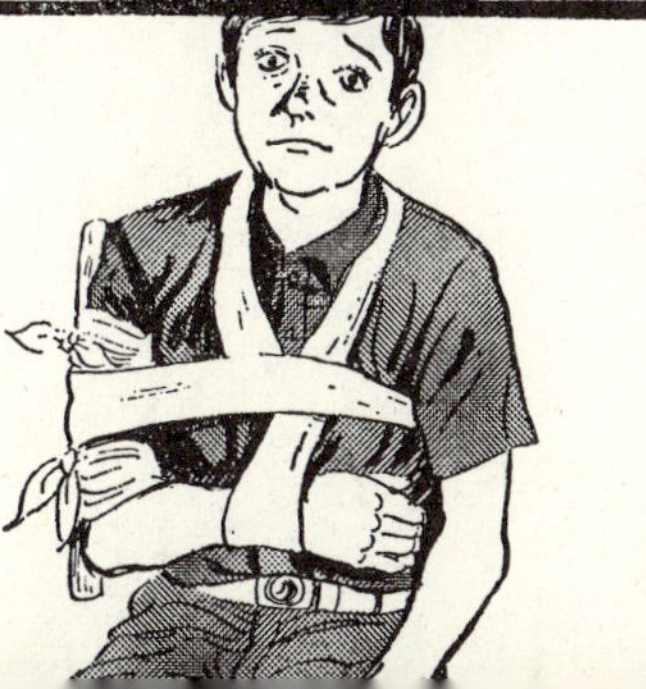

③腕と体を固定して背中で結ぶ

上腕骨の骨折

人間の体のなかで、もっとも骨折しやすいのは腕。それも、ひじから先の前腕とよばれる部分だ。

これから述べる上腕骨は、太い丈夫な骨で、簡単には折れない。それだけに、万一折れた場合には、慎重な手当てが必要となる。

一般的にいえることだが、骨折の手当てに、シロウト療法は禁物。「検査」などと称して、体をやたらに動かせば、単純骨折も、複雑骨折となって、なおりにくくなる。

現場でできるのは、応急手当てだけ――このことを、肝にめいじておこう。

上腕骨の骨折がおきたら、肩からひじの長さより、少し長めの、当てものをしたそえ木を用意する。そえ木は、必ず腕の外側につける。

あとは、図のように、鎖骨骨折と同じ要領で手当てをおこなう。手の甲を外側に向けると、傷にひびかない。

タバコの葉っぱも止血剤になる

ここでは止血法について説明しよう。まず知っておきたいのは、どんな大出血でも傷口を直接おさえれば血は止まるということだ。おさえても止まらないのは、動脈からの血が吹き出している証拠。このような場合は、図にあるような動脈緊縛《きんばく》法を行なう。ただし、この緊縛法は「手足を失うか生命を失うか」という非常のときだけに使うことをくれぐれも忘れないように。

三角巾と安全ピンはヒザ、頭、腕などの止血にとても便利だ。また、ちょっとした出血にはタバコの葉っぱも効果がある。ほかになにもなければ、やむをえずタバコを利用しよう。

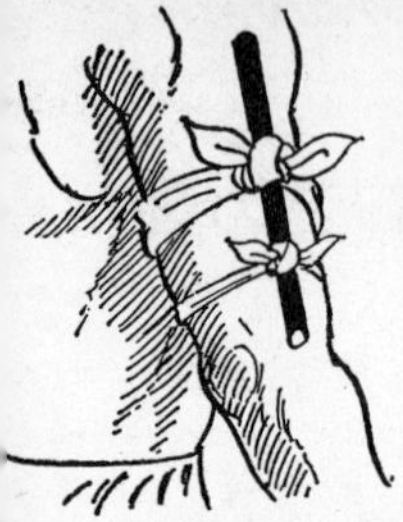

そうとうひどい場合以外は使わないこと。夏なら二時間でエソになる。短時間の応急手当てである

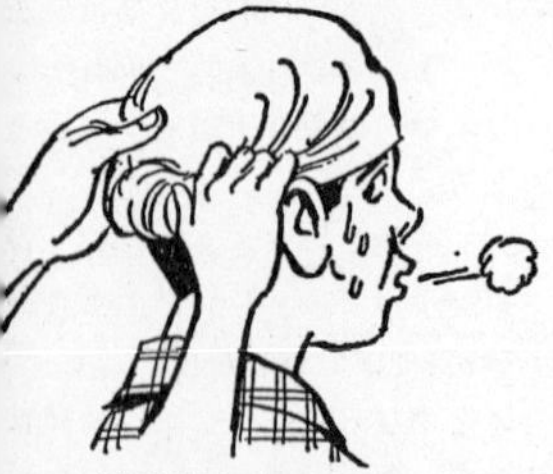

端は安全ピンで

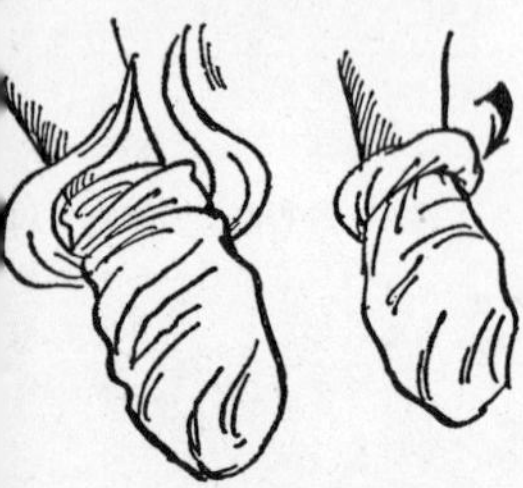

まきこむ

ヒザを切ったとき

動脈緊縛法《どうみゃくきんばくほう》

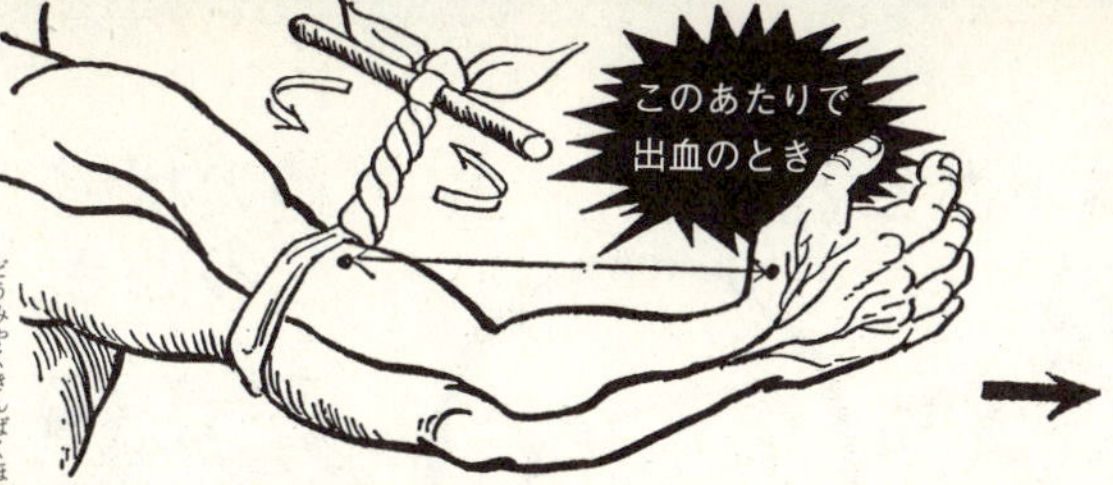
このあたりで
出血のとき

動脈の流れが止まるまで布で腕をしぼりあげ、もう一枚の布で、まきもどらないよう固定する

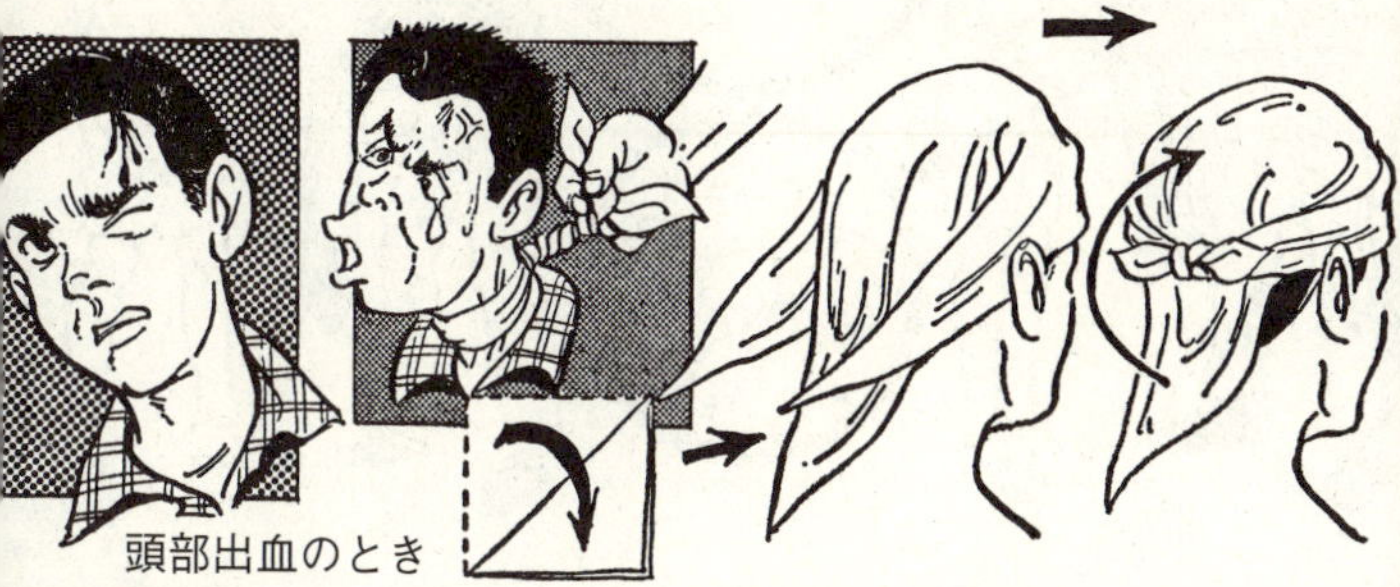

頭部出血のとき

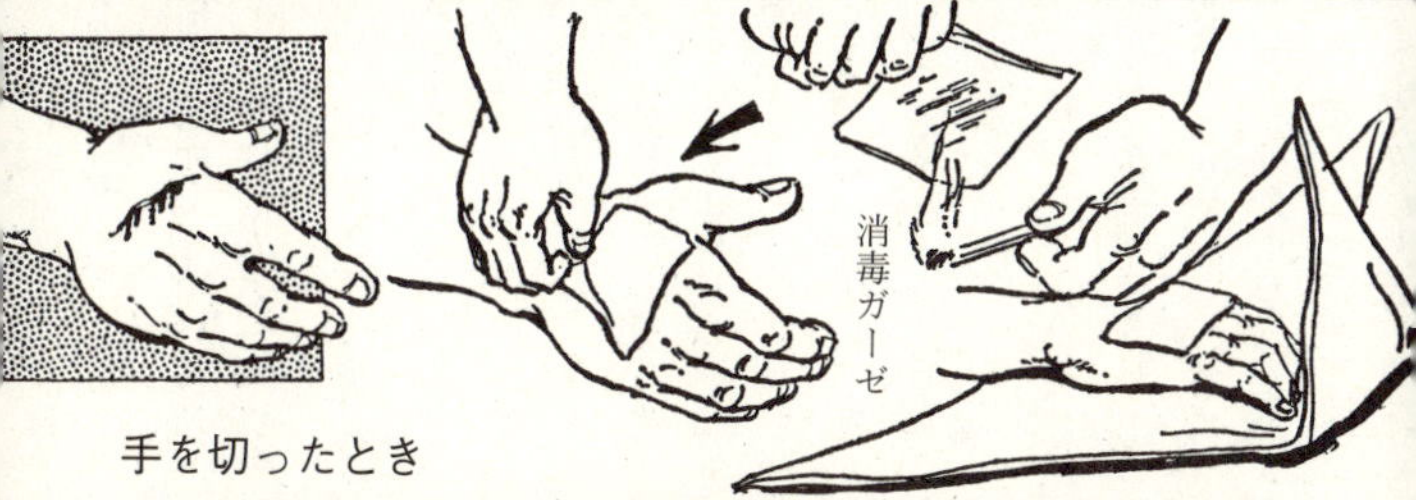
消毒ガーゼ

手を切ったとき

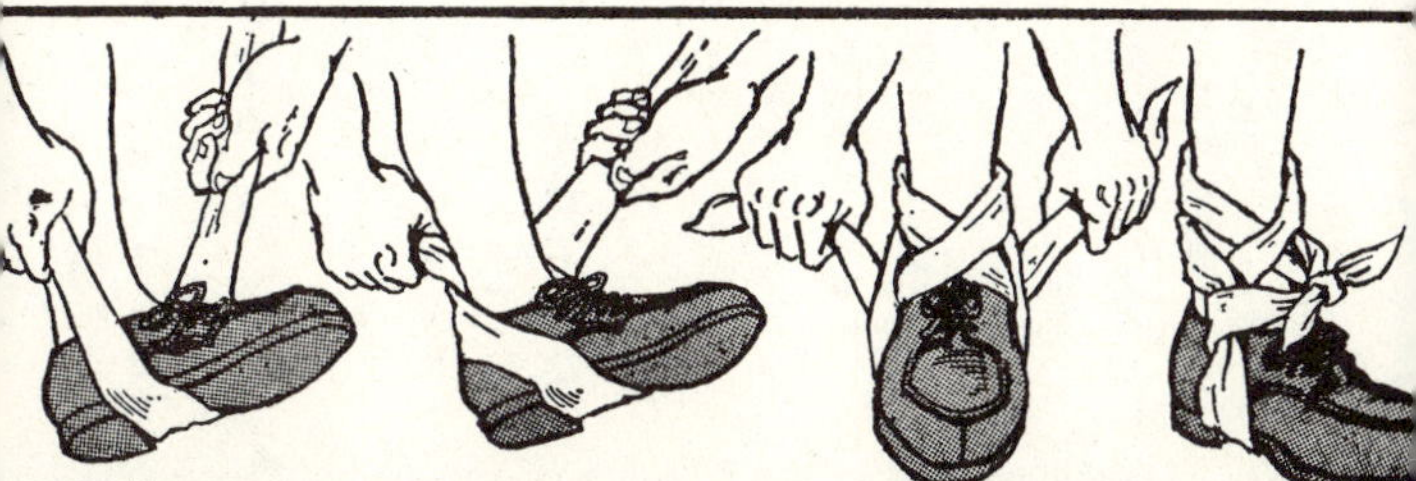

足首ねんざ

靴をぬいだら足がはれて靴がはけなくなる

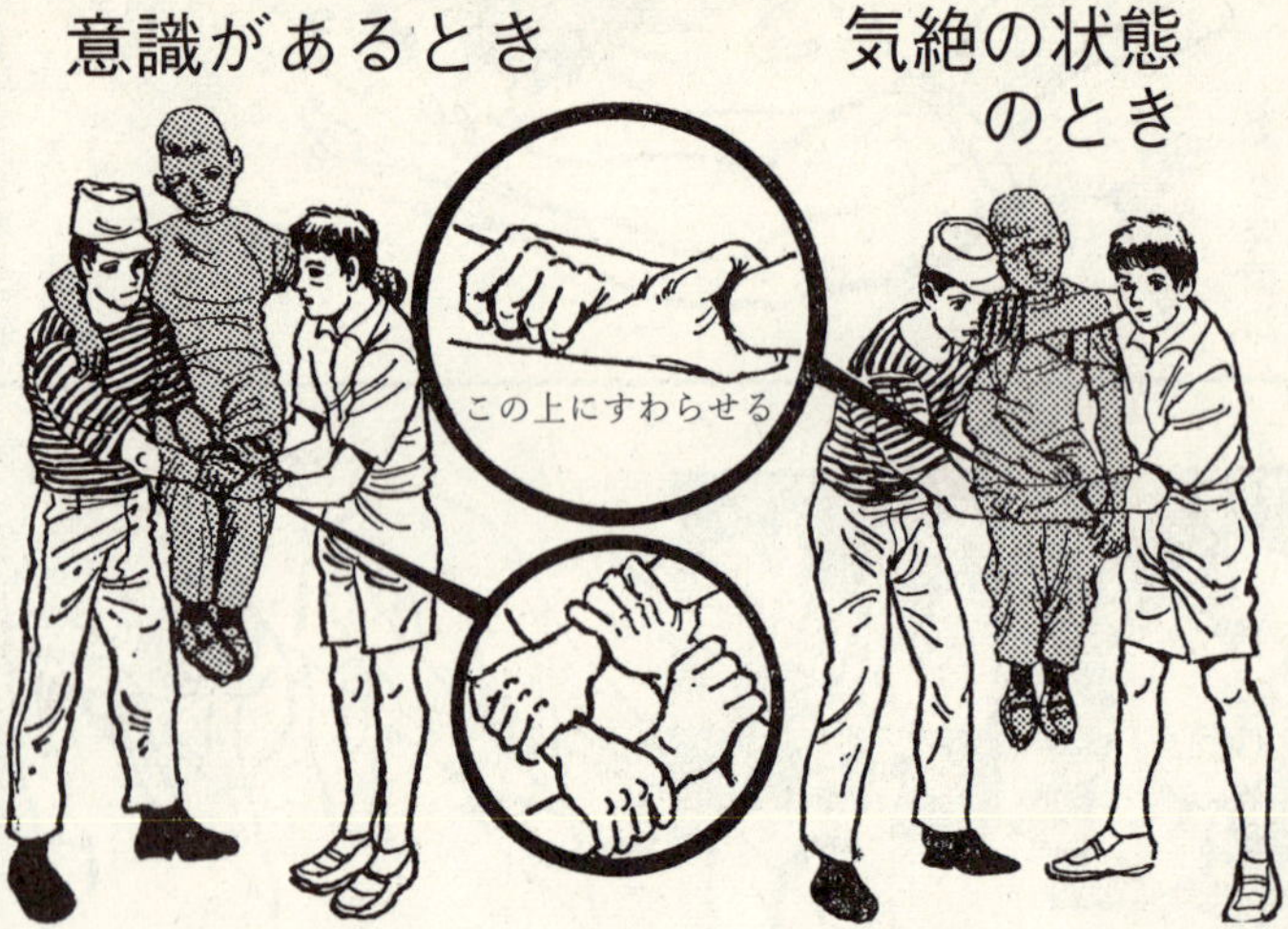
意識があるとき
気絶の状態のとき
この上にすわらせる

即製のタンカには、かならずためし乗りする

いちおう急病人の応急手当てがすんだら、次に考えなければならないことは、運搬法である。

まず道具がなにもない場合。患者が重傷なら、図のように腕を組んで患者を乗せる。この方法は全体重が腕にかかるから、長距離を運ぶときは交替要員が必要。横歩きにソロソロと運べば、患者にあたえる振動も少ない。片足をねんざした程度の軽傷なら、肩車で十分である。

毛布やシーツなどの道具があれば、即製のタンカが簡単に作れる。このほうが患者が楽なことはいうまでもない。タンカの棒として患者の身長より六十センチ長いパイプ、竹ざ

シャツで作る即製タンカ

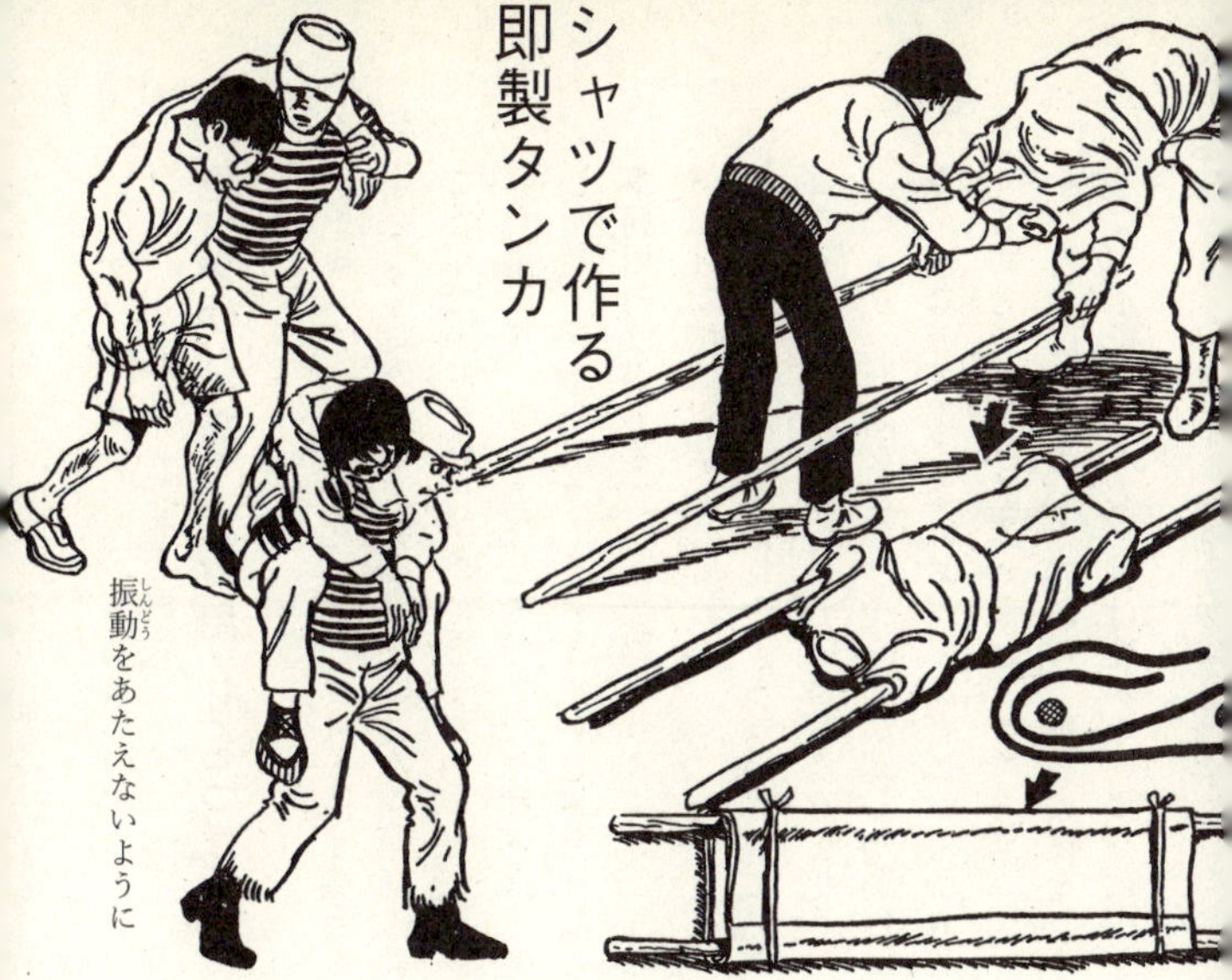

お、ボートのカイなどを用意し、図のように毛布を折って、ひもで固定する。

毛布がない場合は、シャツを利用したタンカを作る。米軍放出のアーミー・シャツなどは、大きくてうってつけだ。ボタンを全部かけて、それぞれ反対方向からソデに棒を通す。ボタンが表に出ないように注意。

長い棒がないときは、患者を毛布の上に乗せ、両側を患者の近くまで巻き込めばタンカとなる。ただし、この場合は最低六人は必要である。もちろん人家がそばにあって、戸板やはしごが調達できれば申しぶんない。

最後に注意をひとつ。タンカを作ったら、患者と同じ程度の体重の人がかならずためし乗りをすること。さもないと、負傷者にさらに傷を負わせるという笑えない喜劇になりかねない。

軽いやけどには、事務用ノリをつける

キャンプや山歩きをすると、火を使う機会も多くなり、やけどをすることもふえるから治療法をよくおぼえておこう。やけどは、程度によって治療法がかわるから、症状を的確につかむことがたいせつだ。手当てをまちがって、ショック死した人もいるから要注意。

熱湯やスープをこぼしてできたやけどは、軽ければ谷川や井戸の冷たい水で冷やし、空気をしゃ断するためにコールドクリーム、軟膏《なんこう》などをこすり込む。あまり知られていない特効薬に事務用のりがある。へたな薬よりよくきくくらいだ。ただし、同じのりでもアラビアノリやセメダインでは効果がないから、念のため。

水疱ができたら、それを破らないように滅菌ガーゼをあてて包帯をする。このとき水疱の上にクリームや軟膏をつけるのは、傷を悪化させるだけだ。水で冷やすことを忘れないように。

煮え立った油などをひっくりかえした場合は、たいてい皮膚がただれてしまう。このときは、ガーゼなどで患部をおおって医者にすぐつれていこう。

このとき面積が大きければ、かならずショックがつきものであることをおぼえておくこと。やけどの応急手当てと同時に、患者の体をシーツでまき、毛布をかけて保温をはかり、病院へ運ぶ。水をほしがるときは吐かないように少しずつあたえる。病院が遠いときは、一リットル

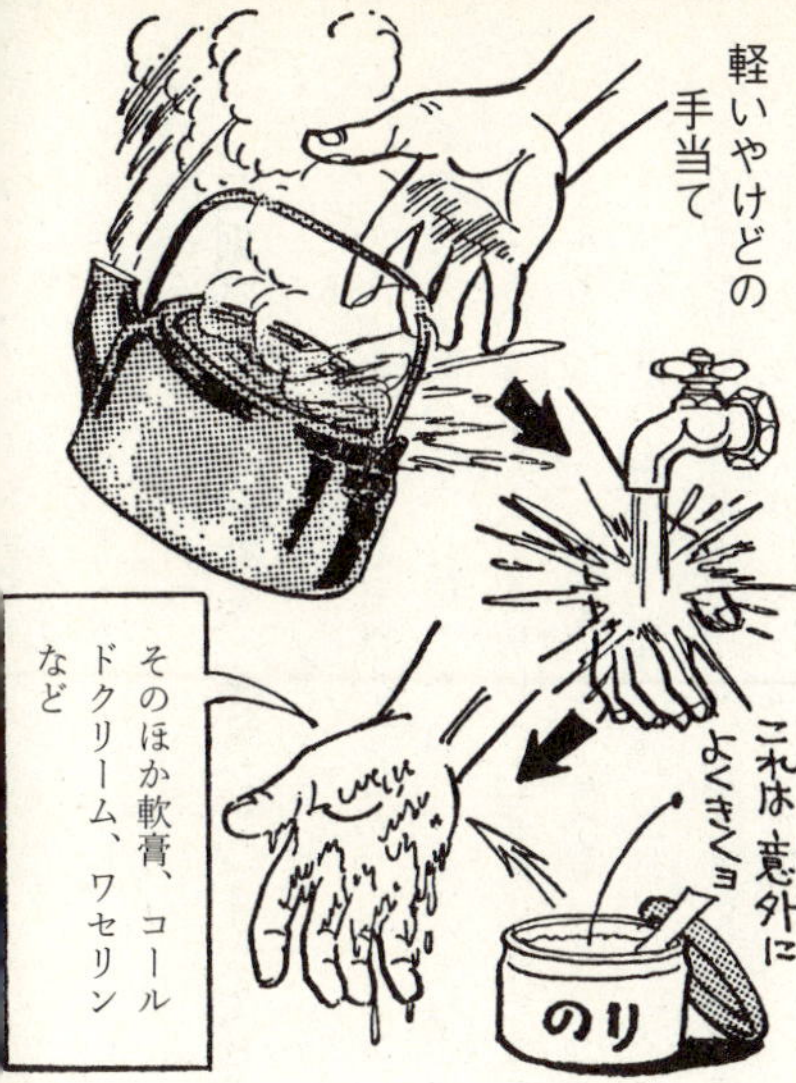
そのほか軟膏、コールドクリーム、ワセリンなど
これは意外《いがい》によくきくョ
のり

軽いやけどの手当て

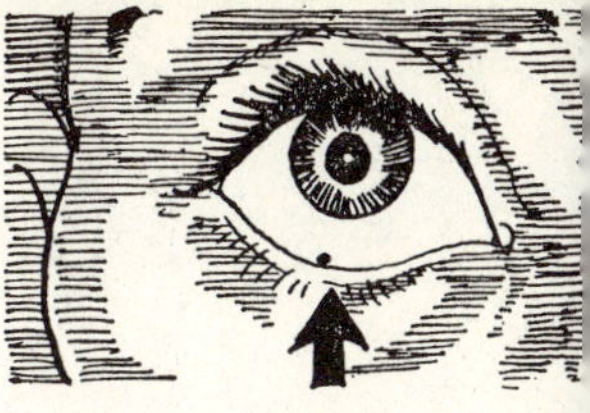

目にはいったゴミのとり方

上まつげをつまんで下まぶたをおしあげる

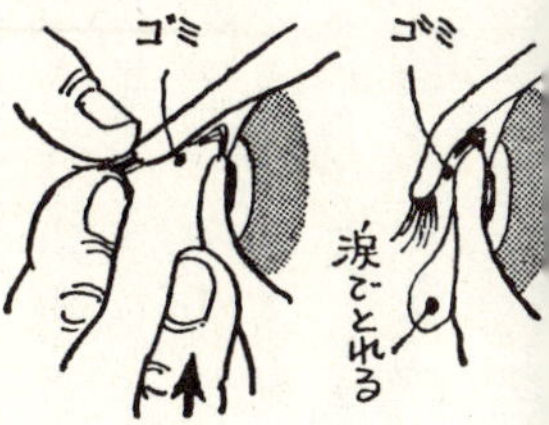
ゴミ
ゴミ
涙でとれる

の水にスプーン半分の塩と重曹を入れたものをコップ半分ずつ、十五分おきに飲ませるとショックをやわらげることができる。ただし、吐いたりシャックリをするときは、あたえてはいけない。

「やけどに油をつけろ」とよくいわれるが、これはあんがいくせものだ。てんぷらなどに一度つかった油には、目に見えない異物がたくさんただよっている。こんなものを患部に塗りつけることは、バイ菌をくっつけているのと同じことだ。薬がなにもないとき以外は油は使わないほうがよい。やむをえない場合は、かならず、未使用の油をつかうこと。

目にはいったゴミは、けっしてこすらないこと。目の表面を傷つける。図のように涙で流し出すようにすれば、たいていのゴミはとれるものだ。

日射病にかかったら、冷たいシーツで体を包む

スモッグでよごれた都会に住んでいるきみは、海や高原のおいしい空気や、さんさんと降りそそぐ太陽の強さに驚くだろう。まず、日中屋外に出るときは、ぼうしをかぶることを心がけよう。できればツバが広い、白系統のものがよい。後頭部には白いハンカチをたらす。疲れがぜんぜん違うし、日射病にもかかりにくくなる。

しかし夏の太陽は、強烈だ。これだけのそなえをしても日射病にかかることがある。顔が赤くカサカサになり、息づかいはときにイビキをかいているように荒くなり、それで汗が出ない――こんな症状があらわれたらまちがいなく日射病だ。

いそいで涼しい日かげに連れてゆき、頭をあげてあお向けに寝かせる。上着を脱がせて、胸を楽にし、冷たい水か、できれば氷で頭を冷やす。もし、シーツがあれば、それを水でぬらして患者にかぶせるとよい。患者が水をほしがる場合は、飲めるだけあたえること。

ここで注意したいのは、熱射病にこの手当てをしないことだ。熱射病は多く室内で起こる熱によるショック症状だが、ときには、太陽熱でもおこる。症状は、顔が青くなって冷や汗が吹きだし、息が浅くなる。重症の場合は、吐き気がしてくる。手当ては日射病と正反対。頭と肩をさげて、あお向けに寝かせる。このとき、頭を冷やすのは禁物だ。少しおちついたら、コッ

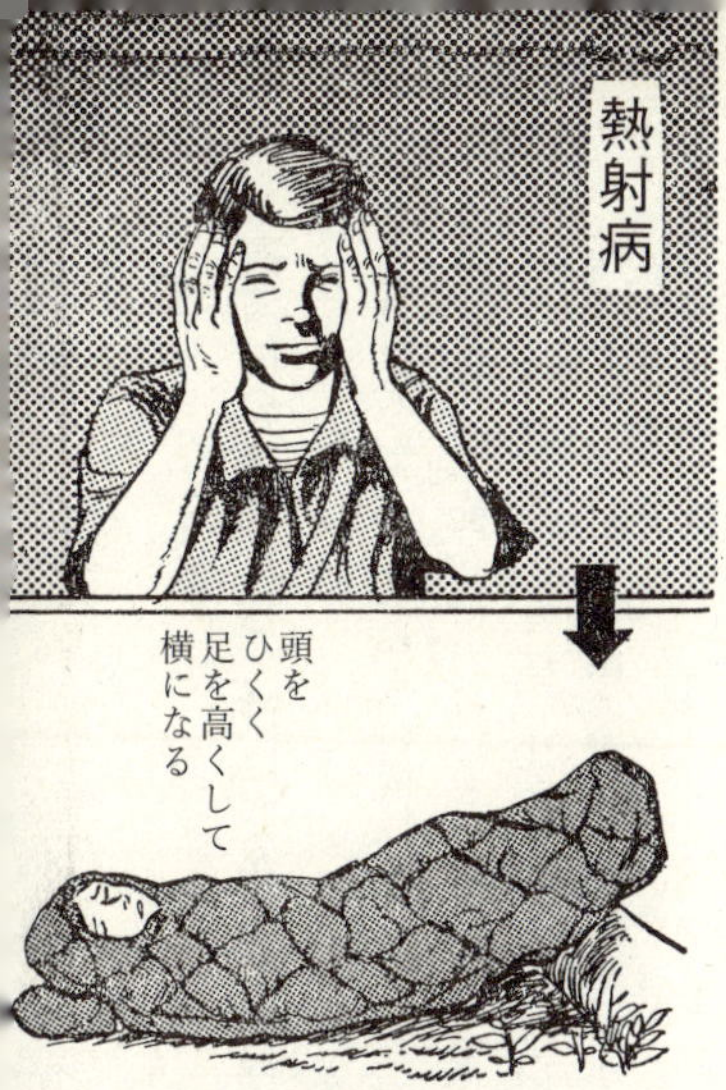
熱射病
頭をひくく足を高くして横になる

プ一杯の水に茶さじ一杯の塩を入れた塩水を飲ませるとよい。

　症状がひどくて失神したときは、えりをゆるめて寝かせるか、ヒザのあいだに頭を入れて、脳に血がかようようにするとよい。ふつうは、五〜十分そのままにしておけば意識を回復する。回復しないときは、なにか重大なことがおこっているのだから、すぐ医者にみせること。

日射病
木陰にはいりからだを冷やす

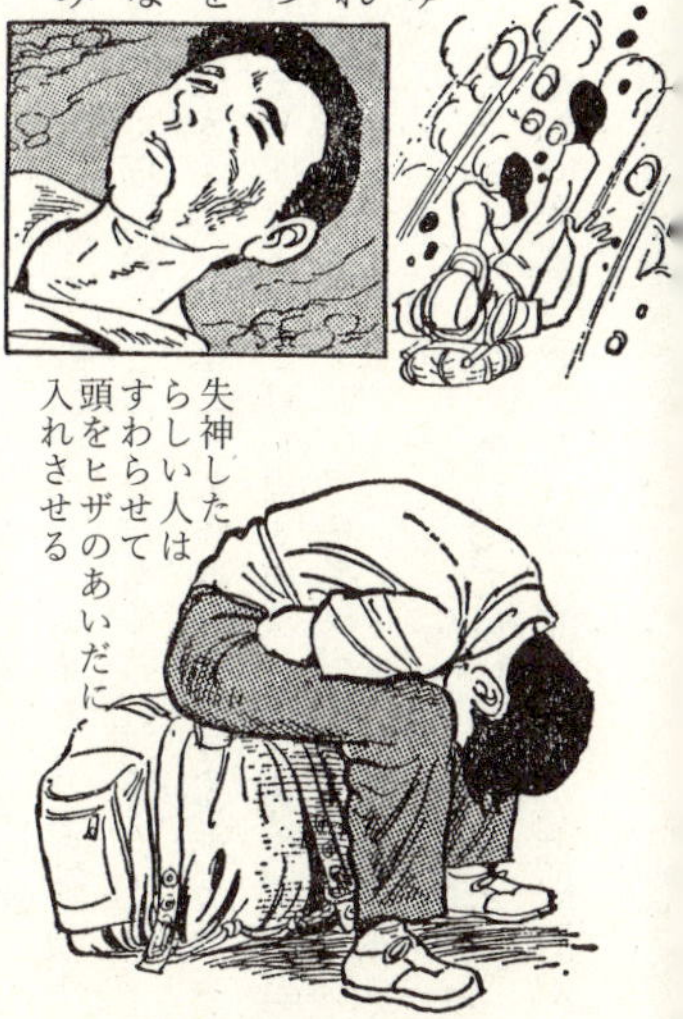
失神したらしい人はすわらせて頭をヒザのあいだに入れさせる

高波にのまれたら、波にさからわず横へ泳ぐ

毎年夏になると、「水の犠牲者続出」、「親子連れ水死」といった記事がマスコミをにぎわせる。昭和四十四年度だけでも五百三十三人が不慮の水の事故で死んでいる。年間一万五千人を超える交通事故者とは、比較にならないが、この数字は先進国中ではトップクラスである。天候が生死を左右する山の遭難と違って、水の事故は初歩的な知識さえ持っていれば防げるケースが少なくない。

まず高波にのまれた場合。磯釣りなどでよくおこるが、けっして波にさからってはいけない。波の勢いが強く遠くまで持っていかれてもあわてないこと。波にはひく、寄せるという呼吸があるから、寄せるときに体をあずけ、流れに乗って横へ横へと泳ぎながら岸へ近づくとよい。服を着たまま水に落ちたときは、服は脱いだほうがよい。水にぬれた服は体にまとわりつき動きをじゃまするからだ。深く息を吸って腕をまっすぐ下にさげ、ウミガメのような姿勢をとって靴を脱ぎ、ズボン、上着、シャツの順に下から上へ脱いでゆく。上着やシャツはいったんわきの下に集め、呼吸を整えて水中に沈みながらいっきにとる。

藻《も》や水草に足をとられることも磯や湖ではよくあることだが、あわててはいけない。水の流れのあるところならおちついて流れに身をまかせていれば自然にとれる。流れのない湖や沼で

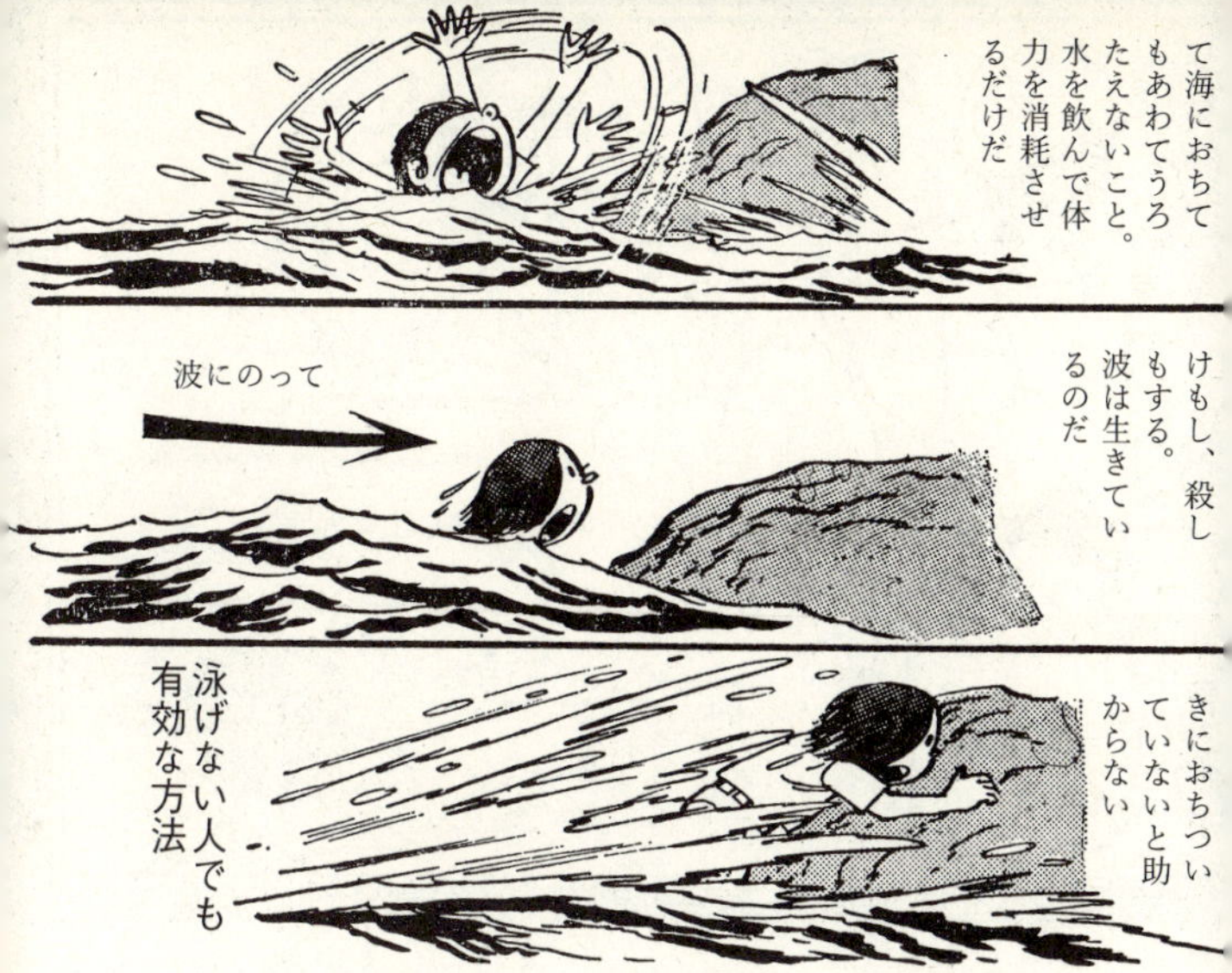
て海におちてもあわてうろたえないこと。水を飲んで体力を消耗させるだけだ
波にのって
けもし、殺しもする。波は生きているのだ
きにおちついていないと助からない
泳げない人でも有効な方法

は、体を沈めぎみにして足を左右に振る。

水泳中に胃けいれんが起きたとき。食後すぐ水にはいったり、準備体操が不足していると起こるが、このときは呼吸を整えて垂直にもぐってしまう。そして、苦しくなったらなめ上方にできるだけゆるやかな角度で浮かび上がる。これをくりかえせば、岸から離れていても安全にたどりつける。

最後に、これがもっともたいせつなことだが、水中にはあまり長時間はいっていないこと。水中では汗が出ないからわからないが、水泳はひじょうに体力を消耗《しょうもう》するスポーツだ。短距離競技と同じくらいのエネルギーを使うという。体が疲れれば理由のない恐怖心（パニック）や、筋肉けいれんが起きやすくなる。自分の能力を過信せず「帰りの疲労は行きの二倍」であることを忘れないように。

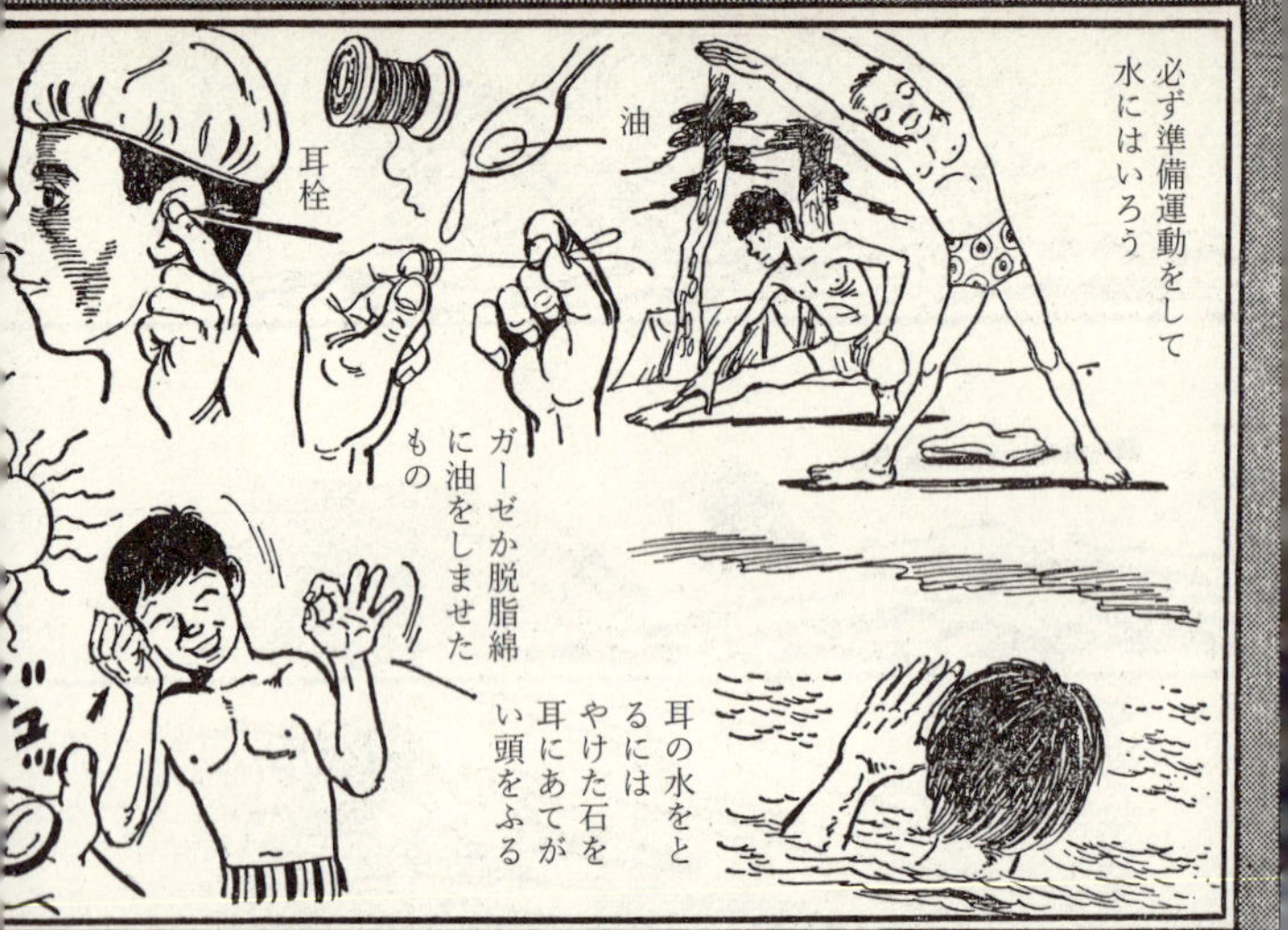
必ず準備運動をして水にはいろう
油
耳栓
ガーゼか脱脂綿に油をしませたもの
耳の水をとるにはやけた石を耳にあてがい頭をふる

溺れかかっている人に近づくときはしがみつかれないよううしろから近づく
しがみつかれたら息をすってもぐると相手は手をはなすからアゴをとって助けることができる
⑤
⑥

水泳中の事故

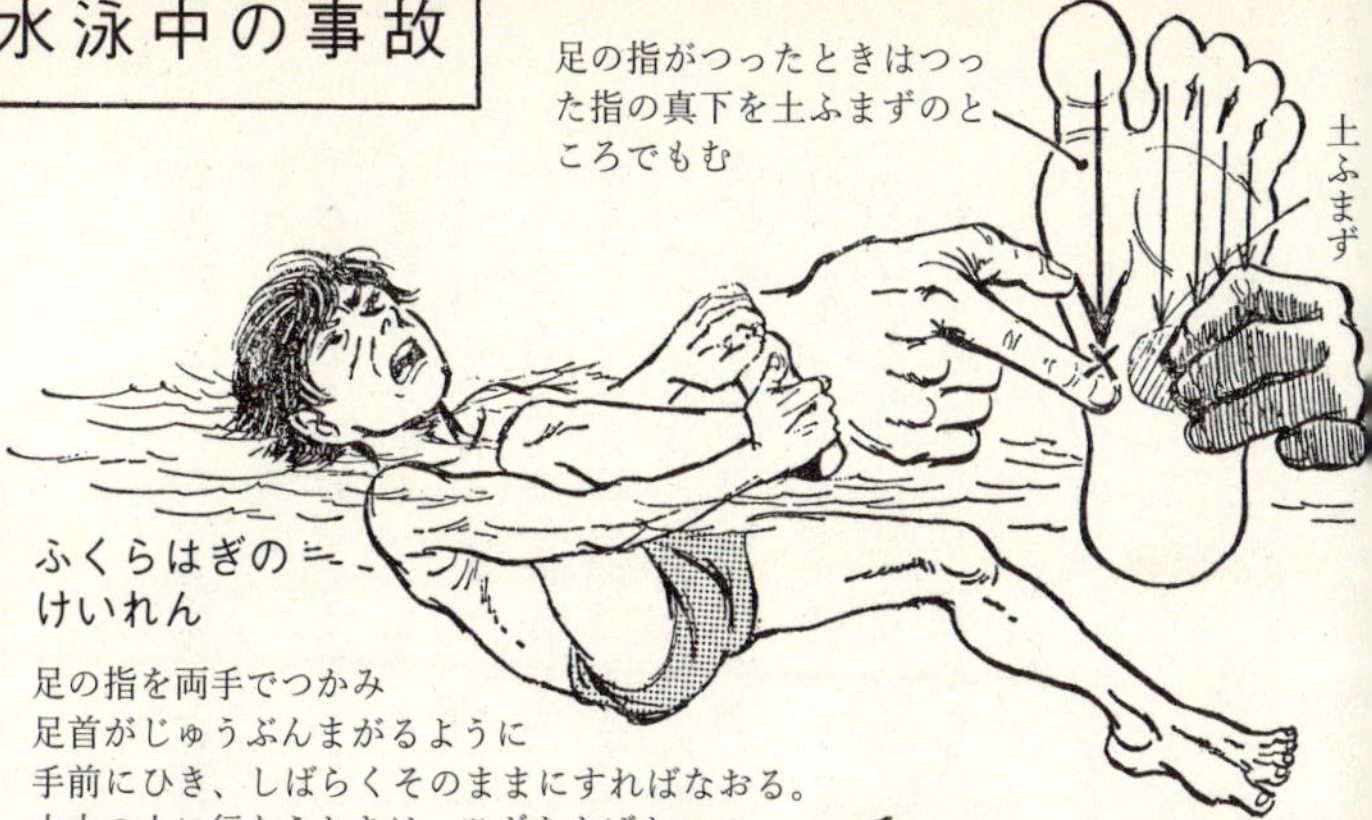
足の指がつったときはつった指の真下を土ふまずのところでもむ
土ふまず

ふくらはぎのけいれん

足の指を両手でつかみ
足首がじゅうぶんまがるように
手前にひき、しばらくそのままにすればなおる。
水中の人に行なうときは、ひざをまげないで
足の力をぬかせ
ひざをのばし足首をまげる

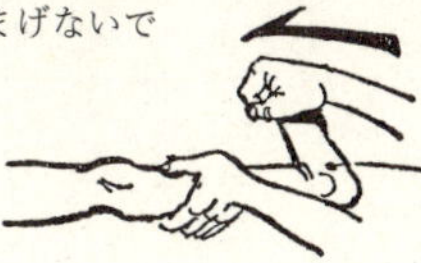

手足のけいれんは筋肉をのばす

人の足をなおす場合

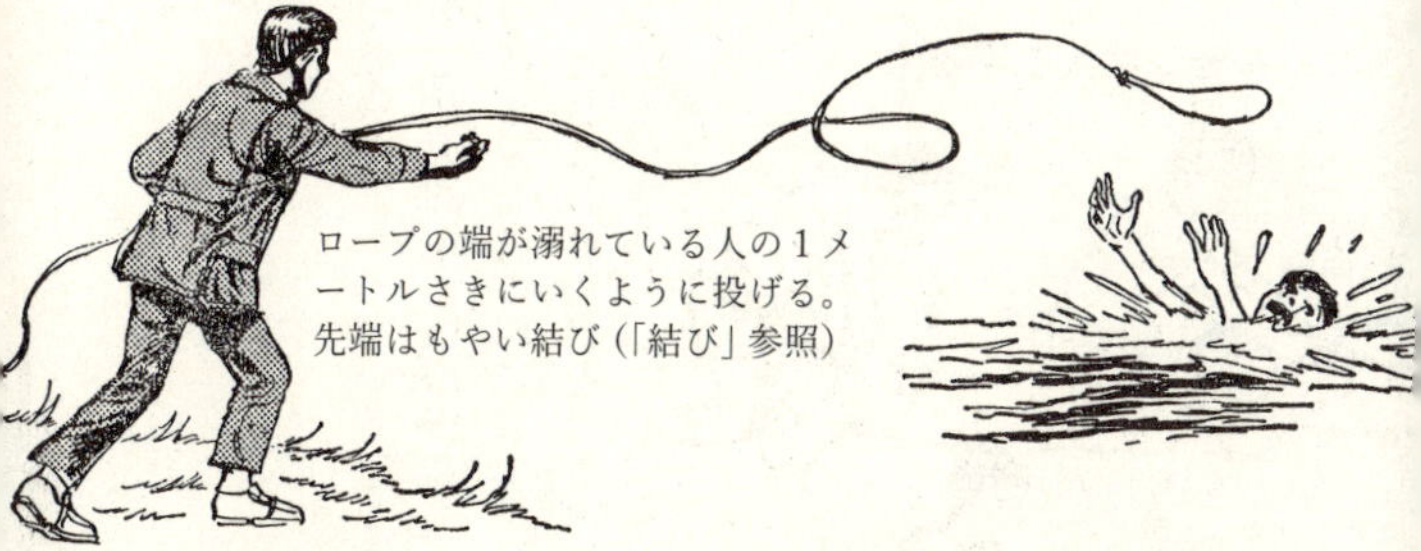

ロープの端が溺れている人の1メートルさきにいくように投げる。先端はもやい結び(「結び」参照)

服をつかった救助法

①
②
③
④

かの女とキスができる、口移し人工呼吸法

水に溺れて助けあげた仲間が仮死状態になって呼吸も弱まっている。こんなときは急いで人工呼吸を行なわなければならない。もっとも簡単で効果的なのは口移し人工呼吸法だ。図のように、頭を後方にそらし、口が開いているときは唇を仮死者の口に当て、鼻は指でつまんで胸がふくらむまで息を吹き込む。口が開いていないときは、鼻に口を当て、口は指でふさぐ。胸がふくらんだら肺を押して息を出す。

この動作を成人の場合は一分間に十二回、子どもの場合は二十回の割合でくりかえす。呼吸が始まったらその速度に合わせて吹き込みと放出を呼吸が強くなるまで続ける。

水を多量に飲んでいるときは、ニールセン式人工呼吸法で水を吐かせる。図のように、顔を横にし、ワン・ツー・スリー、ワン・ツー・スリーのペースでくりかえす。速度は口移し人工呼吸法と同じ。ベテラン向き。

ニールセン式人工呼吸法

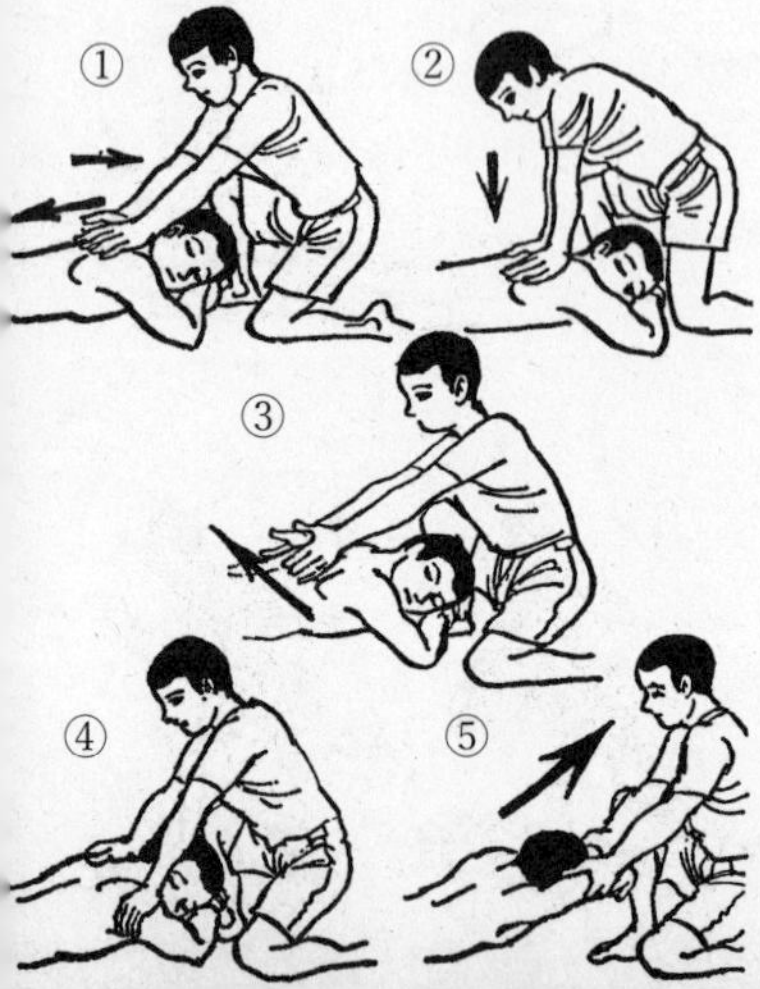

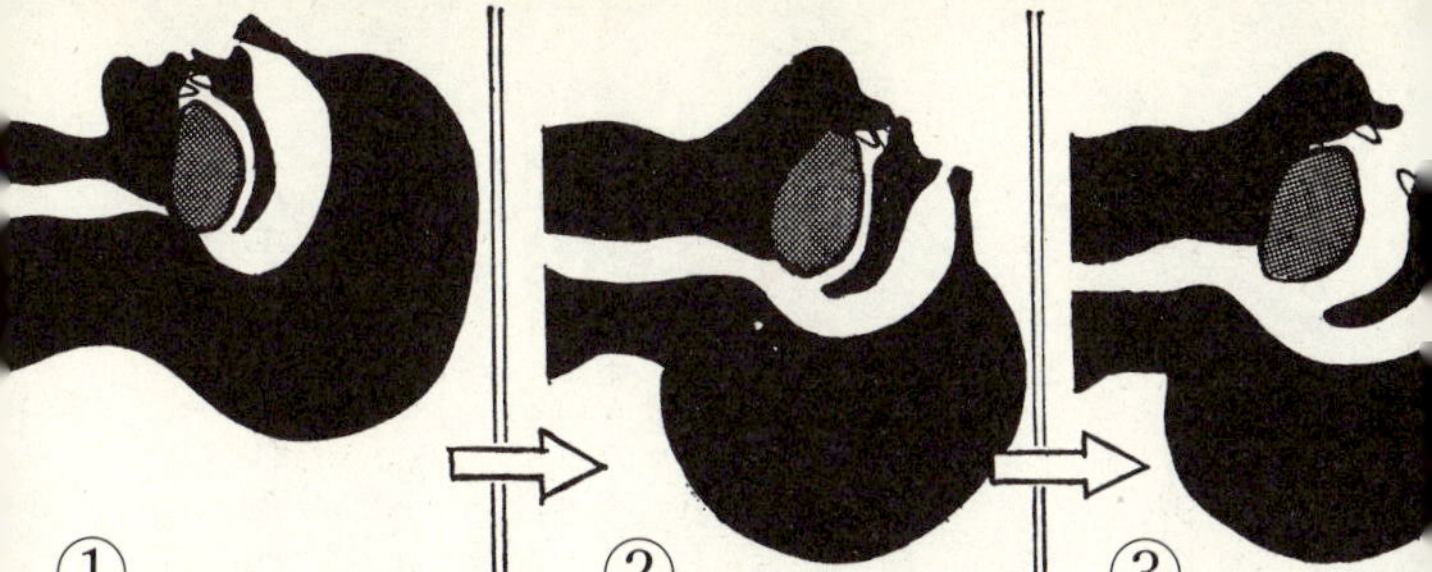

①

仮死した人の顔は前にガックリとたれ、舌のつけねが気管をふさいでしまう。だから、仮死者を救うにはこの気管を開く必要がある。それには仮死者の頭を後方にそらす。

②

仮死者のアゴのさきをまっすぐ上に突き出しノドの皮膚がピンと張るまで仮死者の顔をそらすようにする。こうすれば舌のつけねは、ノドの背面から離れ、呼吸の通路が開きはじめる。

③

顔をじゅうぶんにそせたのち、仮死者のゴをもっと突きあば、呼吸の通路はいそう大きくなる。こ状態にすれば、口移の人口呼吸法が用意なる。

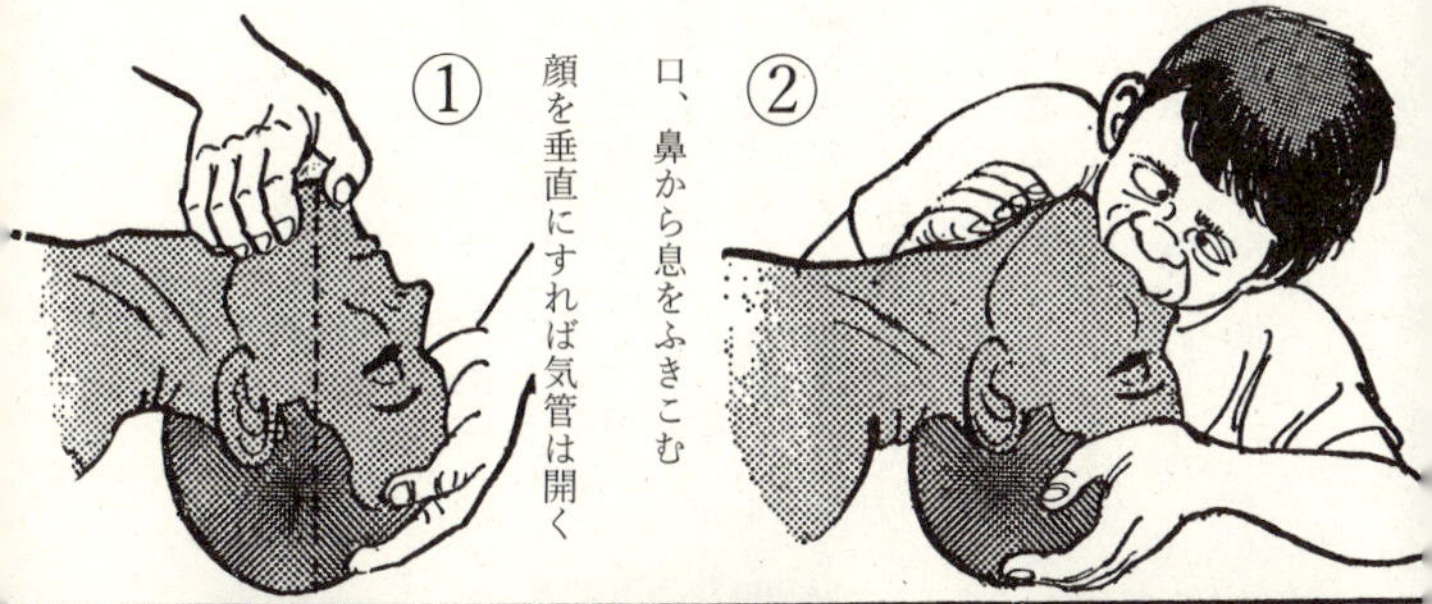
①
顔を垂直にすれば気管は開く
②
口、鼻から息をふきこむ

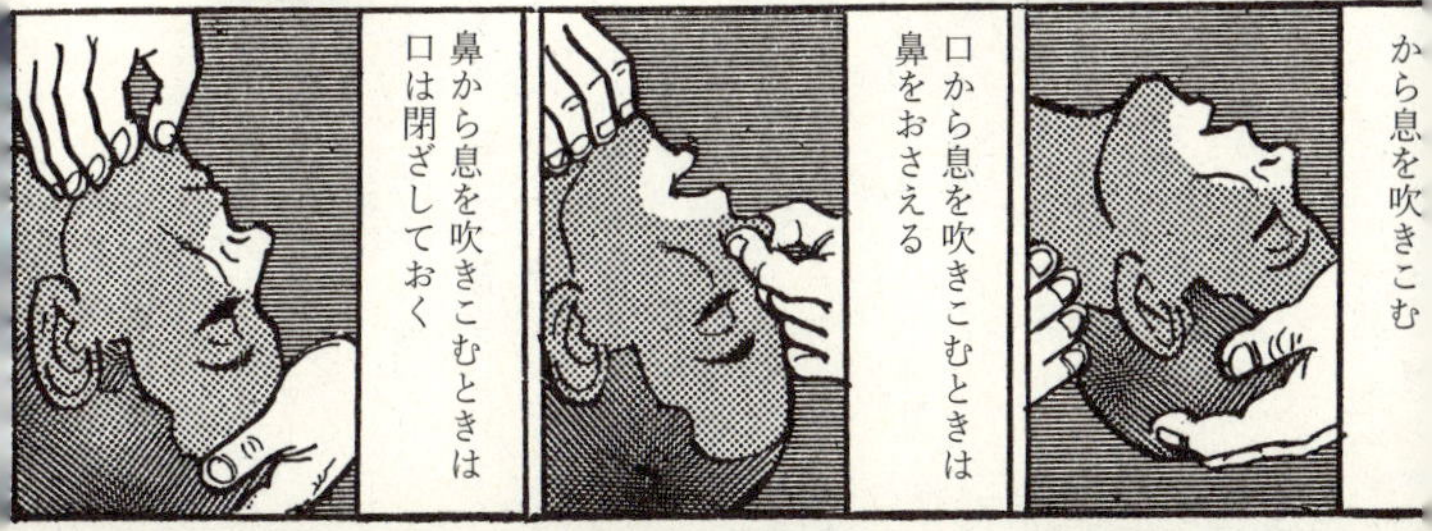
鼻から息を吹きこむときは
口は閉ざしておく
口から息を吹きこむときは
鼻をおさえる
から息を吹きこむ

ハチに刺されたら、ショーベンをかけてもらう

さいきん、都会にはほんとうに虫がいなくなった。チョウやトンボはもちろん、カやハエまで少なくなったようだ。しかし、都会を一歩出れば、まだまだ虫の天国である。あまり歓迎しない毒虫も集団になって刺しにくる。人間を刺しにくる虫のなかでもっとも恐いのはハチだ。とくにスズメバチ。ハチだからといってバカにしてはいけない。身長二メートルあまりもあるクマがハチの大軍に集中攻撃を浴びて、痛さのあまり気絶するのだ。

運わるく刺されてしまったときは、まず傷口に残された針をツメの先で掘りおこすように抜き出す。そのあとアンモニア水、重曹水で痛みを中和する。薬がないときは友だちにショーベンをいきおいよくかけてもらおう。少しきたないが、痛みが消えるならそんなこともいっていられない。また、意外によくきくのが食塩。ショーベンをかけてもらってから、傷口にこすり込むとよい。この治療法は、カやブヨにも応用できる。

森のなかなどを歩くと、ダニが体につくことがある。ちいさな虫だが、これはハチ以上に始末がわるい。皮膚に食い込んで血を吸い、病気を感染させる。体に食い込んでいるダニは、ひっぱってはいけない。頭だけ体の中に残ってしまうからだ。油を塗ってちっ息死させるか、マッチの燃えさしをくっつけて焼き殺すとよい。

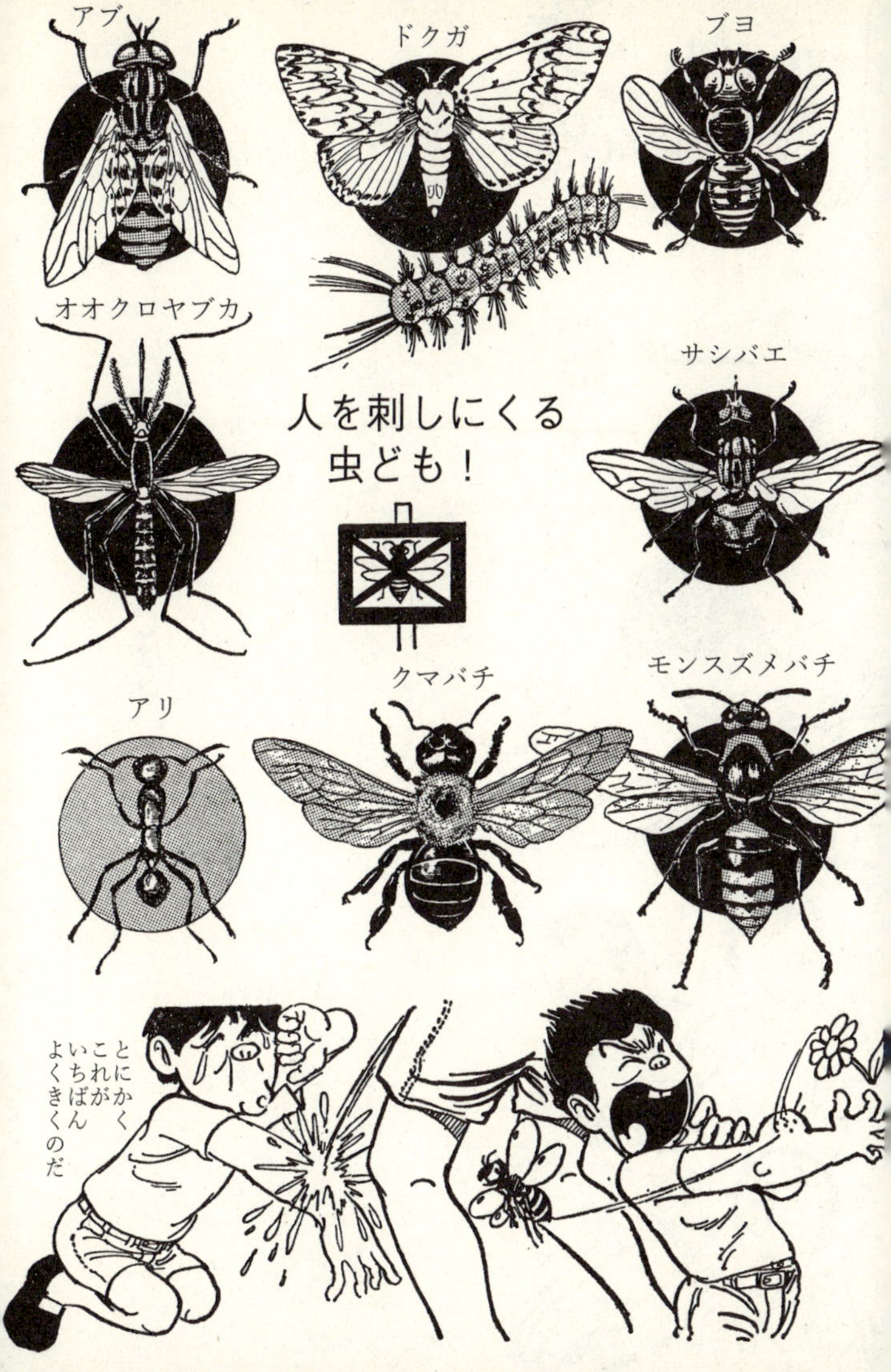

人を刺しにくる虫ども！
アブ
ドクガ
ブヨ
オオクロヤブカ
サシバエ
アリ
クマバチ
モンスズメバチ
とにかくこれがいちばんよくきくのだ

毒ヘビに咬まれたら、傷口のうえをしばる

日本のヘビのなかで猛毒を持っていておそろしいのは、マムシと、沖縄にいるハブだ。とくにハブは、大量に毒がはいれば血清を打っても一カ月ぐらいはひどい痛みでうなりつづけ、一年はしびれがとれない。ハブは、マムシと違って、家の中にも平気ではいってくるから、なおさら始末がわるい。地元の人はハブに咬《か》まれないために、米軍放出のダブダブのズボンをはく。ハブが咬みついてきても、ダブダブズボンなら肉まで牙《きば》がとどかないからだ。毒ヘビに咬まれたら、あわてず、図のような手当てをする。

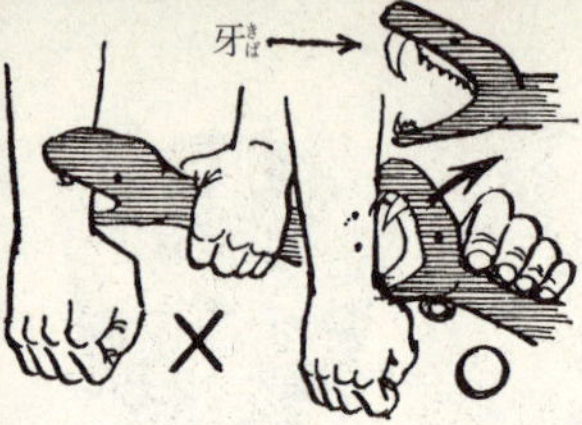

ひっぱってはいけない。
上の牙からはずす

とぐろがS字形になったら、ヘビは戦闘態勢である

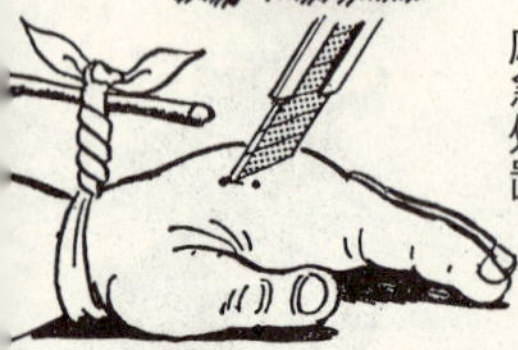

咬まれたときの応急処置

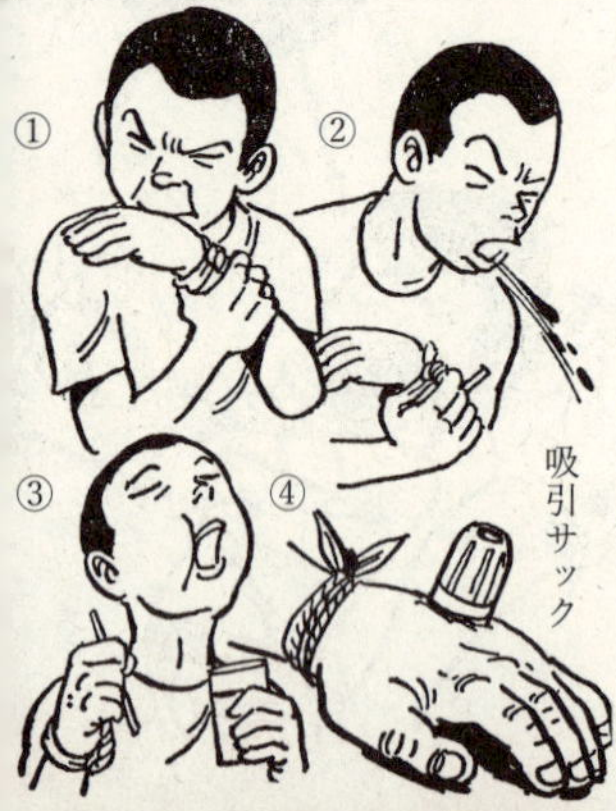

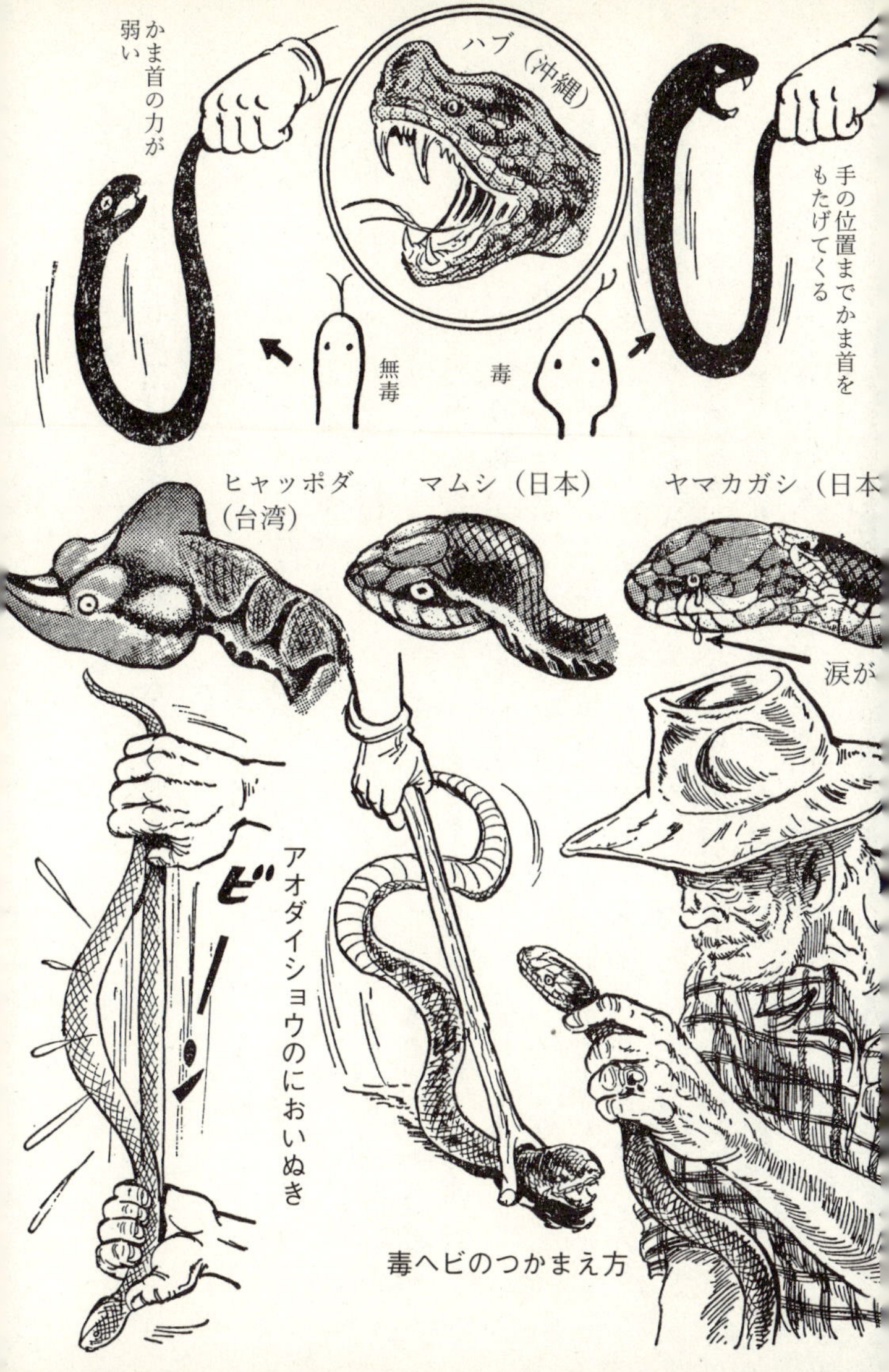
かま首の力が弱い
ハブ（沖縄）
手の位置までかま首をもたげてくる
無毒
毒
ヒャッポダ（台湾）
マムシ（日本）
ヤマカガシ（日本
涙が
アオダイショウのにおいぬき
ビー
毒ヘビのつかまえ方

クマが出そうな場所は、空カンを鳴らしながら歩く

クマといえばすぐ思い出すのが、金太郎とすもうをとったかわいいクマや、ぬいぐるみのクマチャンだ。しかし、現実のクマはそんなかわいらしい動物ではけっしてない。クマは日本で最大、最強そしてただ一種の猛獣なのだ。

動物学的にいうと、本州・四国・九州のクマと北海道のクマは種類が違う。前者は南方系のツキノワグマ、後者はシベリア系のヒグマである。「人食いグマ出現」などとマスコミを騒がすのは、たいてい北海道のヒグマだ。大きなヒグマになると体長二メートル以上、体重三百キロもある。こんなクマは時速六十キロの列車と激突しても即死しないというからおそろしい。

冒険旅行をしていて、クマにバッタリ出合ったときはどうすればよいのか？　よく死んだふりをすると助かるといわれるが、それをやってお尻をガリガリとかじられた人がいる。腹のへったクマは、土葬にした墓をあばいて、新しい死人の肉を食べるという。だから、とっさのとき以外は、死んだふりをするのは、あまりすすめられない。

元来、クマはおく病な動物で、人間をひじょうに恐れているから、好んで人間に近づくことはない。それが作物を荒らしたり、人を襲ったりするのは、長い冬の穴ごもりのためである。だから人食いグマがあらわれるのもほとんど秋に集中している。

クマに襲われないための第一の注意は、この時期にひとりの山歩きを避けること。

第二は、クマに先に逃げる機会をあたえることだ。クマは人間の声や、物音を聞くと先に逃げる習性を持っている。だから、クマが出そうなところでは、ナベやヤカンをガンガン叩いたり、大声で歌ったりすれば、クマとバッタリ会うことはまずない。

第三の注意は、クマと出合ったときは、けっして急に逃げださないことである。アイヌは、こういうときクマの目を見すえて「エイッ」と大きな声を出す。声は出さなくても、目をじっと見すえたら、クマが逃げだしたという話は数多い。

最後に、子連れのクマはぜったい避けること。子を守るために、自分のおく病さも忘れて襲ってくるから。

性質の悪いイヌにであったら！
まず、イヌに弱さをみせてはならない。大声でおどしつけ石をもちいかくする
イヌは、本能的に逃げる！
もっと近い距離であったときは一定の距離をたもち必ず真正面からにらみつける
しかし不幸にして咬まれたら、たいへん難しいことだが、咬まれたところをうごかすな！ 犬歯が肉にくいこみ、イヌはますます咬んでくる
バカヤロ
イヌは、ひと咬みしてきみのようすを見ようとしているのだから、動かずにバカーッと大声でどなれ
イヌのだ液と傷口を完全に洗いおとし医者へ！
狂犬病に注意！
イヌに咬まれる被害者は、まず、弱味をイヌに悟られる人が多い。統計的にいえば老人と小学五年以下の幼児である。性質の悪いイヌほど目が険悪である。人間も性質が悪いのは同じ！

13

鍛える

「モヤシっ子」から、たくましい少年へ

現代っ子は「モヤシっ子」などといわれて体力のうえでは評判がわるい。じっさい、戦後の日本人は、伸びた分だけ中身が薄くなったようで、腰のきまらないヒョロヒョロ型が多い。

町で見かけることだが、中学生が二、三人でタクシーをひろって登校したりしている。遅刻しそうだからだろうが、それにしてもあれではモヤシっ子になるのも当然だろう。そのくせ、いわゆるスポーツはクラブ活動などでなかなかさかんなのだが、日常の生活全体がブラック・ボックスに支配されていては、ちょっとやそっとスポーツをやったくらいでは追っつかないのだろう。教育ママのなかには、このスポーツさえ、自分の子から取り上げようとする人もいる。

日常の暮らしは、体力のあり方に密接な関係がある。アフリカのマサイ族の青年は、一日百キロ歩いても平気だそうだが、これはとくに〈鍛えた〉というようなものではなくて、マサイ族の生活が一日に百キロ歩くことを要求する結果、そうなったのだと考えられる。

ぼくたち日本人にしても、戦前と戦後では暮らし方がまったく違ってしまっている。ぼくは、高校のころ、交通機関が不便なところに学校があるおかげで、毎日一里（約四キロ）ほど歩いて通学したから、少なくとも一日では往復八キロ歩いていたことになる。これは戦後すぐのことだったが、そのころのぼくは、靴ではなく、朴歯《ほおば》のゲタをはいていた。おかげで、ぼくは歩

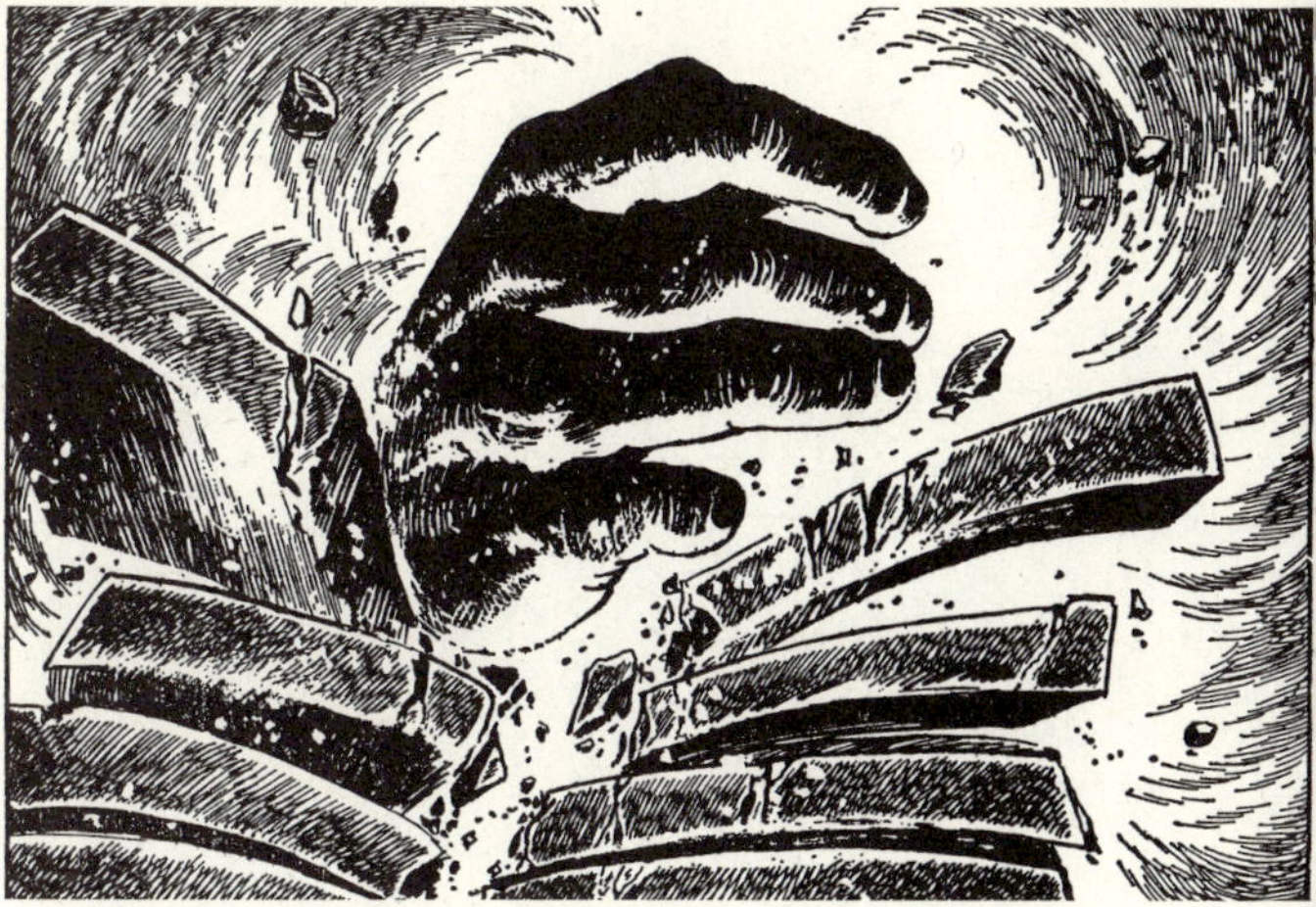

くことだけはいまでも自信がある。
　そんなことも、ぼくよりずっと年長の人たちに聞かせたらお笑い草にすぎないだろう。しかし、ぼくたちの小学生時代（昭和二十年ごろ）ですら、六年生の遠足だと、八里（三十二キロ）歩かせられた。中学生がタクシーで登校するなどということは考えられもしなかったのである。
　現在のぼくたちは、ふつうに暮らしていたのでは、知らず知らずのうちに体が鍛えられるということは期待できない。だから、あらゆる機会をとらえて意識的に体を鍛える必要があるだろう。
　きまったスポーツや武道をやっているのだったら、それもけっこうだ。欠かさずに練習を積み重ねることだ。電車でひと駅くらいのところならなるべく歩くのもいいだろう。

筋肉は使わないとダメになる

人間の体には、二百六個の骨があり、これが六百あまりの筋肉と協力して、ぼくたちの運動能力をつくり上げている。その協力関係の複雑さも驚異的だが、傷んでもすぐなおる回復力には、目をみはるばかりのものがある。あるアメリカの女性などは、交通事故で、体じゅうのあらゆる骨と重要な筋肉がメチャメチャになったにもかかわらず、わずか二年後に、ぶじ赤ちゃんを産んだそうである。人間の体の回復能力は、これほどすばらしいのである。

こう述べてきたのは、「だから、骨や筋肉をいためてもかまわない。とことんまで訓練せよ」ということではない。「自分の体に自信を持って訓練せよ」というくらいの軽い意味だ。

さて、これほどの能力を持つ骨と筋肉だが、ふだんから使っていないと、その能力もなまってしまう。とくに筋肉は、使わないでいると、どんどん萎縮《いしゅく》して、使いものにならなくなる。

それだけではない。筋肉訓練をなまけていると、運動能力を失うだけでなく、体にとってたいせつな熱エネルギーを失っていることにもなるのだ。ぼくたちの体の燃料とでもいうべきグリコーゲンが出すエネルギーで、筋肉運動に使われるのは四分の一、残りは熱として燃えているからである。ただし、休むまもなく酷使していると、最後にはぜんぜんちぢまなくなる。これも日ごろの訓練で防げるはず。さあ、きみもがんばろう。

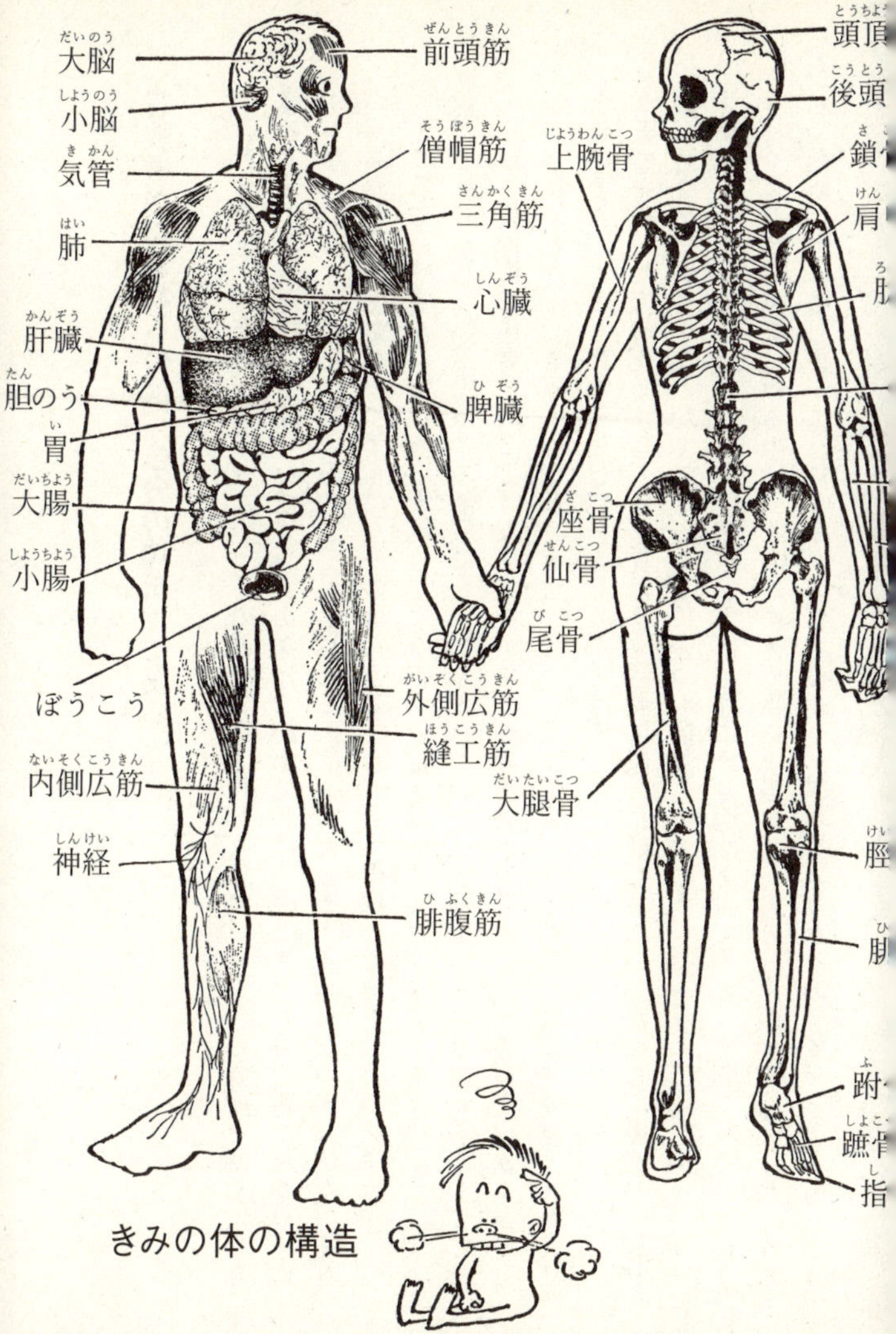
大脳《だいのう》
前頭筋《ぜんとうきん》
小脳《しょうのう》
気管《きかん》
僧帽筋《そうぼうきん》
三角筋《さんかくきん》
肺《はい》
心臓《しんぞう》
肝臓《かんぞう》
胆《たん》のう
脾臓《ひぞう》
胃《い》
大腸《だいちょう》
小腸《しょうちょう》
ぼうこう
外側広筋《がいそくこうきん》
縫工筋《ほうこうきん》
内側広筋《ないそくこうきん》
神経《しんけい》
腓腹筋《ひふくきん》
頭頂
後頭《こうとう》
上腕骨《じょうわんこつ》
鎖
肩《けん》
座骨《ざこつ》
仙骨《せんこつ》
尾骨《びこつ》
大腿骨《だいたいこつ》
指

きみの体の構造

冒険者がたよれるのは、自分の体だけである

忍者は変身するだけが能じゃない。そのときすまされた五感で、早くから危険を察して身を守る。遠く離れた物音を聞きわけ、かすかな光で物を見わけ、混入された毒を舌で見つけ、かすかなにおいもかぎわける。忍者も、生まれたときは、常人とそう変わらない赤ん坊だ。それが、あれだけの能力を持つようになるのは、やはり日ごろの鍛錬のたまものといえよう。

ところで、感覚がなくなると人間はどうなるか。〝感覚遮断〟という実験がある。まっ暗で、音がぜんぜんしない二重かべの部屋に、人間を入れておく。すると、その部屋から出してしばらくは、精神病の患者と同じような症状を示す。この実験から考えても、感覚がいかにたいせつかがよくわかる。きみも忍者並みとまではいかなくても、ある程度の鋭敏さを養っておくことが必要だ。たよりになるのは自分だけなのだから。

五感を鋭敏に保つためには、各感覚器官を清潔に保たねばならない。だから、鼻クソ、耳クソ、目クソ、歯クソなどたまらないようにいつも掃除しておこう。

簡単な補助器具を使うのもよい。たとえば、耳にメガホンを当てるとよく聞こえるようになる。イヌの吠《ほ》え声を止めるのに、その耳にメガホンを当てる。自分の声が大きく聞こえ、うるさいため、黙ってしまうようになる。何事もくふう、きみもきみなりのアイディアを考えよう。

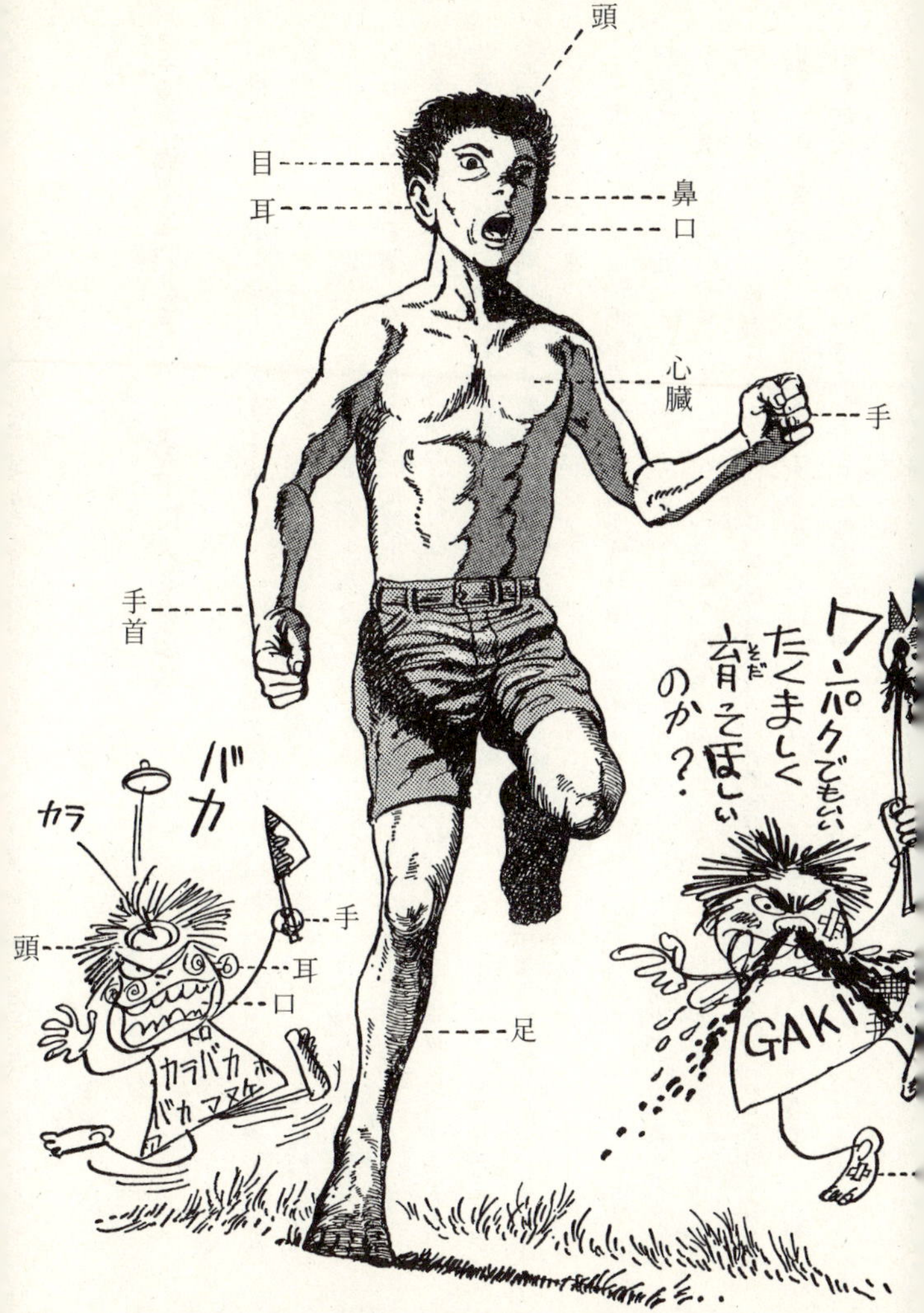
頭
目
耳
鼻
口
心臓
手
手首
足
カラ
バカ
手
頭
耳
口
トロ
カラバカ ホ
バカ マヌケ
ワ、パクでもぶたくましく育《そだ》てほしいのか？
GAKI

太陽光線が強いときは、目の下にスミをぬる

目のわるいボクサーは大成できない――ボクシング界でよくいわれることばだ。事実、歴代の世界チャンピオンを見ても、目のわるいボクサーはひとりもいない。目がわるければパンチを正確にヒットさせることができないからだ。冒険を志すきみには、ボクサーほどでないにしても、危険を未然に看破し、機敏に反応する、鋭くよく見える目が要求される。

きみたちのなかには、「目がわるくなったらメガネをかければいい」と安易に考える人もいるだろう。しかし、これはまちがいだ。ぼくもメガネを使うが、こんな不便でじゃまなものはない。ケンカも満足にできなくなるのだから。目は筋肉のようには鍛えられないから、まず現在の能力を落とさないように心がけよう。

読書やテレビ、映画を見すぎて目が疲れることがよくある。昔の戦闘機乗りは遠くの星を毎日数えて目を鍛えたが、このアイディアは目が疲れたときにも使える。海に近いきみなら、水平線に浮かぶ船の船名を読むのもよい。もちろん、図のように、水の中でまばたきするのも効果がある方法だ。目のはたらきには、栄養も大きく関係する。ビタミンAは目の細胞（視細胞）の中心成分で、これが不足すると夕方目が見えなくなる夜盲症（トリ目）になる。これを防ぐにはキャベツやレタスなど緑色の野菜を多く食べることだ。たん白質も十分にとろう。

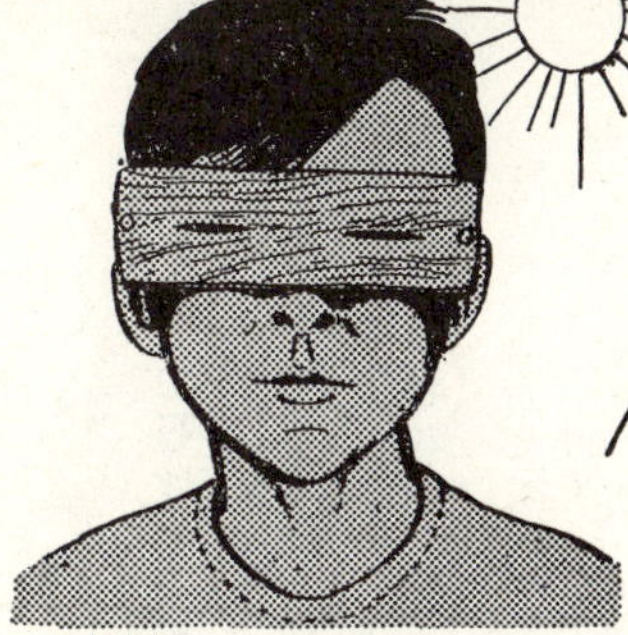

木製
イヌイット式サングラス

効果はおなじ。カッコも悪くない

目を使う
野外スポーツなどに
応用できる

突然暗いところへ入ると瞬間目がくらんで人にぶつかってまごつくことがある。あらかじめ片目をつぶっておけばその目は暗闇でも見える。忍者式なのだ！

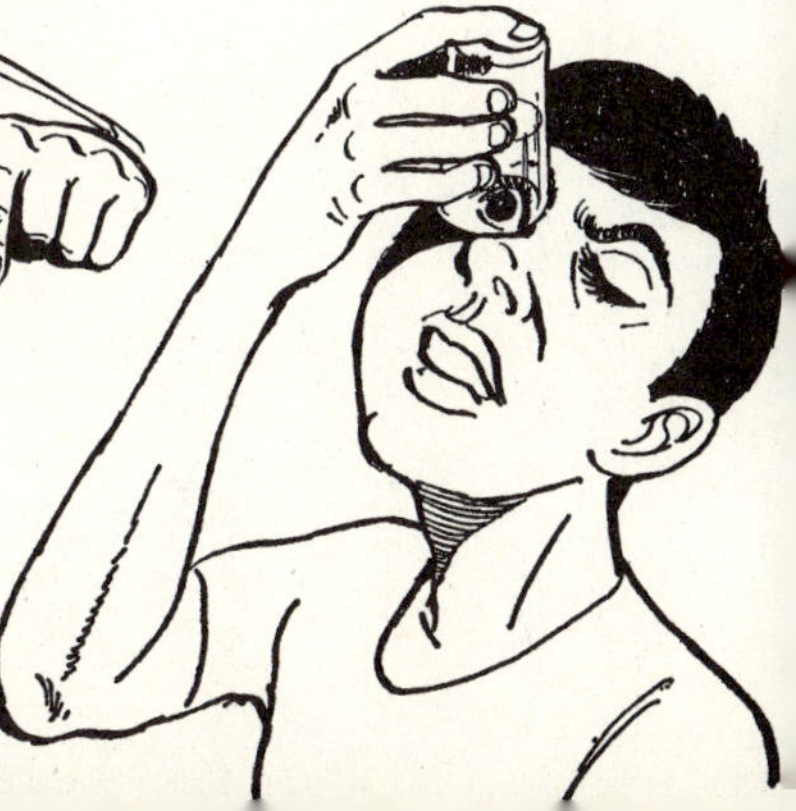

コップ一杯の水道の水で目を洗うことができる

泥は、自然の石けんである

二月中旬（昭和四十七年）に起こった連合赤軍の籠城銃撃戦は、悲惨なリンチ事件とあいまって、きみたちの記憶にもまだ新しいだろう。この連合赤軍を一網打尽にしたそもそもの発端となったのが、かれらのすさまじい臭気だった。

警察から追われて長いあいだ、着のみ着のままの逃亡生活を送っていたかれらは、フロにもはいれず、知らず知らずのうちに、不快な臭気をはなつようになっていたのだ。それを不審に思った一般人に通報され、あのようなてん末になってしまった。

冒頭からこんな話を書いたのは、ほかでもない、冒険家のきみは、つねに鍛えるべき体を清潔にしていなければいけない、ということをいいたかったのだ。きみが、もし連合赤軍のように強烈な臭気を放っていれば、まず他人に不快な感じをあたえるだろうし、たとえば人食いグマににおいをかぎつけられる危険性も多くなる。これでは、せっかく体を鍛えても、なにもかもオジャンだ。動物だってそれほど不潔ではない。

動物園で飼われている動物からは、想像もできないだろうが、野生の動物はみんなじつに清潔だ。清潔にしていないと、命を落としかねない。だから、かれらはけん命に身ぎれいを心がける。弱い動物は、敵の鋭い嗅覚《きゅうかく》から身を守るために水浴びをしてにおいを消すし、大きな

泥は油をおとす。
つまり石けんの代用になる

動物――サイやカバも水浴びが大好きだ。

なにも、水だけが体を清潔にする材料ではない。大自然には思いがけない材料がゴロゴロしている。たとえば、泥。石けんの持ち合わせがなくても、泥でりっぱに体が洗えるのだ。最近、ドロンコ美容法といったものもあるが、あれも泥の持つ洗浄力を利用したものだろう。ふつうの泥はアルカリ性だから、油を分解する力を持っている。だから飯盒、フライパン洗いにも十分使える。

泥は食べることもできる。もっともけっしてうまくはないのだが、戦国時代には、敵に城を囲まれた籠城兵士たちが、いよいよ食べるものがなくなって、壁土をスープにして飢えをしのいだ話がたくさんある。

覚えておけば、イザというとき役に立つだろう。

乗りものに乗ったら、目をつぶって立っている

人間には、体のつり合いを保つ平衡《へいこう》感覚があることはきみも知っているだろう。この感覚があるために、ぼくたちはまっすぐ立てるし、歩けるのだ。平衡感覚は、耳の奥にある前庭器官、三半規管がつかさどっているが、冒険へ挑戦するきみにとってこの感覚がひじょうにたいせつなものだ。たとえば、急流にかかった丸太一本の橋を渡らなければならないとき、平衡感覚がにぶかったらどうなるか？　結果はいうまでもあるまい。

平衡感覚を鍛えるにはいろいろな方法があるが、ここでは第二次大戦中に敵機六十数機を撃墜した日本の撃墜王・坂井三郎さんが使った方法をご紹介しよう。その方法は、じつに簡単だ。電車やバスに乗ったらかならず立って、体を乗りものの進行方向に向けて目をとじる。この状態のまま、腰を浮かせぎみにして乗りものの傾きぐあいを体で感じとるのだ。人間はふしぎなもので目をつぶると前後左右の傾きがわからなくなる。坂井三郎は、これを体で覚えてしまうことによって、目印になるものがなにもない大空の闘いに備えたのだ。

この方法はまた腹部、足、腰などを強くするのに効果がある。スポーツ選手などは乗りものに乗ってもけっして座席に腰かけないで腰を鍛えるという。きみも、かかとを上げて振動に身をまかせるようにしよう。知らず知らずのうちに、平衡感覚、運動神経が鍛えられるはずだ。

ナワトビで反射神経を鍛えよう　反射神経はすべての運動神経の基本となる

乗りものに
乗ったら坐るべからず。
車の適度のゆれは
腹筋、足、腰、バランスを強化し
スマートさを保つ秘訣なり。差をつけろ！

一日六秒間でも、筋肉づくりができる

人間の体は、二十歳までが急な上り坂、二十歳から三十歳まではゆるやかな上り坂、三十歳からは下り坂になるといわれている。基礎的な筋肉を鍛える限界は三十歳まで。腹が出てきてからではもうおそい。きみもいまのうちから筋肉を鍛えておこう。一日に三十分でも一時間でもよい。毎日欠かさずにつづけることが重要である。

まず、いちばん基本的なのがランニング。どんな運動でもそうだが、やりはじめた三日間ほどは筋肉痛がする。しかし、毎日つづければ、一週間ほどで何も感じなくなる。そうなればしめたもの。きみのトレーニングは血となり肉となって体をつくっているのだ。

腹筋運動も基本的なトレーニングとしては、もっとも効果のある運動だ。一日五十回くらいやれば、内臓も強化され、ご飯もおいしく食べられる。腕力や脚力を鍛えるには、図にあるように、古チューブやブロックを使うなど、きみ独自のくふうをしてみよう。ただし、成長期にあるときは、バーベルなど重いものを持ち上げる運動は、背が伸びる障害になるおそれがあるからやめたほうがよい。運動の時間がないという、なにやら忙しい人は、図の右下にあるトレーニング方法がある。どんな形に手や足を組んでもよい。それぞれわずか六秒間、呼吸を止めて満身の力をこめるだけで、けっこう一日の運動になるのである。

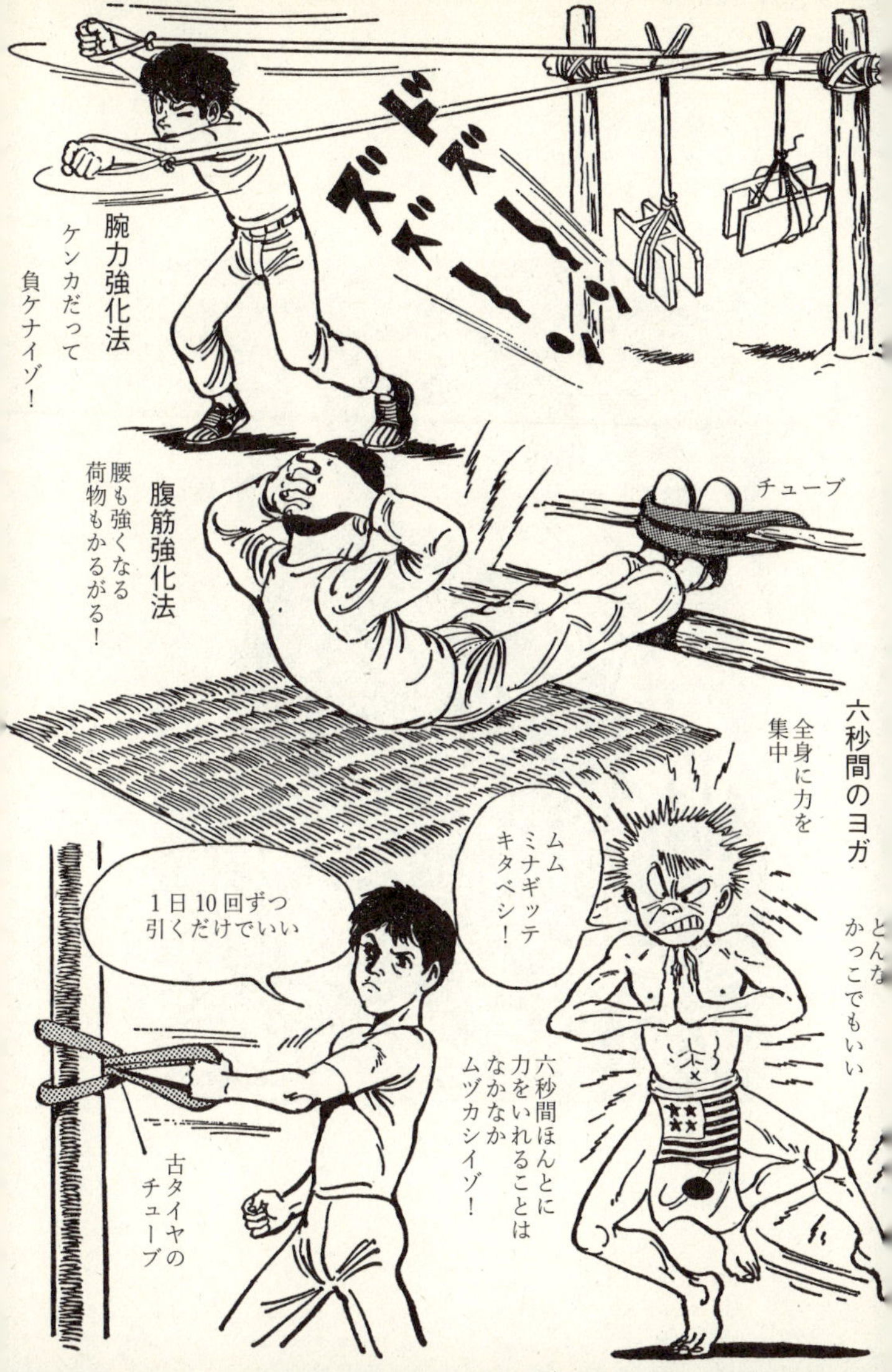
腕力強化法
ケンカだって負ケナイゾ！
ドドッ
ズズーッ
ズズーッ
腹筋強化法
腰も強くなる荷物もかるがる！
チューブ
六秒間のヨガ
全身に力を集中
ムムミナギッテキタベシ！
1日10回ずつ引くだけでいい
どんなかっこでもいい
六秒間ほんとに力をいれることはなかなかムヅカシイゾ！
古タイヤのチューブ

この作品は、『冒険手帳』（一九七二年　主婦と生活社刊）を加筆、修正し、
文庫化したものです。

知恵の森
KOBUNSHA

冒険《ぼうけん》手帳《てちょう》

火のおこし方から、イカダの組み方まで

著　者──谷口尚規　著　石川球太　画
(たにぐち ひさのり)　(いしかわ きゅうた)

2005年　8月15日　初版1刷発行
2009年　7月25日　4刷発行

発行者──古谷俊勝
印刷所──萩原印刷
製本所──ナショナル製本
発行所──株式会社光文社
東京都文京区音羽1-16-6 〒112-8011
電　話──編集部(03)5395-8282
書籍販売部(03)5395-8113
業務部(03)5395-8125
メール──chie@kobunsha.com

ISBN978-4-334-78379-2　Printed in Japan

78499-7
cい5-2

池内《いけうち》 紀《おさむ》

史実に埋もれた愛すべき人たち

モーツァルトの息子

モーツァルトには六人の子供がいた。音楽的な才能に恵まれた四男は十四歳でデビューを果たす。モーツァルト二世はその後…。実在した三十人の数奇な運命。『姿の消し方』改題。

720円

78513-0
tい5-1

石川《いしかわ》 結貴《ゆうき》

世界は「わたし」でまわっている

モンスターマザー

学校の運動会でピザの出前を取る…息子の受験不合格は学校の責任と担任を土下座させる…15年間、延べ3千人の母親を取材して浮かび上がった「母子破綻」の深刻な広がり。

620円

78525-3
aえ1-9

エンサイクロネット 編

今さら他人《ひと》には聞けない 大人の常識力６３０＋α

◎「とんでもございません」は間違い◎「プチプチ」の正式名称は？ ◎脂肪は揉んでも取れない？ 究極の雑学本第四弾！『今さら他人《ひと》には聞けない大人の常識７００＋α』改題。

720円

72789-5
aお6-1

岡本《おかもと》 太郎《たろう》

時代を創造するものは誰か

今日の芸術

「今日の芸術は、うまくあってはならない。きれいであってはならない。ここちよくあってはならない」―時を超えた名著、ついに復刻。（序文・横尾忠則 解説・赤瀬川原平）

520円

78528-4
tか4-1

春日《かすが》 武彦《たけひこ》

異常犯罪の解剖学

心の闇に魔物は棲むか

「心の病気」はどこまで危険なのか？ 繰り返される「異常な犯罪」への専門家の分析は、本当に信用に足るものなのか。気鋭の精神科医が、犯罪に潜む「心の闇」を考察する。

800円

78526-0
tか3-1

河合《かわい》 敦《あつし》

人を動かし、育てる力

維新のリーダー

勝海舟、西郷隆盛、吉田松陰、大塩平八郎、福沢諭吉、岩崎弥太郎。優れた部下を育てた維新のリーダーに学ぶ、大胆な行動力と広い度量の養い方。『偉人にみる人の育て方』改題。

900円

78512-3
tか2-1

川島《かわしま》 隆太《りゅうた》

子どもの脳を鍛える子育てアドバイス

脳科学の第一人者が、「子どもの脳の成長にとって何がベストか」を説く。育児書には書かれていない「脳トレ」法。『おいしい父親の作り方　かしこい子どもの育て方』改題。

680円

78483-6
tし1-1

白洲《しらす》 正子《まさこ》
河合《かわい》 隼雄《はやお》

縁は異なもの

心理学者・河合の導きで、明恵上人、西行、能、両性具有など、多彩なテーマを題材に人間の生き方、古典、美への思いが惜しみなく語られる貴重な一冊。

620円

78497-3
tし1-2

白洲《しらす》 正子《まさこ》

きもの美

選ぶ眼　着る心

「粋」と「こだわり」に触れながら、審美眼に磨きをかけていった著者。「背伸びをしないこと」「自分に似合ったものを見出すこと」。白洲正子流着物哲学の名著。（解説・髙田倭男）

700円

78493-5
tす1-1

末永《すえなが》 蒼生《たみお》

人生を変える色彩の秘密

自分を活かす色　癒やす色

仕事から子育て、医療現場まで、その驚くべき色彩の心理効果を紹介し、あなたの「心」と「脳」と「体」を最大限活かすための色の使い方を学ぶ。『自分を活かす色、癒す色』改題。

680円

78504-8
tす2-1

杉本《すぎもと》 節子《せつこ》

京町家のしきたり

218年の「歳中覚」

今から二百十八年前より京町家「杉本家」に伝わる「歳中覚」。季節ごとの室礼、「おばんざい」、人づきあいのことなど「こうと（質素の中にある品格）」な暮らしの知恵。（解説・恩田　陸）

760円

78524-6
tた3-1

太宰《だざい》 治《おさむ》

人生ノート

「やさしくて、かなしくて、をかしくて、氣高くて、他に何が要るのでせう。」――『「晩年」に就いて』より。「箴言」の名手であった太宰治、文学のエッセンスを凝縮した随想集。

600円

78527-7
tた4-1

立川談四楼《たてかわだんしろう》

声に出して笑える日本語

アナウンサーの致命的な言い間違いから、落語の味わい深いセリフまで。集めに集めた「笑える日本語」のオンパレード。しかも確実にタメになる傑作エッセイ。『日本語通り』改題。

740円

78005-0
bた2-1

ダライ・ラマ十四世
石濱裕美子《いしはまゆみこ》 訳

心は死を超えて存続する

ダライ・ラマの仏教入門

「重要なことは、毎日意味のある人生をおくること、私たちが心に平和と調和をもたらそうとすること、そして社会に対して建設的に貢献することなのです」（「まえがき」より）。

520円

78511-6
tつ2-1

常光《つねみつ》 徹《とおる》
京極夏彦《きょうごくなつひこ》
小松和彦《こまつかずひこ》 他

異界談義

遺影ができた由来、鬼門とは何か、家相と風水の関係、日本と韓国の都市伝説、異界・妖怪の起源を探る京極夏彦氏と小松和彦氏の対談ほか、身近にある『異界』への入り口案内。

760円

78531-4
tつ3-1

土屋《つちや》 秀宇《ひでお》

日本語「ぢ」と「じ」の謎

地球は「ちきゅう」なのに、なぜ地面は「じめん」？「漢字の校長先生」として親しまれる著者が、日本語の謎をやさしく解き明かす。『学校では教えてくれない日本語の秘密』改題。

740円

78463-8
tつ1-1

鶴見《つるみ》 紘《ひろし》

白洲次郎の日本国憲法

吉田茂首相の右腕としてGHQと対峙し、新憲法制定に深く関わった白洲は、日本国憲法をどう考えていたのか。そしてその舞台裏では？戦後復興の秘話と魅力ある人物像。

580円

72288-3
aて1-2

手塚《てづか》 治虫《おさむ》

二十一世紀の君たちへ

ガラスの地球を救え

「なんとしてでも、地球を死の惑星にはしたくない」。幼少の思い出から、自らのマンガ、未来の子供たちへの想いまで。手塚治虫、最後のメッセージ。（解説・辻　真先）

460円